领导干部调查研究

十三讲

孙琼欢　朱金茂　主编

中共中央党校出版社

图书在版编目（CIP）数据

领导干部调查研究十三讲 / 孙琼欢, 朱金茂主编.
北京 : 中共中央党校出版社, 2025.5. -- ISBN 978-7
-5035-7884-7

Ⅰ. D630.3

中国国家版本馆CIP数据核字第2025B89Z02号

领导干部调查研究十三讲

策划统筹	刘　君
责任编辑	王慧颖
责任印制	王洪霞
责任校对	高　鹏
出版发行	中共中央党校出版社
地　　址	北京市海淀区长春桥路 6 号
电　　话	（010）68922815（总编室）　　　　（010）68922233（发行部）
传　　真	（010）68922814
经　　销	全国新华书店
印　　刷	北京盛通印刷股份有限公司
开　　本	710 毫米×1000 毫米　1/16
字　　数	248千字
印　　张	20
版　　次	2025 年 5 月第 1 版　　2025 年 5 月第 1 次印刷
定　　价	68.00 元

微 信 ID：中共中央党校出版社　　　邮　　箱：zydxcbs2018@163.com

序

调查研究是中国共产党的传家宝，是党领导人民进行革命、建设和改革取得伟大成就的宝贵经验。习近平总书记指出："回顾我们党的发展历程可以清楚地看到，什么时候全党从上到下重视并坚持和加强调查研究，党的工作决策和指导方针符合客观实际，党的事业就顺利发展；而忽视调查研究或者调查研究不够，往往导致主观认识脱离客观实际、领导意志脱离群众愿望，从而造成决策失误，使党的事业蒙受损失。"①

100多年前，李大钊、陈独秀等中国先进仁人志士在对国内外情况的调查研究中，加深了对中国国情的认识，认清了时代潮流和历史大势，选择了马克思列宁主义的信仰。1917年2月，李大钊在《甲寅》发表《可怜之人力车夫》，描述了他对人力车夫的调研情况。1920年5月1日，《新青年》第七卷第六号推出"劳动节纪念号"，大部分文章是关于上海、北京、无锡、芜湖、长沙、山西、唐山、南京等地工人的调查报告，如陈独秀的《上海厚生纱厂湖南女工问题》，高君宇的《晋省劳动状况》、高语罕的《芜湖劳动状况》等。周恩来、蔡和森、向警予、李维汉等赴法国勤工俭学，一边开展调查研究，切身感受资本主义存在的突出矛盾，认识到成立共产党之必要。在法国勤工俭学时，蔡和森广泛搜集、猛看猛译各国革命和政党的材料，在1920年8月13日给毛泽东的信中介绍了无产阶级革命运动的四种利器，其中

---

① 习近平：《谈谈调查研究》，《学习时报》2011年11月21日。

摆在首位的是"党",强调"先要组织党——共产党。因为他是革命运动的发动者、宣传者、先锋队、作战部"①;在同年 9 月 16 日给毛泽东的信中介绍了各国共产党特别是俄共(布)的情况,提出了建党步骤,指出要"明目张胆正式成立一个中国共产党"②。1920 年 10 月,瞿秋白奔赴苏俄,写下了《饿乡纪程》《赤都心史》等报告文学,描述了苏维埃俄国充满生机活力的景象。正是通过这些广泛而深入的调查研究,让中国的先进分子在比较中,坚定选择了对马克思列宁主义的信仰,并在深入工厂、车间、码头等一线的调查研究中密切联系群众,推动马克思列宁主义同中国工人运动的结合,创建了中国共产党。

新民主主义革命时期,以毛泽东同志为主要代表的中国共产党人,率先对中国农民问题进行全面而深入的调查研究,深刻把握中国国情,分析中国社会阶层,历史地、系统地总结大革命失败、第五次反"围剿"失败的经验教训,创造性地提出了农村包围城市、武装夺取政权的正确革命道路,形成了新民主主义革命的理论路线方针政策,团结带领中国人民打败日本帝国主义,推翻国民党反动统治,建立了中华人民共和国,彻底结束了旧中国半殖民地半封建社会的历史,实现了中国从几千年封建专制政治向人民民主的伟大飞跃。

社会主义革命和建设时期,中国共产党坚持调查研究的优良传统,特别是在 1956 年中共八大召开前,毛泽东等中央领导同志连续 40 多天先后听取 34 个经济部门的工作汇报和国家计委关于第二个五年计划的汇报,对社会主义建设问题进行了一次比较全面、系统、深入的调查研究,形成了《论十大关系》的重要著作,明确要"以苏为鉴"、根据中国情况走自己的路,形成了独创性的理论成果。1961 年年初,毛泽东号召大兴调查研究之风,亲自组织并推动各级领导开展调查研

---

① 《蔡和森文集》(上),人民出版社 2013 年版,第 57 页。
② 《蔡和森文集》(上),人民出版社 2013 年版,第 75 页。

究，初步纠正了一些"左"的错误，推动了国民经济的调整、巩固、充实和提高。

改革开放和社会主义现代化建设新时期，中国共产党重新确立马克思主义的思想路线、政治路线、组织路线，恢复了党的优良传统和作风，在对国内外情况进行深入调查基础上，认识到中国同发达国家的差距，认清中国社会主义初级阶段的基本国情，确定了改革开放的政策，从实际出发领导制定了"一个中心，两个基本点"的基本路线，并以此为指导制定了一系列方针政策，明确社会主义市场经济的改革方向，坚定不移推进改革开放，领导人民开创、坚持、捍卫和发展了中国特色社会主义，为实现中华民族伟大复兴提供了充满新的活力的体制保证和快速发展的物质条件。

党的十八大以来，以习近平同志为核心的党中央高度重视调查研究，把改进调查研究作为中央八项规定的首要内容，以上率下，从习近平总书记做起，从中央政治局领导同志做起，带动全党大兴调查研究之风，推进调查研究制度化规范化常态化，并在调查研究基础上制定了一系列重大战略，统筹推进"五位一体"总体布局、协调推进"四个全面"战略布局，采取一系列战略性举措，推进一系列变革性实践，实现一系列突破性进展，取得一系列标志性成果，党和国家事业取得历史性成就、发生历史性变革，为实现中华民族伟大复兴提供了更为完善的制度保证、更为坚实的物质基础、更为主动的精神力量，推动我国迈上全面建设社会主义现代化国家新征程。

回顾党的历史，可以发现，无论是党的创建，还是党的成熟、发展和壮大，都离不开调查研究。正是通过调查研究，中国共产党才得以做到理论联系实际，推进了马克思主义中国化时代化，形成了毛泽东思想、邓小平理论、"三个代表"重要思想、科学发展观、习近平新时代中国特色社会主义思想，并以此指导制定了正确的路线方针政策，科学指引中华民族迎来了从站起来、富起来到强起来的伟大飞跃。正是通过调查研究，中国共产党得以坚持真理、修正错误，及时发现并解决各种问题，不断完善和丰富党的主张，确保决策科学、执行坚决、监督有力，以党的自我革命引领伟大的社会革命。正是通过调查研究，中国共产党得以做到从群众中来、到群众中去，在调查研究中了解群众所思所想所盼，密切联系群众，始终代表最广大人民根本利益，进而把人民群众的智慧和力量汇集起来，凝聚起建设中国式现代化的磅礴力量。正是通过调查研究，广大党员干部得以更加深刻把握具体实际，把党的理论路线方针政策和党中央决策部署转化为具体的工作安排、自觉行动，把马克思主义的真理力量转化为强大的物质力量，实现认识世界和改造世界的统一，并在改造客观世界中改造主观世界，不断提高党的领导水平和长期执政能力。正因如此，习近平总书记把调查研究上升到"谋事之基、成事之道、决策之要"①的高度。

那么，调查研究为什么能够对党和国家事业发展有如此重要的作用？中国共产党在历史上有哪些好的做法和经验呢？对于当前各级领导干部来说，该如何开展调查研究？有哪些基本原则、方法和步骤？如何撰写好调研报告？等等。这些问题，是各级领导干部关注的，也是影响领导干部提高调查研究能力的重要因素。《领导干部调查研究十三讲》一书，力图对这些重大而又十分现实的问题，作详细而深入的回答，以满足提高领导干部调查研究能力的需要。

调查研究是对马克思主义世界观、认识论和方法论的具体运用，坚持马克思主义的立场观点方法。马克思主义经典作家、革命导师正是通过调查研究，把目光从抽象的人转到现实的人，并通过对现实的

---

① 习近平：《干在实处　走在前列——推进浙江新发展的思考与实践》，中共中央党校出版社 2006 年版，第 556 页。

人面临各种问题的深层次原因的分析，才找到了人类解放的答案。该书仔细梳理了马克思、恩格斯、列宁等在革命活动中开展调查研究的实践和方法，让我们看到正是通过调查研究，马克思、恩格斯才认识到资本主义不可克服的基本矛盾，创立了无产阶级解放自己和人类解放的思想理论武器。列宁对调查研究的重视和运用，实现了马克思主义同俄国具体实际的结合，领导俄国十月革命取得伟大胜利，让科学社会主义从理论变成了现实。中国共产党通过调查研究，深刻把握了各个历史时期的中国具体实际，推进了"两个结合"，作出一系列正确的决策部署，为领导中国革命、建设、改革提供了行动指南。同时，中国共产党人的调查研究实践，使调查研究成为党的优良作风和优良传统，融入中国共产党人的党性和领导能力之中，是中国共产党始终走在时代前列、成为民族脊梁和坚强领导核心的重要原因。

习近平总书记坚持和运用马克思主义世界观和方法论，继承马克思主义经典作家、老一辈革命家调查研究的优良作风，深刻总结中国共产党调查研究的历史经验，着眼于新时代"两个大局"的新形势，进一步回答了为什么要调查研究、如何开展调查研究等重大问题，深刻阐明了调查研究的重大意义和科学方法，为党员干部开展调查研究提供了根本遵循，并身体力行，亲自到农村、社区、企业等一线开展调查研究，为中国改革发展稳定把脉、掌舵领航，为全党树立了榜样。关于调查研究的价值意蕴，他强调"调查研究是一个了解情况、推动工作、联系群众、为民办事和自我学习提高的过程"[①]；关于调查研究的重要原则，必须坚持实事求是，坚持以人民为中心，坚持问题导向；关于调查研究的路径，必须致力求真，注意调查与研究的有机结合，务求"深、实、细、准、效"，讲究调研方

---

① 习近平：《干在实处　走在前列——推进浙江新发展的思考与实践》，中共中央党校出版社 2006 年版，第 533—534 页。

法，完善制度。习近平总书记关于调查研究的重要论述具有重大的理论意义和现实意义，有利于实现理论与实际的结合，有利于实现科学决策，有利于加强党的建设、密切党群关系，有利于提高党的领导水平和长期执政能力。

具体如何开展好调查研究呢？这是广大党员干部最为关心的问题。在基本原则上，必须坚持问题导向，就是要通过调研发现问题，分析问题产生的原因，进而精准施策、解决问题；必须坚持与时俱进，顺应时代发展特别是技术进步的新变化，做到调研方法、问题和结果运用的与时俱进；必须坚持以人民为中心，向人民学习，及时总结基层干部群众创造的新鲜经验，从人民群众的创造性实践中形成治国理政的科学举措；必须坚持实事求是，全面、客观、历史地调查，在调查基础上深入研究、发现规律。在方法上，可以根据实际需要，综合运用深度访谈法、问卷调查法、文献研究法、抽样调查法、蹲点调查法等。在步骤上，调研分为准备、实施、总结、报告撰写四个主要阶段，在准备阶段要明确选题、主体、技术、方案等，在实施阶段要全面搜集信息、加强协调联系等，在总结研究阶段要整理材料、分组归类、统计分析等，在报告撰写中做到客观的原则与具体的情况、语言的凝练与行文的逻辑、行文的速度和文章的质量等相结合，并做好调研成果的转化。领导干部开展调查研究是一个由浅入深、由表及里的过程，必须正确处理实地调研与理论研究、全面调研与重点调研等关系，防止只见树木不见森林、只报喜不报忧、只见表象不见本质、只见问题不见措施等。

总之，《领导干部调查研究十三讲》一书既有较强的理论性、思想性、学理性，又有较强的通俗性、可读性；既阐明了调查研究的极端重要性，又介绍了调查研究的具体方法。特别是在案例篇中，该书将调查研究的理论与实践有机融合，具体呈现了如何开展调查研究，这不仅可以让领导干部明确为什么要进行调查研究，更重要的是如何开展好调查研究，切实提高调查研究能力，助力新征程上进一步全面深化改革、推进中国式现代化。

辛向阳

中国社会科学院马克思主义研究院

院长、研究员、博士生导师

目　录

理论篇

案例篇

理论篇

第一讲

领导干部调查研究的理论渊源与实践要求

调查研究是认识世界和改造世界的根本方法，也是推进马克思主义中国化的根本方法。早在抗日战争时期，毛泽东就提出："认识世界，不是一件容易的事。马克思、恩格斯努力终生，作了许多调查研究，才完成了科学的共产主义。"[①] 这足以看出调查研究在马克思主义形成及中国化过程中发挥的巨大作用。马克思主义的调查研究是世界观和方法论的统一，是共产党人认识世界的重要方式，贯穿了共产主义事业奋斗的整个过程，是研究问题、解决问题的关键钥匙。进入新时代，党员领导干部依然不能丢弃调查研究这一优良传统，要端正调查研究的态度、改进调查研究的方法，不断在密切联系群众中扎实推进调查研究工作，这就要求我们必须从理论上去梳理领导干部调查研究思想的渊源和演进。

纵观中国共产党的发展历程，党取得的各项历史性成就都离不开中国共产党人长期以来对调查研究工作的重视。深入基层、深入群众，推动科学理论与社会实际紧密结合已经成为中国共产党人发现问题、分析问题、解决问题的优良传统。早在革命初期，毛泽东就明确提出"没有调查，就没有发言权"[②]。在不同的建设时期，中国共产党都非

[①] 《毛泽东文集》第2卷，人民出版社1993年版，第378页。
[②] 《毛泽东文集》第2卷，人民出版社1993年版，第382页。

常重视调查研究工作，特别是在党制定大政方针、作出重要决定之时，总是在前期开展详尽调查研究基础上向广大人民群众征求各类意见和建议。每一代党和国家领导人都号召广大党员干部进行深入的调查研究，不仅身体力行地进行调查研究实践，还提出了许多调查研究的观点论述，形成了丰富的调查研究方法和思想，既有对马克思主义调查研究基本原则的赓续，也有对调查研究实践的与时俱进创新。

第一节　领导干部调查研究的理论渊源

一、欧洲工人运动中的调查研究理论

马克思主义诞生于 19 世纪 40 年代的欧洲。整个社会处于大变革时期的欧洲，人们的生活方式和思想观念都在发生不间断的改变，大规模、工厂化的机器生产开始取代手工生产，资本主义制度也逐渐崛起为欧洲的主要政治制度。正是在对资本主义制度下工业生产的大规模调查研究，马克思、恩格斯才开始在反对资本主义制度的过程中建构起马克思主义。在当时，工业革命的发展也进一步激化了资产阶级和无产阶级的矛盾，最终引发了资本主义国家的系列经济危机。19 世纪三四十年代，西欧先后出现了法国里昂工人起义、英国宪章运动和德国西里西亚纺织工人起义，空想社会主义思想也在工人运动发展过程中逐步发展起来。马克思、恩格斯认为，空想社会主义思想虽然有很多天才的思想，却脱离实际，是从抽象理性出发形成的，并逐渐成为社会主义运动的障碍。为此，马克思、恩格斯强调了生产力在社会发展中的基础作用，旗帜鲜明地反对唯心主义的观点。正是在这种哲学观点的支持下，马克思、恩格斯非常重视对社会现实的考察，认为哲学应该为改变社会现实服务，而不应该仅仅用来解释现实。上述观点也强化了马克思、恩格斯对社会调查研究的重视。

(一) 坚持唯物辩证法的根本方法

唯物辩证法是马克思、恩格斯关于调查研究理论与实践的根本方法。唯物辩证法要求我们在认识世界和改造世界的时候必须运用辩证思维，从全面、联系、发展的角度去看待和处理事务。这就要求领导干部在调查研究过程中，既要看到事物的对立面，又要看到事物的统一面，在事物的对立统一关系中去发现问题、分析问题、解决问题。即在调查研究过程中，在注重事物矛盾双方的对立时，也不能忽视矛盾双方的统一。在辩证唯物主义认识论看来，实践既是调查研究的一种方式，也是获得科学认识的必要途径。马克思在《关于费尔巴哈的提纲》中指出："人的思维是否具有客观的真理性，这不是一个理论的问题，而是一个实践的问题。人应该在实践中证明自己思维的真理性，即自己思维的现实性和力量，自己思维的此岸性。"[①] 马克思所说的"客观的真理性""现实性和力量"及"此岸性"，都指向一个意思，即人们的思想、观念、理论、决策、规划和谋略等是否正确，归根结底要看是否符合实际。

从抽象到具体的方法是马克思、恩格斯关于调查研究理论与实践的重要方法。从抽象上升到具体的方式是对调查研究中思维者的头脑与现实的具体事物之间关系的描述，其就是在调查研究过程中，将直观和表象的事物加工成为概念的过程，从而使现实的具体事物能够以概念的形式出现在头脑中。这是调查研究中运用思考把握现实具体事物的重要方式。可以说，在调查研究中，思维者的头脑是主体，现实的具体事物是客体，领导干部的思考占据主导地位，被调研的具体事

---

① 《马克思恩格斯选集》第 1 卷，人民出版社 2012 年版，第 134 页。

物被领导干部通过思考来认识、掌握和反映。在调查研究中，思维中的具体是从抽象上升到具体的过程的产物，是领导干部掌握世界过程中所形成的逻辑概念。换言之，思维中的事物（逻辑概念、范畴等）是什么样的，取决于现实中的具体事物是什么样的。这一重要方法是领导干部调查研究过程中将貌似杂乱、无规律的事物进行思考并总结规律的过程。

群众观点是马克思、恩格斯关于调查研究理论与实践的首要观点。"人民群众是历史的创造者，既是历史的书写者，也是历史的见证者和评判人，理所当然也是国家治理的主体，拥有管理国家的一切权力，享有经济社会发展的一切成果。"① 这是马克思主义国家学说的重要理论。从国家治理的角度来看，调查研究是发现问题、解决问题，最终推动国家治理现代化的过程。这一过程包含了人民对美好社会的向往，必然需要强调人民群众在历史发展中的主体地位。

（二）注重一手资料与文献资料

掌握第一手资料是调查研究的必要环节。从调查研究中得到第一手的资料是马克思、恩格斯进行理论创作的重要前提。领导干部开展调查研究，充分占有相关资料是必要的环节，只有充分的资料才能确保调查研究的可信性和有效性，这是马克思、恩格斯在长期的理论研究和革命斗争中形成的调查研究重要经验。在长期的革命斗争和调查研究中，马克思、恩格斯一直都十分重视第一手资料的搜集和掌握，无论是反驳当政者的错误指责，还是深入工人运动了解实际情况，抑或写作深奥的理论书籍，马克思、恩格斯都会在开始前进行详细的调查研究，了解方方面面情况，尽可能广泛深入到实际中以掌握第一手

---

① 《确保人民群众在国家治理中的主体地位》，《学习时报》2020 年 4 月 24 日。

资料。马克思在《莱茵报》工作期间，为反驳莱茵省总督冯·沙培尔对《莱茵报》两篇文章的无端指责，就通过新闻采访的方式进行了详细的调查研究，将调查研究得到的资料作为《摩泽尔记者的辩护》中反驳指责观点的重要证据。在工人运动中，马克思为了真正了解到工人运动的实际情况，经常深入工人之中，先后同多国的工人组织建立联系并经常性参加他们的集会，全面了解各国工人运动的实际情况。

充分的文献调研是调查研究的重要手段。调查研究不仅是深入实践一线去走访获取资料，也包括对前人已有的文献资料和各类统计数据进行全面系统的搜集、整理，进而丰富自己的调查研究内容。马克思在研究问题的时候，总是尽可能地去查阅所有与该问题相关的书籍，通过尽可能掌握前人已经搜集到的各种材料和形成的成果，以推动自己的调查研究工作。曾有人总结出马克思调查研究前关注的主要研究资料，"一是拥有丰富实际材料的著作……二是有科学意义或创新见解的著作……三是关于专题思想或理论发展史的著作……四是有关各国和各民族历史的著作"①。上述书籍让马克思能够始终着眼于历史，透过各种事件和事情的表象去研究它们的本质，从而最大程度地搞清楚这些事情或事件的来龙去脉。当然马克思、恩格斯开展调查研究不仅仅是对前人资料和书籍的简单阅读，而且是结合自身对现实情况的调查研究去重新审视书籍资料上的观点，进而修改并提出适合当时时代背景的观点。

坚持正确立场是调查研究的重要原则。领导干部调查研究必须始终坚持正确的立场，对于共产党人来说，坚持正确的立场就是坚持马克思主义立场、工人阶级立场、人民立场，三者高度统一于马克思

---

① 《开展调查研究应重视四个方面——马克思恩格斯调查研究实践给我们的启示》，《光明日报》2023 年 6 月 1 日。

主义的理论与实践中。人们在从事社会实践活动中，必然受到各种社会关系的影响，而这种社会关系体系所决定的就是人们的立场。习近平总书记曾指出："立场，是人们观察、认识和处理问题的立足点。这个立足点，从根本上讲是由人们的经济政治社会利益和地位决定的。"① 不同的立场看待、分析问题，得出的结论必然也是完全不同的。这既是马克思主义立场的体现，也是马克思和恩格斯在调查研究实践中得出的结论。在《摩泽尔记者的辩护》一文中，马克思曾对当政者与葡萄种植者看待问题的差异进行解释。马克思指出："官员指摘私人把自己的私事夸大成国家利益，私人则指摘官员把国家利益缩小成自己的私事，即缩小成一种把所有其他的老百姓都排斥在外的利益。"② 这足以看出不同立场对待同一问题的不同看法。

二、俄国革命实践中的调查研究理论

在俄国革命实践中，列宁高度重视理论与实践的结合，通过调查研究将无产阶级的革命性与实事求是的科学精神进行了紧密的结合。在列宁的革命和理论工作生涯中，其著作是彰显艰巨调查研究工作的重要成果。1893 年，列宁在对当时农民和其他群体经济问题的深入调查研究基础上，撰写了《农民生活中新的经济变动》和《论所谓市场问题》。在两部著作中，列宁运用准确详实的调查数据材料提出："不是人民贫困化妨碍资本主义的发展，而是资本主义的发展伴随着人民的贫困化，二者并不互相排斥。"③ 1894 年至 1895 年，为指导工人开展工厂工人情况调查，深入推动俄国工人阶级运动的深度和广度，列宁为工人撰写了工人调查研究指导性文件——《调查提纲》。《调查提

---

① 习近平：《深入学习中国特色社会主义理论体系 努力掌握马克思主义立场观点方法》，《求是》2010 年第 7 期。
② 《马克思恩格斯全集》第 1 卷，人民出版社 1995 年版，第 372 页。
③ 明东：《学习列宁重视调查研究的科学精神》，《前线》1962 年第 6 期。

纲》涉及工厂及工人基本信息、劳动条件和生活条件等内容①。1899
年，列宁在对俄国社会经济进行调查研究的基础上撰写了《俄国资本
主义的发展》，为了考察俄国资本主义全部发展过程，列宁认为"只限
于考察这个过程的基本特点"，也需要极其繁多的材料②。俄国十月革
命胜利后，面对俄国革命胜利后的复杂形势，列宁向布尔什维克党提
出"首要任务之一是组织一系列的社会调查"③，在全党开展起社会调
查。这些不仅体现了列宁调查研究的科学精神，也为我们剖析列宁调
查研究思想的内容与观点提供了参考。

（一）坚持求实的精神内核

列宁关于调查研究的理论与实践始终坚持实事求是的基本原则，
将求实作为其重要精神内核。列宁在调查研究过程中，始终坚持以事
实为依据，从实际出发，注重搜集各方面的资料，从而对事物有全面
的、准确的分析，找出主要问题、主要矛盾。在列宁眼中，调查研究
是从事物的总和中找出规律性并得出正确结论的重要渠道。十月革命
胜利后，随着党的工作重心向经济建设转移，如何领导俄国人民进行
社会主义建设成为布尔什维克党面临的全新问题。在此背景下，列宁
提出："马克思主义要求我们在确定任何重大政策的时候，必须以经得
起精确的客观检验的事实作为政策的基础和依据。"④ 为此，列宁要求
必须通过调查了解人民群众的真实意见和情况，进而克服官僚主义、
提高工作效率。

列宁非常关注人民群众的生活状况，将调查研究视为广泛联系人

---

① 朱亚坤：《试析列宁〈调查提纲〉的主要思想与多重价值》，《中国劳动关系学院学报》
2016 年第 5 期。
② 《列宁全集》第 3 卷，人民出版社 2013 年版，第 5—6 页。
③ 《列宁全集》第 34 卷，人民出版社 2017 年版，第 349 页。
④ 《列宁全集》第 25 卷，人民出版社 1958 年版，第 283 页。

民群众、了解人民群众生活情况、掌握人民群众要求的重要途径。列宁认为，对人民群众的调查研究是布尔什维克党制定政策的重要客观依据，对人民群众的调查研究是正确看待社会弊病、坚定理想信念的重要途径。十月革命初期，俄国国内百废待兴，经济政治比较动荡，人民群众忍饥挨饿的情况还普遍存在。在当时的情况下，社会上一些人甚至党内的一些人开始将人民群众的这些痛苦视为"共产主义的过错"。对此，列宁要求这些人改变自己的生活工作环境，真正去接触人民群众，与人民群众一道生活工作，进而对人民群众的生活情况和遇到的问题形成真实、客观的看法。

（二）强调基层一线与系统分析

在列宁前期的调查研究理论与实践中，其主要侧重于俄国农村资本主义的发展及面临的各类问题，如农民阶级分化、农民经济在其中的作用、封建经济向资本主义经济转化的过程等，更多将调查研究视为自己开展理论研究的一部分，强调学理性。后期随着俄国革命的胜利和苏维埃俄国社会主义经济建设的开展，调查研究逐步成为其开展工作的重要方法。

调查研究要注重采用文献调查的方法。列宁在进行理论研究和革命工作时，对马克思主义的书籍进行了系统的阅读与研究，同时根据自己关注的农民经济问题搜集了大量的资料进行细心的阅读。在列宁的著作中，为了取得各种各样的材料，进而从各种材料中得出尽可能科学的结论，列宁采取了各种各样的方式。如托熟悉的统计人员去搜集各省、地区的出版物、政府工作报告材料、各种会议报告及纪要，利用各种机构的图书馆搜集大量的资料，运用自己的稿费购买各种出版物。

调查研究要坚持深入基层一线的态度。列宁认为，做调查研究必须深入基层一线，在充分掌握各种具体资料的基础上进行分析研究，进而找出问题的原因并提出相应的对策。列宁一直要求各级党的工作人员要深入工作一线开展调查研究，教导人们"多做些日常平凡的事情"。列宁提出调查研究不能够兴师动众，这样往往难以了解真实情况。列宁在调查全俄肃反委员会轨道车的情况时，便是以全俄肃反委员会下属普通工作人员的身份进行的。列宁指出："幸亏我是化名乘坐轨道车的，所以能够听到而且已经听到职工们坦率而真实的（不像官方那样娓娓动听而虚假的）介绍。"① 列宁还指出："在研究地方经验时，要多一些、再多一些具体内容、详情、细节、实践、实际经验，要深入现实生活，既深入县的，也深入乡的、村的生活。"②

调查研究要坚持综合系统分析的路径。与集中范围进行解剖麻雀式的调查研究不同，列宁强调调查研究的宏观性和综合性。其调查研究的区域范围不仅涵盖俄国的各个省区，而且还覆盖了欧洲的其他国家和地区，其调查研究的时间跨度不仅仅是当前的一段时间，还追溯到以前的一段时间。列宁在调查俄国农村经济发展问题时，调查了19世纪80年代以后各省、地区自治局关于土地、牲畜、农村、雇佣劳动、家庭收支等各方面的数据，涉及调查户数达到450万个。③

三、我国革命建设中的调查研究理论

毛泽东关于调查研究的理论与实践，跟随时代背景和历史环境的变化，经历了从不成熟到成熟、从萌芽到不断完善的过程。毛泽东关于调查研究的理论与实践与中国革命发展紧密相关，随着中国革命和建设实践的发展不断丰富。

---

① 《列宁全集》第52卷，人民出版社2017年版，第184页。
② 《列宁文稿》第10卷，人民出版社1979年版，第184页。
③ 《列宁全集》第3卷，人民出版社2013年版，第595—596页。

19 世纪末 20 世纪初，中国半殖民地半封建社会的程度日益加深，不仅遭受外敌侵犯，还遭受着国内封建主义和地方军阀的剥削和压榨，人民群众生活在水深火热之中。青年毛泽东发奋读书的同时，还非常重视通过社会实践学习相关知识。在这一时期，毛泽东一方面对农村进行了大规模的调查研究，另一方面也对城市工人生活思想状况进行了深入调查，为毛泽东调查研究思想的形成奠定了基础。此外，毛泽东还注重对国外经验的学习、了解和借鉴，经常通过与国外友人的书信了解其他国家的情况和经验。

为了推动中国革命的发展，毛泽东在大革命时期和土地革命时期进行了大量的调查研究工作。在大革命时期，毛泽东于 1927 年在湖南衡山、湘乡、湘潭、醴陵和长沙进行了为期 32 天的实地考察，通过深入接触农民群众，召开座谈会，获得了大量一手资料，撰写了《湖南农民运动考察报告》，真实反映了湖南农民运动的实践，有力驳斥了当时各种非难农民运动的谬论。土地革命时期，毛泽东围绕土地问题进行了大规模的调查研究活动，进行了宁冈调查、寻乌调查、兴国调查、长冈乡调查、长汀调查、才溪乡调查等调查活动并形成了一系列调查报告，为开展革命实践活动提供了有力的科学依据。也是在这一时期，毛泽东开始关注到党内的一些错误思想。毛泽东认为，要改变这种主观主义倾向，就必须"使党员注意社会经济的调查和研究，由此来决定斗争的策略和工作的方法，使同志们知道离开了实际情况的调查，就要堕入空想和盲动的深坑"[①]。在此基础上，1930 年，毛泽东发表了《调查工作》（即《反对本本主义》）一文，系统论述了调查研究的理论与实践，系统阐释了自己的调查研究思想。

经过前期的积淀，毛泽东关于调查研究的理论与实践在抗日战争

---

① 《毛泽东选集》第 1 卷，人民出版社 1991 年版，第 92 页。

时期和解放战争时期已经逐步系统化，并得到广泛的运用。在这一时期，毛泽东通过调查研究不断推进自身理论研究工作，《〈农村调查〉的序言和跋》《改造我们的学习》《整顿党的作风》《反对党八股》《新解放区土地改革要点》《在不同地区实施土地法的不同策略》《关于目前党的政策中的几个重要问题》等著作相继发表，并领导起草了一系列中央政策文件。随着理论研究的深入，毛泽东调查研究理论与实践的系统性不断深化和完备。毛泽东多次强调调查研究对于我党的重要性，要求各级领导干部继承和发扬调查研究、实事求是的优良传统。

（一）坚持实事求是

坚持实事求是、克服主观主义是调查研究的作风要求。毛泽东关于调查研究的理论与实践坚持了马克思主义的认识论，强调从社会实践出发来发现问题、分析问题，探究问题的解决方案，遵循从实践到认识再到实践的认识路线，强调调查研究不应先定调子，要在调查末尾得出结论。在这样的作风要求下，调查研究强调还原事情的真实面目，不带入调查者的主观判断和认识。为在开展调查研究的过程中避免唯心主义和主观主义，毛泽东号召大家遵循唯物主义的认识路线，提出"离开了实际情况的调查，就要堕入空想和盲动的深坑"①；提出实事求是的作风，"'实事'就是客观存在着的一切事物，'是'就是客观事物的内部联系，即规律性，'求'就是我们去研究"②。

坚持群众路线、防止官僚主义是调查研究的重要方法。人民群众作为历史创造者地位的历史唯物主义观点贯穿毛泽东调查研究理论与实践的始终，群众路线成为毛泽东调查研究理论与实践的活的灵魂。一方面，毛泽东关于调查研究的理论与实践强调要通过深入群众生活

---

① 《毛泽东选集》第1卷，人民出版社1991年版，第92页。

② 《毛泽东选集》第3卷，人民出版社1991年版，第801页。

的调查研究来了解人民群众的情况、期盼和观点，以此为我们党解决社会各种矛盾的出发点和着力点，将人民群众的根本利益作为调查研究的目标和归宿，进而通过科学调查研究来反对官僚主义。另一方面，毛泽东关于调查研究的理论与实践强调将人民群众在生产生活中对各项工作的意见、建议作为党的路线、方针、政策修订的重要依据。在此基础上，将群众智慧体现在党的意见中，进而在党的群众工作中贯彻落实下去。

坚持求真务实、克服形式主义是调查研究的核心路径。毛泽东主张通过多次地、反复地调查来搜集资料、发现问题、分析问题，并通过分析研究提出解决问题的思路对策。故此，他主张面向现实实践和时代问题，立足于解决问题去开展调查研究，坚决反对盲目地为了调查而调查，主张带着明确的问题意识和目的去开展调查。早在革命时期，毛泽东在论证中国革命时，就提出"'的'就是中国革命，'矢'就是马克思列宁主义。我们中国共产党人所以要找这根'矢'，就是为了要射中国革命和东方革命这个'的'的"①，并在后来的革命实践中提出了"调查就是解决问题"等论断。此外，毛泽东坚决反对调查研究中的形式主义，将形式主义的文风称之为党八股，批评党内理论研究中不注重现状，"言必称希腊"，"为了单纯地学习"，强调"空洞抽象的调头必须少唱"②。

（二）关注问题解决与方法意识

早在青年时期，毛泽东就认识到了调查研究对于中国革命和实践工作的重要作用，清醒地认识到在中国进行革命斗争必须掌握中国国情。在革命实践中，毛泽东反复强调调查研究的重要性，围绕调查研

---

① 《毛泽东选集》第3卷，人民出版社1991年版，第801页。
② 《毛泽东选集》第3卷，人民出版社1991年版，第844页。

究的意义提出了很多精彩的论述。如"调查研究极为重要"①，"没有调查，就没有发言权"②，"一，不做调查没有发言权。二，不做正确的调查同样没有发言权"③。1941 年，毛泽东在为中共中央起草的《关于调查研究的决定》中明确提出："不研究中国的特点，而去搬外国的东西，就不能解决中国的问题。"④ 正是基于对调查研究重要性的正确认识，在不同时期，毛泽东均提出了大兴调查研究之风、搞调查研究年的要求。

从问题出发，专注问题的解决是毛泽东调查研究理论与实践的重要特点，其对调查研究的目的进行了明确，将解决问题作为开展调查研究的主要目的之一。在《反对本本主义》中，毛泽东就明确提出："调查就像'十月怀胎'，解决问题就像'一朝分娩'。"⑤ 同时，毛泽东明确提出："我们调查工作的主要方法是解剖各种社会阶级，我们的终极目的是要明了各种阶级的相互关系，得到正确的阶级估量，然后定出我们正确的斗争策略，确定哪些阶级是革命斗争的主力，哪些阶级是我们应当争取的同盟者，哪些阶级是要打倒的。我们的目的完全在这里。"⑥ 毛泽东提出"做领导工作的人要依靠自己亲身的调查研究去解决问题"⑦，指出一切结论应该产生于调查研究的末尾，而不是调查研究的开头。

调查研究的成败离不开正确的调查研究态度和方法，关于调查研究的正确态度，毛泽东明确提出："没有满腔的热忱，没有眼睛向下的决心，没有求知的渴望，没有放下臭架子、甘当小学生的精神，是一

---

① 《毛泽东文集》第 8 卷，人民出版社 1999 年版，第 234 页。
② 《毛泽东文集》第 2 卷，人民出版社 1993 年版，第 382 页。
③ 《毛泽东文集》第 1 卷，人民出版社 1993 年版，第 267—268 页。
④ 《毛泽东文集》第 2 卷，人民出版社 1993 年版，第 407 页。
⑤ 《毛泽东选集》第 1 卷，人民出版社 1991 年版，第 110 页。
⑥ 《毛泽东选集》第 1 卷，人民出版社 1991 年版，第 113—114 页。
⑦ 《毛泽东文集》第 8 卷，人民出版社 1999 年版，第 253 页。

理论篇

定不能做，也一定做不好的。"① 毛泽东在调查研究实践中，经常深入人民群众和生活工作一线，和广大农民群众和工人朋友打成一片。如果不能深入群众，就会导致主观主义、官僚主义的作风，对党和人民的事业造成一定的伤害，《反对本本主义》就是针对当时普遍存在的教条主义、引导广大党员正确开展调查研究而作，呼吁广大党员"到斗争中去！到群众中作实际调查去！"②

毛泽东曾就调查研究的方法明确指出："调查有两种方法，一种是走马看花，一种是下马看花。走马看花不深入……还必须用第二种方法，就是下马看花，过细看花，分析一朵'花'，解剖一个'麻雀'。"③ 处理好"走马看花"和"下马看花"的关系，是提升调查研究成效的关键。"走马看花"，就是在调查研究中多去几个地方，多问一些人，通过扩大调查的覆盖面和范围来了解情况，掌握普遍性的宏观和共性认识，这种方法能够让调查者在节约时间成本的情况下快速掌握事物的整体情况。但毛泽东也提出："如果我们观察问题是走马看花的，各样都弄一点，这只是空花费了时间，一事无成。"④ 因此，还要"下马看花"。"下马看花"是在摸清整体情况的基础上，对某一对象或范围进行典型调研。所谓典型调查，就是遵循马克思主义的"重点论"，抓住调查研究的关键，开展有针对性的、全面的调查研究，也就是人们常说的"解剖麻雀"。"下马看花"和"解剖麻雀"，都需要抓住典型，不是随便选一朵花就看，随便抓一只麻雀就解剖。"走马观花"是"务虚"的调查研究，"下马看花"是"务实"的调查研究，二者有机结合才能提升调查研究效果，毛泽东的很多调查研究都是运用了二者结合的调查研究方式。

---

① 《毛泽东选集》第 3 卷，人民出版社 1991 年版，第 790 页。
② 《毛泽东选集》第 1 卷，人民出版社 1991 年版，第 116 页。
③ 《毛泽东文集》第 7 卷，人民出版社 1999 年版，第 134 页。
④ 《毛泽东文集》第 2 卷，人民出版社 1993 年版，第 381 页。

四、经济社会发展中的调查研究理论

党的十一届三中全会后，党和国家工作中心转移到经济建设上来。在这一时期，邓小平进行了大量的调查研究工作，对"什么是社会主义、怎样建设社会主义"这一问题进行了回答，提出社会主义初级阶段理论，揭示社会主义本质。而这一切都离不开对中国国情和经济社会发展规律的准确把握，都离不开调查研究工作的高效开展。邓小平十分反对领导干部决策过程中轻率"拍脑袋"的行为，认为走马观花、流于表面的调研是发现不了问题的，是凭想象作出的决策，是对党和人民事务不负责任的态度。他强调，"作为领导来说，要摸清情况，采取措施"[①]，"调查调查，情况就清楚了"[②]。通过调查研究与人民群众亲身接触，就能够主动了解各种情况，进而辅助决策；如果不重视调查研究，就容易犯下各类错误。邓小平提出："不重视调查研究，不了解工作中的真实情况。他们往往不是从客观的实际条件和人民群众的具体实践出发，来考虑和决定他们的工作，而是从不确切的情况出发，从想象和愿望出发，主观主义地来考虑和决定他们的工作。……他们对自己的工作心中无数，常常'左'右摇摆，有时表现为右倾保守，思想落后于实际，有时又表现为急躁冒进，贪多求快，超过实际的可能。"[③]

（一）坚持问题导向

坚持问题导向是马克思主义的鲜明特征。邓小平关于调查研究的理论与实践遵循了马克思主义的基本特征，凝聚着强烈的问题意识，

---

① 《邓小平文选》第3卷，人民出版社1993年版，第171页。

② 《邓小平文选》第3卷，人民出版社1993年版，第33页。

③ 《邓小平文选》第1卷，人民出版社1994年版，第221—222页。

立足问题开展调查研究，拒绝为了调查而调查。邓小平主张"真正仔细地研究新情况，解决新问题"①。在《邓小平文选》中，邓小平在党的建设、铁路问题、社会治安、农业承包等领域都明确提出要进行调查研究。正是通过对我国经济、政治、社会、文化、民族、法律等各个方面的调查研究，我们党准确判断了当时我国社会的主要矛盾，为社会主义现代化建设提供了明确的方向。此外，"邓小平求真务实的领导作风和工作方法，体现在调查研究工作中，一个鲜明特点就是'问数字''爱算账'"②。邓小平认为，数字中包含了丰富的信息，通过正确利用数字工具，可以抓住问题的本质，提出"数字中有政策，决定数字就是决定政策"③。

（二）强调以身作则与解放思想

领导干部以身作则是调查研究的关键。邓小平将调查研究视作领导干部进行领导和决策的重要前提、贯彻党的思想路线和群众路线的重要要求，强调领导干部以身作则去开展调查研究。邓小平指出："能不能深入下去，工作能不能落实，关键在于领导干部是不是以身作则，深入部队，调查研究，从实际出发，分析问题，解决问题。"④ 领导干部以身作则开展调查研究工作，必须提高领导干部自身的素质，只有这样才能保证调查研究的效果。首先是要提升领导干部的党性修养。领导干部开展调查研究的目的是贯彻落实党的路线、方针和政策，这就要求领导干部在调查研究中必须讲政治，同党中央保持一致，正确处理全局与局部、中央与地方、集体与个人的关系。其次是要树立群

---

① 《邓小平文选》第 2 卷，人民出版社 1994 年版，第 279 页。
② 刘金田：《问数字、爱算账：邓小平调查研究的一个鲜明特色》，《政策瞭望》2008 年第4 期。
③ 《邓小平文选》第 1 卷，人民出版社 1994 年版，第 193 页。
④ 《邓小平文选》第 2 卷，人民出版社 1994 年版，第 124 页。

众观念。领导干部开展调查研究，只有坚持从群众中来到群众中去，才能听到群众的意见和呼声，才能在调查研究基础上为党和国家排忧，为广大人民群众解难。邓小平强调："党的组织、党员和党的干部，必须同群众打成一片，绝对不能同群众相对立。"① 最后是要运用辩证方法。作为历史唯物主义者，邓小平认为研究和解决任何问题都离不开一定历史条件，"那种否定新的历史条件的观点，就是割断历史，脱离实际，搞形而上学，就是违反辩证法"②。在调查研究中，要时刻运用重点论和两点论，具体问题具体分析。

邓小平关于调查研究的理论与实践始终将解放思想、实事求是作为指导思想，运用马克思列宁主义和毛泽东思想的立场观点方法去开展调查研究，研究解决遇到的各类问题。邓小平认为，离开了实事求是、离开了调查研究，就容易陷入机会主义或盲动主义，"那只能引导到唯心主义和形而上学，只能引导到工作的损失和革命的失败"③。面对日新月异的社会发展和不断深化的现代化建设，邓小平认为："我们现在所干的事业是一项新事业，马克思没有讲过，我们的前人没有做过，其他社会主义国家也没有干过，所以，没有现成的经验可学。我们只能在干中学，在实践中摸索。"④ 因此，必须通过调查研究来分析和研究现代化建设历史条件下遇到的新问题。

采用典型调查的调查研究方法。典型调查的研究方法，又叫"解剖麻雀"，是在对事物有了总体认识后，选择典型代表进行全面、系统调查研究的方法，其遵循了从个别到一般再到个别的认识规律。领导干部开展典型调查，就要善于总结概括群众经验，领导干部开展调查研究的目的是解决问题，而这些对策往往产生于群众之中。邓小平曾

---

① 《邓小平文选》第 2 卷，人民出版社 1994 年版，第 368 页。
② 《邓小平文选》第 2 卷，人民出版社 1994 年版，第 121 页。
③ 《邓小平文选》第 2 卷，人民出版社 1994 年版，第 118 页。
④ 《邓小平文选》第 3 卷，人民出版社 1993 年版，第 258—259 页。

提出："离开群众经验和群众意见的调查研究，那末，任何天才的领导者也不可能进行正确的领导。"① 因此，领导干部开展调查研究要到改革开放和经济建设的最前线，在那里发现典型、总结经验，进而推广到全国。

第二节 领导干部调查研究的实践要求

习近平总书记关于调查研究的重要论述体现在各大重要文件和讲话当中，这些重要论述，是一个具有严密逻辑、丰富内涵的理论整体，包含了关于调查研究的价值意蕴、重要原则、践行路径等主要内容。

一、习近平总书记关于调查研究重要论述的主要内容

（一）调查研究的价值意蕴

习近平总书记不仅深刻认识到调查研究对于党和人民事业的重要性，还对其功能和作用作了诸多理论阐释。他总结道："调查研究是一个了解情况、推动工作、联系群众、为民办事和自我学习提高的过程。"②

1. 调查研究是我们不断认识世界、科学改造世界的重要前提

不做系统的、周密的调查研究，不了解周围环境，单凭主观热情去工作，就容易忽视客观实际，往主观主义发展。身处一个信息化的时代、一个开放的社会、一个各方面转型的阶段，想要了解社会的真实面貌必须经过深入的调查研究，学会在大量零散的信息中抓住关键、把握重点，再通过系统化、条理化的分析，透析本质、发现规律，从

---

① 《邓小平文选》第 1 卷，人民出版社 1994 年版，第 219 页。
② 习近平：《干在实处 走在前列——推进浙江新发展的思考与实践》，中共中央党校出版社 2006 年版，第 533—534 页。

而深化认识，做到"心中有数""情况明了"。习近平总书记鼓励各级领导干部多做调查研究，曾指出，"调查研究多了，情况了解于胸，才能够找出解决问题、克服困难的办法，作出正确决策，推进工作落实"[①]。因为，丰富生动的一手材料只能从人民实践中、从社会实际中产生，没有调查研究，就无法弄清楚真正的情况，无法搞明白问题的关键所在，更无法找到攻坚克难、解决矛盾的办法。

2. 调查研究是一个密切联系群众的过程

群众是实践主体、认识来源，也是调研工作和群众工作的主要对象。党的历史实践充分证明，中国共产党的最大政治力量来源于人民，最大政治优势在于密切联系群众，党一刻也不能脱离人民群众。在各个历史阶段，党始终坚持"从群众中来、到群众中去"的根本工作路线，始终坚持调查研究。因为，"通过深入基层、深入实际、深入群众，我们可以了解群众在想什么、盼什么、最需要我们党委、政府干什么"[②]。由此做到一切从实际出发，真正与群众保持血肉联系、鱼水关系。作为人民勤务员，能否做到"目中有人"是领导干部做好工作的首要条件。习近平总书记曾强调，党的领导干部要深入基层，深入群众，因为这"本身就是为人民服务的一种最直接的办法"[③]。

3. 调查研究是一个提高自我能力的过程

调研是一项基本功。调研做的就是人民的工作。领导干部在与人民群众、基层干部的交往过程中，不仅可以学习群众智慧、总结实践经验，还可以在解决矛盾和问题的时候拓宽视界、提升认识能力和判断能力。面对纷繁复杂的社会，领导干部只有积极开展调查研究，力

---

① 习近平：《干在实处　走在前列——推进浙江新发展的思考与实践》，中共中央党校出版社 2006 年版，第 530 页。

② 习近平：《干在实处　走在前列——推进浙江新发展的思考与实践》，中共中央党校出版社 2006 年版，第 534 页。

③ 习近平：《摆脱贫困》，福建人民出版社 1992 年版，第 33 页。

求了解真实情况，在调研中认识规律、把握规律，不断提高干部队伍整体素质和执政能力，才能真正掌握工作的主动权。对此，习近平总书记曾特别强调："领导干部不论阅历多么丰富，不论从事哪一方面工作，都应始终坚持和不断加强调查研究。"① 坚持调查研究这样一个动态性极强的实践活动，领导干部一方面要增强忧患意识，提升自身本领；另一方面要树立良好执政作风，始终坚持亲自调研。

4. 调查研究是探明实情、正确决策的前提性工作

了解情况、摸清规律离不开调查研究，作出正确工作部署和战略决策更离不开调查研究，从这个逻辑来看，调查研究的确具有推动工作、科学决策的功能。习近平总书记深刻把握调研与决策的逻辑联系，进一步指出，"正确的决策离不开调查研究，正确的贯彻落实同样也离不开调查研究"②，着重强调调查研究既是制定决策的前提条件，又是决策落实的重要手段。

首先，正确的调查研究是科学决策的前提条件。只有一切从实际出发，坚持理论联系实际，才能从根本上保证党的路线方针政策和各项决策的正确制定。其一，任何正确的认识、结论或决策，绝不是坐在房子里苦思冥想就能产生的，它只能在人民的实践、改革发展的实践中才能产生，只能从对实际情况的科学分析中产生，只能从调查研究中产生。其二，正确的决策只能从全面的实际，而不是从片面的实际中产生。我们要认识到，提好对策、解决问题是调查研究的最终目的，对客观实际的全面了解和深入研究却是前者的先行条件。实际工作中，有的决策、方案不分时间地域"一刀切"，列出来的措施既没有针对性，又难以落实执行，"说到底，根子还是在于

---

① 习近平：《谈谈调查研究》，《学习时报》2011 年 11 月 21 日。
② 中共中央党史和文献研究院编：《习近平关于全面从严治党论述摘编（2021 年版）》，中央文献出版社 2021 年版，第 335 页。

调查研究少了一点"①。

其次,调查研究是路线方针政策的重要落实手段。"无论是制定决策、还是实施决策,都离不开调查研究。"② 调查研究在决策事前、事后都有着重要作用,是推进决策落实的重要手段之一。决策作得对不对、工作做得行不行,人民赞不赞同、满不满意,关键要抓落实。认真地落实才能出杰出的成绩,全面地执行才能见卓越的成效。习近平总书记曾指出,"调查研究是谋事之基、成事之道,是转变作风、密切联系群众的重要途径,是新形势下提高执政能力和领导水平的客观要求"③。

(二)调查研究的重要原则

调查研究的价值意蕴阐述的是为什么要调查研究、调查研究的意义和作用是什么的问题,那么重要原则则着重解决开展调查研究要坚持什么核心、树立什么思想、解决什么问题。

1. 坚持实事求是的核心原则

习近平总书记曾指出:"调查研究必须坚持实事求是的原则,树立求真务实的作风,具有追求真理、修正错误的勇气。"④ 只有坚持实事求是原则、弘扬求真务实精神的调查研究,才能看清全貌、看到真相,准确把握问题本质和发展规律,才能听到实话、察到实情、得出真知、作出实策。因此,各级领导干部要始终坚持实事求是、求真务实,在调查研究中追求真理、修正错误。

坚持实事求是的原则,既要求调查研究一切从实际出发,全面深

---

① 习近平:《之江新语》,浙江人民出版社 2007 年版,第 154 页。
② 习近平:《干在实处 走在前列——推进浙江新发展的思考与实践》,中共中央党校出版社 2006 年版,第 533 页。
③ 习近平:《干在实处 走在前列——推进浙江新发展的思考与实践》,中共中央党校出版社 2006 年版,第 475 页。
④ 习近平:《谈谈调查研究》,《学习时报》2011 年 11 月 21 日。

入地了解客观实际，做好"实事"这一基本工作；又要求调查研究理论联系实际，探求和掌握事物的内在规律和本质，走好"求是"这关键一步。树立求真务实的作风是坚持实事求是的必然要求，是领导干部党性修养的重要体现。习近平总书记曾指出，求真务实"是我们党的思想路线的核心内容，也是党的优良传统和共产党人应该具备的政治品格"①。调查研究中能否坚持实事求是、求真务实，"不只是思想方法问题，也是党性强不强问题"②。调查研究"一定要保持求真务实的作风"③。

关于如何做到求真务实，一要轻车简从，力戒形式主义，不摆架子不封路、不要接送不扰民，坚决反对调研走马观花、结论草率了事的现象。二要做到不唯上、不唯书、只唯实，对于调查到的情况和问题，要敢于正视现实，"坚持有一是一、有二是二，既报喜又报忧"④。三要积极开展批评与自我批评，既要鼓励领导干部敢于说话、敢提意见，又要鼓励他们说实话、说真话，打造一支求真求实、彼此坦诚的干部队伍，坚决反对相互吹捧、逢迎讨好，把党内生活庸俗化。

2. 坚持人民中心的思想原则

作为历史创造者，人民是能够决定党和国家前途命运的根本力量，是调查研究的重要客体。调查研究实质上就是在践行群众路线，就是站在人民的立场、依靠人民的力量、凝聚人民的智慧、解决与人民群众根本利益相关的一切问题。调查研究做得怎么样、态度好不好、结论是否正确科学，最终都要由人民实践来检验。习近平总书记强调，"必须始终坚持人民立场，坚持人民主体地位，虚心向人民学习，倾听

---

① 习近平：《之江新语》，浙江人民出版社 2007 年版，第 31 页。
② 《习近平谈治国理政》第 4 卷，外文出版社 2022 年版，第 527 页。
③ 习近平：《之江新语》，浙江人民出版社 2007 年版，第 1 页。
④ 习近平：《谈谈调查研究》，《学习时报》2011 年 11 月 21 日。

人民呼声，汲取人民智慧"①。党的根基和血脉都系在人民的身上，"一旦脱离群众，就会失去生命力"②。各级领导干部应当做到"在思想上尊重群众、感情上贴近群众"③，任何涉及群众利益的决策，都要广泛、全面地听取群众意见，始终关心好和维护好广大群众的根本利益。习近平总书记曾指出："要解决矛盾和问题，就要深入基层，深入群众，拜群众为师，深入调查研究。"④ 他告诫干部："在调查研究中，我们要敏而好学，不耻下问，虚心求教，做群众的学生，做群众的朋友。"⑤ 在人民面前，我们永远都是小学生，要像尊重老师一样尊重群众，像请教先生一样请教百姓。习近平总书记曾强调："群众的实践是最丰富最生动的实践，群众中蕴藏着巨大的智慧和力量。"⑥ 往往一些解决问题的好办法、好措施都是从群众广泛生动的实践中来。

3. 坚持问题指引的导向原则

问题牵动民心，民心关乎向背。进入新时代，要"有强烈的问题意识，以重大问题为导向，抓住重大问题、关键问题进一步研究思考"⑦，才能在调查研究中找到解决问题的正确答案。坚持问题导向原则，既要明确调查研究的根本目的是解决问题，也要善于把握重大时代课题，抓住重点内容。调查研究目的"是把事情的真相和全貌调查清楚，把问题的本质和规律把握准确，把解决问题的思路和对策研究透彻"⑧。致力于解决问题的调研者，都带着明确的目的和问题指向下

---

① 《习近平谈治国理政》第 3 卷，外文出版社 2020 年版，第 142 页。
② 《习近平谈治国理政》第 3 卷，外文出版社 2020 年版，第 135 页。
③ 《习近平谈治国理政》第 3 卷，外文出版社 2020 年版，第 508 页。
④ 习近平：《之江新语》，浙江人民出版社 2007 年版，第 61 页。
⑤ 习近平：《干在实处　走在前列——推进浙江新发展的思考与实践》，中共中央党校出版社 2006 年版，第 534 页。
⑥ 习近平：《之江新语》，浙江人民出版社 2007 年版，第 61 页。
⑦ 中共中央文献研究室编：《习近平关于全面深化改革论述摘编》，中央文献出版社 2014 年版，第 38 页。
⑧ 中共中央宣传部编：《习近平新时代中国特色社会主义思想学习纲要》，学习出版社、人民出版社 2019 年版，第 249 页。

去。只有明确我们要解决什么问题，调研的目的和方向才清晰，调研过程才更真实有效，才能避免被调研和走过场。

调查研究要以"三个紧扣"为重要导向，牢牢把握新时代重点课题。每个时代都有自己的问题，每个时代的主要问题构成这个时代的重大课题，指引着社会的前进方向，明晰了调查研究的问题导向。一要紧扣人民群众生产生活。人民对美好生活的向往是我们矢志不渝的奋斗目标。二要紧扣经济社会发展实际。当前，我国社会主要矛盾已经发生转变，但我国仍处于社会主义初级阶段，发展仍然是解决我国一切问题的基础和关键。三要紧扣全面从严治党面临的现实问题。

（三）调查研究的践行路径

求真务实、狠抓落实是习近平总书记科学提出调查研究践行路径的重要依据。如何抓好落实调查研究工作，事关党政机关的科学决策、政策落实，也是领导干部的一项基本工作、重要职责。

1. 致力求真，要注意调查与研究的有机结合

调查研究是一项建立在信息收集基础上，需要经过一番交换、比较、反复的研究，从而得到深刻且系统的认识，探清本质、找到办法的实践性活动，必须处理好二者之间的关系。调查是基础，研究是升华，有了成果之后还要不断调查了解变化发展着的客观实际，在前者的基础上展开更深入的研究，在调查—研究—再调查—再研究的过程中实现认识的螺旋式上升，从而准确把握事物本质和客观规律；通过决策—检验—再调整的手段实现决策的科学化合理化，进一步促使伟大事业稳步前进。目前，"有调查不够的问题，也有研究不够的问题，而后一个问题可能更突出"[①]。只有既重调查又重研究，善于调查善于

---

① 习近平：《谈谈调查研究》，《学习时报》2011年11月21日。

研究，才能做到管窥全豹、见微知著，提炼出正确的工作思路和有效的解决方案。

2. 见诸实践，务求"深、实、细、准、效"

调查研究是一门见诸实践的科学，只有真调查真研究，才能听真话知实情、做好决策促发展。习近平总书记曾强调："各级领导干部在调研工作中，一定要保持求真务实的作风，努力在求深、求实、求细、求准、求效上下工夫。"[①] 调研要求深，防止"蜻蜓点水"。求深，就是要深入群众、深入基层，善于与社会各阶层的人交朋友、谈谈心，能够到困难和矛盾的集中点、第一线去解决问题。调研要求实，反对官僚作风。求实，就是要轻车简从，简化公务接待，下去听百姓的实话、摸社会的实情、办可靠的实事。调研要求细，切忌走马观花。求细，就是要眼观六路耳听八方，下去调研不仅要认认真真听意见，还要听得多、听得全；回过头来还要仔仔细细想问题，想得深、想得远。调研要求准，切忌粗枝大叶。求准，就是既要细细考量，做好充分的知识准备；又要善于发现问题、抓住本质，把握规律性的东西，得出正确的结论。调研要求效，切忌高谈阔论。求效，就是办法要有实效，药方要有疗效，措施要有长效。

3. 提升水平，讲究调研方法

习近平总书记曾指出："由于没有掌握正确的工作方法，容易出现两种倾向：一种是瞎子摸象，对工作没有全面的把握；一种是纸上谈兵，眼高而手低，遇到具体事情不知何处着手。"[②] 科学的思想、工作方法就像是调研航行的船桨，掌握得好就能按照客观规律行事，抓住一些顺风而行的机遇；掌握得不好就可能走弯路、绕远路，错失良机。要点面结合，处理好两点论与重点论之间的关系。领导干部既要坚持

---

① 习近平：《之江新语》，浙江人民出版社 2007 年版，第 1 页。

② 习近平：《之江新语》，浙江人民出版社 2007 年版，第 243 页。

重点论，提高调研内容针对性，做到谋在关键、有的放矢；又要坚持两点论，提高调研对象的广泛性，避免盲人摸象、以点带面。与时俱进，实现前人经验和现代技术的巧妙结合。进入大数据时代，社会发展日新月异，分工多样化、利益多元化，各方面差异日渐凸显，这就要求调研者讲究调研方法，提升调研水平，在有限精力条件下掌握尽可能多的情况，挖掘出一般规律，从而正确决策。

4. 保障长效，完善"三大制度"

要大力弘扬调查研究优良传统，通过坚持和完善调研制度，促使调查研究成为领导干部的自觉活动，进一步推进调查研究经常化、制度化，保障调查研究常效性和长效性。一是要坚持重要决策调研论证制度。习近平总书记在党的十九届四中全会上号召全党"加大重大决策的调查研究"①。对于事关国计民生的重大决策，都必须先展开调研，广泛听取群众意见，然后才能制定方案政策。二是要完善领导干部调研工作制度。调研经常化，需要领导干部发挥带头作用，做好先锋模范，从时间保障和空间覆盖两个维度开展好调查研究工作。习近平总书记明确为各级领导干部提供了一条明晰的划分标准："当县委书记一定要跑遍所有的村，当市委书记一定要跑遍所有的乡镇，当省委书记一定要跑遍所有的县市区。"② 三是要坚持调研联系点制度。调查研究是立足基层实际、依靠群众智慧的活动。因此，如何"保持党同人民群众的血肉联系是一个永恒课题"③，也是调查研究必须解决的问题。领导干部不仅要在基层建立调研联系点，深入基层、深入一线，实地考察基层发展和建设情况；还要关心基层联系点，"与群众零

---

① 《中共中央关于坚持和完善中国特色社会主义制度　推进国家治理体系和治理能力现代化若干重大问题的决定》，人民出版社 2019 年版，第 8—9 页。

② 中共中央文献研究室编：《习近平关于全面从严治党论述摘编》，中央文献出版社 2016 年版，第 165 页。

③ 《习近平谈治国理政》第 1 卷，外文出版社 2018 年版，第 378—379 页。

距离接触、与干部面对面交流"①，同群众真心实意交朋友、拉家常，直接了解基层干群所想、所急、所盼，真正做到了解民情、反映民意、为民分忧。

二、习近平总书记关于调查研究重要论述的重要意义

习近平总书记关于调查研究的重要论述在理论上开拓了调查研究思想的新局面，在实践上推进了党的建设新的伟大工程，具有重大的理论意义和现实意义，是我们全党上下开展调查研究工作的行动指南。

（一）习近平总书记关于调查研究重要论述的理论意义

习近平总书记结合新的时代特征对调查研究相关论述进行了创新和发展，有利于实现理论与实际的结合，推进马克思主义中国化；有利于发扬党的优良传统，坚持实事求是的思想路线；有利于开辟调查研究新境界，为治国理政提供理论指导。

1. 有利于实现理论与实际的结合，推进马克思主义中国化

建党百余年来，中国共产党始终以马克思主义理论为指导，习近平总书记强调："不断推进马克思主义中国化时代化大众化，使之成为指导中国共产党领导中国人民不断前进的科学理论。"② 马克思主义中国化就是要坚持运用马克思主义理论解决中国的具体问题，这就涉及了如何将理论与实际结合的问题，在现实生活中，调查研究就是实现理论与实际相结合的纽带和桥梁，可以有效推进马克思主义中国化的进程。

一方面，从马克思主义发展史的角度来看，马克思主义中国化是在调查研究中产生的，马克思主义理论与中国的结合更是在调查研究

---

① 习近平：《谈谈调查研究》，《学习时报》2011 年 11 月 21 日。
② 《习近平谈治国理政》第 3 卷，外文出版社 2020 年版，第 437 页。

中不断实现的，调查研究有利于推进马克思主义中国化。另一方面，从现实角度看，调查研究是理论联系实际的重要方式，可以发挥其"桥梁"作用，有利于实现理论与实际的结合。

2. 有利于发扬党的优良传统，坚持实事求是的思想路线

实事求是是马克思主义的精髓，"我们过去取得的一切成就都是靠实事求是。今天，我们要把中国特色社会主义事业继续推向前进，还是要靠实事求是"[1]，实事求是是一条贯穿于党的历史的生命线。在习近平总书记关于调查研究的重要论述中始终强调实事求是的重要性，并要求领导干部在调研过程中以实事求是为原则，继承党的优良传统，坚持实事求是的思想路线。在《谈谈调查研究》一文中，习近平总书记曾指出："在调查研究中能不能、敢不敢实事求是，不只是认识水平问题，而且是党性问题。"[2] 同时强调，"调查研究必须坚持实事求是的原则，树立求真务实的作风"[3]。2015年，在纪念陈云同志诞辰110周年座谈会上的讲话中，习近平总书记指出，"一定要把实事求是贯穿到各项工作中去，经常、广泛、深入开展调查研究"[4]。领导干部既要身入基层，更要心到基层，深入实际进行调查研究。总之，实事求是是我们党的思想路线和重要法宝，想要搞清楚我国的"实事"，了解实际、掌握实情，就必须把"求是"落到实处，也就是要坚持和不断加强调查研究，探求事物发展的规律，找到解决问题的办法，推动中国特色社会主义事业的不断发展。

3. 有利于开辟调查研究新境界，为治国理政提供理论指导

习近平总书记关于调查研究的重要论述蕴含着马克思主义的科学

---

① 习近平：《在纪念朱德同志诞辰130周年座谈会上的讲话》，人民出版社2016年版，第9页。

② 习近平：《谈谈调查研究》，《学习时报》2011年11月21日。

③ 习近平：《谈谈调查研究》，《学习时报》2011年11月21日。

④ 习近平：《在纪念陈云同志诞辰110周年座谈会上的讲话》，《人民日报》2015年6月13日。

方法论，是中国共产党人集体智慧的结晶，与过去传统的调查研究相比，增添了许多当今时代调查研究工作应有的新内容、新方式、新途径，从重要性、着力点、原则要求等方面深化了调查研究的主要内容，有利于开辟调查研究新境界，为当代治国理政提供新的理论指导和方法遵循。第一，重点论述调查研究与科学决策的关系。习近平总书记指出："没有调查，就没有发言权，更没有决策权"①，并要求将调查研究贯穿于决策的全过程。在习近平总书记关于调查研究的重要论述中，从必要性的角度指出重大决策必调研、在调查研究步骤中指出调查研究的过程是科学决策的过程、在调查研究的意义中指出调查研究有利于科学决策等，更为全面、系统地论述了调查研究与科学决策的关系。第二，强调调查研究的制度建设。习近平总书记曾明确指出，要"建立和完善制度，保证调查研究经常化"②，并特别提及了三种调查研究的保障制度——先调研后决策的重要决策调研论证制度，领导机关、领导干部的调研工作制度和领导干部的联系点制度，要使这三项制度在实践中不断健全和完善，让调查研究成为常态化，进一步强化调查研究的制度保障。第三，指出调查研究要与时俱进。习近平总书记曾明确指出："要适应新形势新情况特别是当今社会信息网络化的特点，进一步拓展调研渠道、丰富调研手段、创新调研方式"③，要学习、掌握并运用现代科学技术的调研方法，以此来提高调查研究的效率，让调查研究也与时俱进。习近平总书记立足于党和国家发展的需要，在丰富调查研究实践的基础上，对调查研究理论进行了创新，提出了一系列关于调查研究的重要论述，对把握当下我国面临的各种问题提供了新的视野和方法遵循。

---

① 中共中央文献研究室编：《习近平关于全面深化改革论述摘编》，中央文献出版社 2014 年版，第 37—38 页。

② 习近平：《谈谈调查研究》，《学习时报》2011 年 11 月 21 日。

③ 习近平：《谈谈调查研究》，《学习时报》2011 年 11 月 21 日。

理
论
篇

（二）习近平总书记关于调查研究重要论述的现实意义

习近平总书记关于调查研究的重要论述紧扣时代主题，有利于实现科学决策，提高党的执政本领；有利于加强党的作风建设，营造良好的政治生态；有利于密切党群关系，巩固党的执政地位。因此，习近平总书记关于调查研究的重要论述对于指导现实工作有重要意义。

1. 有利于实现科学决策，提高党的执政本领

在习近平总书记关于调查研究的重要论述中多次提到了科学决策与调查研究的关系，他指出，"什么时候全党从上到下重视并坚持和加强调查研究，党的工作决策和指导方针符合客观实际，党的事业就顺利发展"[①]，调查研究是党和国家实现科学决策的前提条件和重要基础，任何一项决策的制定和落实都离不开调查研究。同时，能否作出科学的决策是党的执政本领的重要体现，习近平总书记曾强调，"调查研究是做好领导工作的一项基本功"[②]，也是领导干部自我学习提高的过程，在这一过程中领导干部对事物的认识会产生飞跃，工作会做得更好，有利于提高党的执政本领。

一方面，调查研究可以有效提升决策的操作性和规范性，使决策过程具有程序性和稳定性，有利于实现科学决策。当前我们党实行的一系列重要决策，从推进高水平对外开放、实施乡村振兴战略、推进粤港澳大湾区建设到深化党和国家机构改革等，这些部署都是党中央立足于国际国内发展大局，在深入调查研究的基础上，统筹考虑、系统谋划作出的科学决策。将调研得到的结论融入地区发展的决策之中，可以避免专断决策、违规决策等现象的发生，克服决策随意性和片面性，为地区的发展与稳定提供可靠的保障，提升决策的科学化水平。

---

① 习近平：《谈谈调查研究》，《学习时报》2011年11月21日。
② 习近平：《谈谈调查研究》，《学习时报》2011年11月21日。

另一方面，调查研究是一个自我学习的过程，可以帮助领导干部提升认识能力和判断能力，有利于提高党的执政本领。执政本领的高低关系重大，决定着执政党的前途和命运，在新形势下，中国共产党面临着能力不足的危险和本领恐慌的危机，而调查研究恰好是提高个人素质、加强领导干部各方面能力最直接的途径。在习近平总书记关于调查研究重要论述的指导下，领导干部在调研中可以获得群众智慧和力量、增强对事物的认知、找寻到解决问题的答案，分析形势、协调全局、作出科学判断，这是一个提升领导干部工作能力的过程，有利于提高党的执政本领。

2. 有利于加强党的作风建设，营造良好的政治生态

调查研究是改进党风的基本环节。在习近平总书记关于调查研究的重要论述中，习近平总书记曾强调调查研究是"加强党的作风建设的切入点和重要环节"①，各级领导干部必须广泛开展调查研究，以此促进领导干部工作作风的转变，提高党性修养。同时，调查研究可以有效克服部分领导干部的形式主义和官僚作风，祛除享乐主义和奢靡之风，这是推进全面从严治党的内在要求，也是纠治不良作风的有力武器，有利于营造风清气正的政治氛围，净化党内政治生态。

一方面，调查研究可以督促领导干部树立求真务实的工作作风，有利于加强党的作风建设。党的十八大以来，习近平总书记在各种场合多次强调作风建设对于全党的重要性，在党的建设中作风建设问题关乎党的生死存亡，影响党组织的发展壮大，党的作风更是党的形象的直观体现。在习近平总书记关于调查研究的重要论述中，重点强调了调查研究的必要性——推进党的建设必调研，调查研究对党的建设有重要的指导意义，调查研究有利于改进党的作风。

---

① 习近平：《干在实处 走在前列——推进浙江新发展的思考与实践》，中共中央党校出版社 2006 年版，第 446 页。

另一方面，调查研究可以纠正不正之风，有效规避领导干部庸政、懒政等不作为的工作现象，有利于营造良好的政治生态。在习近平总书记关于调查研究的重要论述中，重点强调了调查研究的着力点——要在求深、求实、求细、求准、求效上下功夫。习近平总书记曾指出："有的调研走过场，只看'盆景式'典型，满足于听听、转转、看看，蜻蜓点水、浅尝辄止。"[①] 类似这样的现象绝不允许再次发生，要大力反对官僚主义和形式主义。调研要深入，防止蜻蜓点水；调研要务实，杜绝排场调研；调研要细心，拒绝粗枝大叶；调研要准确，不可一叶障目；调研要见实效，反对形式主义。这五点既是调查研究的着力点，也是对领导干部提出的工作要求和行为准则，调研就是这样一个锤炼作风的考场。在习近平总书记关于调查研究重要论述的指导下，领导干部在调查研究中淬炼出了躬亲、勤奋、谦虚、不怕吃苦、讲究方法这样一整套的优良作风，在调查研究实践中涵养了求真务实的工作作风，净化了周边环境，营造了良好的政治生态。

3. 有利于密切党群关系，巩固党的执政地位

中国共产党的根基在人民，习近平总书记始终把人民群众放在心中最高位置，在习近平总书记关于调查研究的重要论述中有许多论述是围绕人民群众展开的。

一方面，调查研究为党与群众开辟了新的联系途径，这是听取群众心声的基本渠道，有利于党开展群众工作，密切党群关系。为适应党和国家工作的新进展，各级领导干部应不断提高群众工作本领。调查研究就是联系群众的过程，在这一过程中，领导干部可以充分感受群众的疾苦，了解群众的意愿，倾听群众呼声，与群众形成情感和思想上的共鸣，从而形成正确的领导意见，进一步增进同人民群众的感

---

① 习近平：《谈谈调查研究》，《学习时报》2011 年 11 月 21 日。

情，让群众看到党对人民的真心和为民服务的决心。

另一方面，调查研究是解决群众问题的有效方式，可以为群众排忧解难，得到人民群众的拥护和支持，巩固党的执政地位。从调查研究本身的内涵来讲，调查研究的最终目的是要服务群众，积极解决群众最忧、最急、最盼的问题，满足人民群众的要求，以此来增进与人民群众的真挚感情。在做调研工作时，要坚持问需于民的价值理念，要通过调查发现人民群众的衣、食、住、行各个方面存在的问题，细心地询问群众还需要什么、解决什么，以此来发现问题，把握人民群众的愿望与希冀。同时，还要将调查研究形成的成果运用到群众中去，这样一来，可以有效克服形式主义和官僚主义，真正做到为人民群众办实事，让群众的利益最大化，赢得民心。

第二讲

领导干部调查研究的原则及实践

社会调查研究是在一定的理论指导下，有目的、有计划、有组织地运用特定的方法和手段，系统、直接地搜集有关社会现象的信息资料，进而加以分析、综合，作出描述和解释，阐明社会现象的本质及其发展规律的一种自觉的社会认识活动。对于社会调查研究的整体情况必须遵循的原则，综合当前学界的研究，概括起来主要有客观性原则、科学性原则、系统性原则、理论与实践相结合原则、伦理道德原则。也有学者认为，社会调查必须遵循客观性、系统性、结构性、可行性和可操作性原则及伦理性和公正性原则。总之，社会调查的基本原则是确保调查质量的关键因素，在调查中，调查员必须尊重和遵循这些原则，并基于实际情况和需要进行灵活地应用和调整。

第一节　坚持以问题为导向

以问题为导向，是开展调查研究应树立的正确态度。如何在实际调研过程中坚持以问题为导向这一基本原则？《关于在全党大兴调查研究的工作方案》从 12 个方面明确了调研内容，每一项都奔着问题去。开展好调查研究，要认真研究问题、研究真问题，不仅要"看病"，还要"开方"。毛泽东在深入湖南农村、井冈山地区、江西兴国县长岗乡等地进行了大量深入细致的调查的基础上，经过系统梳理分析，撰写了著名的《中国社会各阶级的分析》《湖南农民运动考察报告》《中国的红色政权为什么能够存在？》等一系列的调查报告，发现了中国民主革命的基本问题就是农民问题。坚持以问题为导向就是要求领导干部在调查研究中，要形成掌握情况，发现问题；多方调研，了解问题；多措并举，分析问题；找准对策，解决问题等几个重要环节。

一、掌握情况，发现问题

习近平总书记曾指出，"要善于分析矛盾、发现问题"[①]。善于发现问题而要以各种方式去发现问题。政府部门对于问题的理解，一般都是聚焦实践遇到的新问题、改革发展稳定存在的深层次问题、人民群众急难愁盼问题、国际变局中的重大问题、党的建设面临的突出问题等。但什么是问题？正如学者所言，问题就是预期与现实之间的反差以及由这个反差而引起的心理困惑，理论与现实的差异、政策与实践之间的差异、在同类事物比较中的差异都会引发心理困惑。由困惑上升到焦虑不安，这是研究的起点，也就是知因而究，研究的目的就在于排除人们内心的困惑与焦虑，从而得到感悟。领导干部的能力从根本上讲，就是发现问题、解决问题的能力。如何发现问题？标准要高，低标准的要求是发现不了问题的；要有开阔的视野，放在国际上、高标准上进行比较分析，才能发现问题。

一是从党委、政府中心工作中发现问题。党委、政府在推进某项发展战略过程中其不同阶段都有阶段性的中心工作。比如 S 市在某一阶段发展中，就存在着行政审批制度改革、建立港航物流新体系、创

---

① 习近平：《之江新语》，浙江人民出版社 2007 年版，第 1 页。

新投融资体制、创新市场监管体系和行政综合执法等中心工作。围绕着党委、政府的中心工作去发现问题，通过全面深化改革再创体制机制新优势，是推进整体性发展的根本路径。比如，在营商环境调研中，各级政府会分领域、分部门、分层级地在区县、企业、平台、群众中进行大量走访座谈，从中发现问题线索，不断深挖跟踪，寻求体制机制原因。因此，在调研过程中要以问题导向为始，聚焦核心难点痛点问题，并且与中心目标工作进行有机衔接，可降低工作推进的协调成本。

二是在政策推进过程中发现问题。政府往往是通过政策来影响人们的生产和生活行为，调研者需对颁布实施的法律和政策具备高度敏感性。政府的政策运作都有其治理预期，有些政策如果没有实现预期目标，一定是在某个环节错了或出了问题，可以以此为出发点去开展调查，进行深入研究。

三是从各部门工作运作中发现问题。各部门在其运作过程中会发现相关的问题，比如司法机关在办案过程中会发现社会治理中存在的问题，在涉及社会治理的一些同类案件中的法律文书中去发现问题的线索，有些问题的发现则是源自对个案的挖掘。比如对已经形成结论的违纪违法案件、民事纠纷等个案进行全方位考察，可以节省获取真实信息的成本，也可以提高调研结果的可靠性。还可以对一些权威的案例库进行系统挖掘，从中可以探寻到地方在政治、经济、社会、文化等方面存在的真问题，尤其是在政府政策运行和治理当中存在的真问题。

二、多方调研，了解问题

一旦发现问题后，需要对现有的问题进行精准的表述，把原本比较宽泛、笼统的表述变成特定领域、有边界和特定指向、对象清晰的问题，作为深化调查研究的逻辑起点。

一是了解问题的表现形式。同一问题在不同领域、地域乃至不同的阶段其表现形式是有差异的。正是因为问题在不同地域其表现形式有差异，习近平总书记认为，"既要到工作局面好和先进的地方去总结经验，又要到困难较多、情况复杂、矛盾尖锐的地方去研究问题"①，因此，了解问题必须遵循全面系统的原则，不能以偏概全、以点带面，要掌握问题表现的多种形式。

二是精准把握问题的性质。精准把握问题的性质，从问题的层级来看，可以确定到底是全国性问题、区域性问题，还是地方性问题，问题的不同区域层次决定了样本收集的数量、解决该问题的政府层级以及牵头领导指定等多方面的因素。如果是跨区域的问题，还需各区域之间的相互协调，共同解决该项问题。从问题的属性来看，可以分为单一性问题和综合性问题。若是综合性问题则更需要借助各部门之间的相互协同以及多元化解决手段的应用等。从问题的产生机理来划分，可以分为理论预期和现实反差引起的问题、政策与实践的反差引发的问题、在同类事物的比较中形成的问题，针对这些不同的问题形成机理设计差异化的调研路径和解决方案。

三是确定问题的边界。即把调研中要解决的宽泛的问题转化为狭窄的问题，将一般性的问题转化为有特定指向的、边界相对清晰的问题。比如，近几年S市市委、市政府比较关注的营商环境问题，这一问题过于宽泛，其具体内涵界定不清晰，可以转化为"公共服务流程的优化""数字政府转型"等若干问题，更加有利于调查研究的展开。

三、多措并举，分析问题

一是在协商中分析问题。在社会调研过程中要善于运用协商手段，开展多层次多领域广范围的协商，尤其是要加强政府各部门间的充分沟通协调。比如，在立法调研过程中，在调研设计中就要明确听取几个层面，包括市、区（县、市）、镇（街）、村以及个人等层级的意见，掌握来自各方利益诉求。正如部门同志所言："在立法过程中协调工作是比较累的，要召开各种会议，哪怕跟街道的，有些是村里面的老百姓都要进行大量的协调工作，还要跟上面相关部门进行充分沟通，听取意见。在充分听取各方意见基础上的社会调研，才能达到调研所要达到的基本目的。"根据调研主题来确定参与部门，社会政策调研通常会涉及发展改革、民政、人力资源社会保障、卫生健康、农业农村等部门。政府可从各部门抽调人员进行专班建设，同时确保相关部门的主要领导参与其中，这样才能推动调查研究的结果得到实施。

二是用新兴技术手段分析问题。社会调查研究过程就是一个透过现象看本质，不断挖掘深层次问题，从而找到切实可行的办法的过程。在这一过程中，数据统计、数据挖掘、数据分析等新兴技术的运用能够极大地降低问题分析的成本，提高问题分析的精准性。调研者可以利用大型公开数据库对重要的社会问题进行描述性统计或总体推断，实地调研中获取的数据，可以借助 NVivo、Stata 等软件进行数据处理。现阶段政府调研中越来越多地运用数据表格、趋势图等方式来呈现问题全景，或者现象与现象之间的相互关系。比如 S 市的党建统领与疫情防控成效之间的内在逻辑关联就可以用数据分析呈现出来，从而能直观地观察到党建统领对于疫情防控的重要性，分析出党建统领需从哪几个方面予以加强，才能切实提高疫情防控的成效。

三是运用多学科分析问题。将传统的人文社会科学与计算机科学、大数据分析、信息技术等领域进行有效融合，运用社会学、经济学、管理学、历史学、汉语言文学等学科对问题展开综合性分析。社会学可以帮助研究者从社会现象和社会结构的角度去定义问题，从而确定研究问题的范围和方向；经济学和管理学中的实验设计、概念操作化、数据分析方法可以帮助研究人员确保问题分析的精准性和掌握全况。

四、找准对策，解决问题

方案和报告写得好不代表调查研究的质量高，调查研究的成果不在于其规模与质量，更多的在于基于调研基础上形成的方案有没有在真正意义上解决问题。以解决问题为出发点的调研需抓准以下三个重要环节。一是找准对策，即在调研的基础上提出对策，可以是单一对策也可以是复合性对策。二是组织实施，各部门要根据对策组织开展实施，既可以出台地方性法规，也可以采用经济、政治、文化等各领域的举措，还可以运用各种手段不断加大实施力度。三是跟踪反馈，构建问题的跟踪反馈机制，对于问题解决的效果进行回溯性调研，根据实施的效果再对对策进行相应调整，以提升有效性。

第二节 坚持与时俱进原则

进入现代社会，各方面的信息来源渠道不断增多，但是要获得真实客观实际情况，积累感性认识和理性思考，还需要不断地加强调查研究，而且是不断与时俱进的调查研究，主要可以概括为以下三个方面。

一、调查研究方法的与时俱进

习近平总书记曾指出："善于运用科学的调查方法，综合运用经济学、社会学、信息论、系统论、控制论等多学科理论，为正确决策提供全面、翔实、可靠的信息和数据。"[①] 调查研究方法的与时俱进，需

---

① 习近平：《干在实处 走在前列——推进浙江新发展的思考与实践》，中共中央党校出版社 2006 年版，第 537 页。

要抓好两个方面。

一方面，根据调研课题来选择调研方法。调研课题种类众多，既有事关全局的战略性调研、破解难题的对策性调研，也有历时跨度长的跟踪性调研，不同的调研课题需选择合适的调研方法。事关全局的战略性调研，聚焦普遍性和制度性问题，需综合运用专家调查、座谈访谈和大样本问卷调查等方法进行战略研判。破解复杂难题的对策性调研，需要聚焦涉及改革发展稳定的深层次关键问题，采用深度访谈及参与式观察等方法，对社会深层次矛盾及复杂现象背后的本质规律进行剖析。新时代新情况的前瞻性调研，在依托传统数据调研的基础上，需采用数据建模等方法对新现象新趋势进行预测研判。典型案例的解剖式调研，即围绕重大政策制定和执行中的典型案例，需综合运用个案分析及多案例比较法对案例中的差异和共性因素进行提炼，开展"解剖麻雀式"分析。推动落实的督查式调研，即聚焦重大政策的实施状况及其权变因素，采用政策评估研究范式，运用座谈访谈及随机走访等方法，围绕主要利益相关者及其博弈行为进行深度考察。

比如，S市在开发"耕地智保"应用场景过程中，为了深入了解耕地保护过程中存在的问题，运用了部门座谈、实地勘查等方法。尤其是把某区作为个案和实验区，展开详细的个案分析，一个一个部门展开"解剖麻雀式"调研。通过调研，掌握了耕地保护过程中存在着家底掌握不及时、用途变化管不住、占补平衡矛盾多等耕地保护突出等问题，为今后各项针对性举措的陆续出台做了充分的准备。

另一方面，调查技术手段的与时俱进。对于政府部门而言，随着政府决策精准性、针对性的提升，调查技术手段中最重要的就是数据收集与分析。传统的数据收集方式包括问卷调查、抽样调查、统计分析等。大数据技术改变了传统的数据收集方法，实现数据的实时分析与实时收集，从原来的小样本、局部样本走向了大样本、全样本。比如，S市在推进数字化改革中，搭建"甬金通智能数据收集平台"。"甬金通"已与省金综、市人行、区县平台贯通，汇集了金融系统、政务部门、公积金以及金税系统方面的数据，成为平台底层数据库的数据来源。企业的名称、资产负债情况、资产负债表，自然人的姓名、身份证号码，每一笔贷款的流向及用途等各种数据都会时时呈现，时时汇聚。更值得一提的是，"甬金通"已与S市发改委"固定资产项目投资在线管理平台"系统连通，共享项目要素信息和金融要素信息，这种数据收集方式与传统收集方式相结合，完成调查工作中对于大数据样本或者全数据样本的理想追求。

伴随着数据收集方式的与时俱进，还有数据分析方式的与时俱进。运用大数据手段、人工智能地进行数据分析自动生成调研报告，借助大数据中对比分析、指标分析、漏斗分析、埋点分析等方式根据目标设定，对已有的信息进行分析。该分析方式具有精准性、全面性及实时性等方面的优点，但在课题组调研中，部门同志也谈道："利用数据模型构建出来的教条化结论，也会存在类似'信息茧房'、缺乏以人为本以及传统解决问题的灵活性等方面的缺陷，仍然需要发挥调查者的主观能动性，主导整个调研过程。"

传统的调查方式也在经验累积的基础上不断更新。即使在传统的通过座谈会来调查研究的过程中，如何获得相应的真实信息，也需要注意一些细节性的谈话技巧。正如有些部门同志所言："谈经验谈好处，大家众志成城，干得好事情一起谈，没问题的。但如果涉及工作中一些失误和问题时，还是得让参与的同志个别交谈，否则的话各个部门之间互相推诿。所以先个别谈，等汇集相关信息形成了自己的判断后再进行集体谈，可以达到更好的谈话效果。""在谈话中，如何带着导向性的问题去谈，激发参与者的谈话欲望，这也需要调查者在实际中不断积累经验。"由此，针对社会形势的发展及其对于调研工作提出的新要求，调研方法需要不断创新，在实践经验的积累上不断提升调研技巧。

二、调研问题的与时俱进

领导干部调查研究的问题要根据形势的发展，与时俱进。习近平总书记强调，"各级领导干部特别是高级干部要围绕经济社会发展重大问题加强学习和调研，提高把握和运用市场经济规律、自然规律、社会发展规律能力"[①]。他还提出"调查研究要围绕中心工作"[②]。随着整个战略部署引领下党委、政府各项中心工作推进，促使调研问题的与时俱进，需抓好以下几个环节。

一是根据战略引领下的市委、市政府的中心工作来确定调研课题。领导干部要善于站位全局，围绕中心，来确定当前时期的调研课题。比如，S市市委作出了《全面深化改革再创体制机制新优势的决定》，细化形成了290项具体改革任务和60个重点突出领域。其中撬动全市经济发展的和老百姓迫切需要的，尤其是涉及资金配置权、行政审批权、执法权的改革事项难度较大，领导干部就要围绕这些难点痛点来开展调研。又比如，为主动应对发展形势变化，S市市委、市政府把创新驱动作为实现发展战略目标的根本途径，摆到了事关发展全局的核心位置，相继出台了《关于强化创新驱动加快经济转型发展的决定》和《关于强化创新驱动建设工业强市的若干意见》。各部门要围绕中心工作，认真贯彻落实《决定》和《意见》精神，就如何提高科技创新、产业创新、文化创新对经济发展的贡献率；如何有效地集聚创新机构、创新人才、创新企业，促进创新成果向现实生产

---

① 习近平：《论坚持党对一切工作的领导》，中央文献出版社2019年版，第14页。

② 习近平：《干在实处　走在前列——推进浙江新发展的思考与实践》，中共中央党校出版社2006年版，第537页。

力转化；如何做大做强先进制造业、战略性新兴产业和现代服务业等问题展开调查研究。

二是按照重要性排序来确定调研顺序。每个课题所需要突破的问题的先后是不一样的，由此在课题调研的顶层设计中需要对调研主题进行排序。比如在共同富裕的行动方案实施过程，我们可以分领域依次进行，先调研经济领域，通过经济发展来夯实共同富裕的物质基础。经济领域的调研就会涉及财政、社保、转移支付、金融、土地等方面的内容。与此同时，政治建设、社会建设、生态环境等领域的调研工作要紧跟其后。政府在推进工作中，解决就业问题就可以根据重要性，按照一定顺序先后了解调查失业率、就业不足、就业歧视状况等方面的情况。要推进教育体制改革，就需要根据重要程度，调研教育体系结构、课程设置、师资力量、教育质量、教育公平和教育资源分配等问题，找到问题症结点，抓住解决问题的关键环节。

三是要找准课题调研的切入口。课题的解决需要找到突破口，这一突破口是解决问题的关键，也是推进整项工作的核心环节，既可以是阻碍发展的体制机制障碍、当前人民群众急难愁盼的问题，也可以是政府工作的短板弱项、压力型的考核体制下面临的一票否决事项等，这些都可以成为课题调研的切入口。课题调研的切入口选得是否精准，决定了整个课题调研成果转化的成效，进而影响到发展的成效。浙江省杭州市在强化创新驱动加快经济转型发展中，就是在大量的调查研究的基础上找准了大力发展信息化经济这一切入口。如何找准课题调研的切入口，政府各部门均有成功探索。如 2023 年 S 市金融监管局在推进金融高质量发展的研究过程中，就以金融集聚区研究作为小切口，以现有金融集聚区，如基金小镇作为分析样本来进行相应研究，从而达到对于金融高质量发展的总体布局的清晰认识。

三、调查结果运用的与时俱进

调查研究不仅是谋划现在，也是谋划未来的重要举措，要在调查研究中研判未来趋势。调查研究的结果应用不仅仅局限于当前所要迫切需要解决的问题，而且要着力于对整个社会发展规律的理解，从而规避可能的风险点并指导当下工作朝着稳健方向前行。做好调查结果运用的与时俱进，因地制宜，需要抓好以下几个重要环节。

一是把调研成果转化为指导发展的宏观战略。地方政府在贯彻落实中央部署时，需要把大量的调查研究成果转化为实施意见。比如中央提出了浙江要建设共同富裕示范区的战略部署，地方政府就要围绕共同富裕开展调研，出台实施意见。各地5年一次的党代会召开，每年年底的市委、区委全会，各级政府提出的工作思路都由大量的调研成果转化而来，每个工作举措背后都有大量调研课题的支撑。各层级的分管领导会就分管领域，比如政治领域、经济领域、民生领域、社会治理领域开展座谈会，听取部门汇报、基层意见建议，召开专家咨询会、务虚会议，听取人大代表和政协委员的意见，然后形成调查研究成果。

二是把调研成果转化为指导框架和顶层设计。把调研成果谋划落实到实践中，另一重要路径就是用调研成果指导宏观规划，比如把对营商环境的调研成果，转化为对营商环境建设的总体规划和顶层设计，形成进一步推进工作的重要框架。S市出台的《S市营商改革破难攻坚专项行动方案》，就是在对政务服务增值化改革、构建亲清政商关系、产业链生态优化等重点领域进行大量调查研究的基础上形成的。政府部门出台的类似的总体规划和行动方案，对于突破一批牵引性、关键性、制度性的重大改革，推进一批切口小、见效快、易推广的"微改革"，从而全面推进工作非常具有意义。

三是把调研成果转化为具体政策和对策措施。政府部门根据调研结果，出台相关的具有针对性的政策，并且以具体举措推进问题的解决。与此同时，建立有效的政策执行机制和监督评估机制，常态化进行政策执行跟踪，最大程度地消除制度执行中的梗阻。比如，某县是S市唯一的国家级农村儿童早期发展服务试点县，该县之所以能在这一领域走在前面，与其各部门开展的大量细致的调查研究有关。该县在调研中发现未婚育龄妇女婚育意愿下降，婚育服务创新不足；生育优享服务有待提高，群众生育政策知晓率低；缺乏全过程的孕产保健管理模式，产期保健服务范围比较局限；公共服务供给能力不足，家庭养育存在找保姆难；社会办托难，举办托育机构涉及部门多、审批流程复杂等问题。面对这些问题怎么办？各部门出台各项制度方案，如《国家级农村儿童早期发展实施方案》《托育机构备案"一件事""零次跑"全流程改革实施方案》等，制定了《家庭型托育质量评价标准》和《托育机构星级评定标准》，共涉及五大方面 207 项指标体系，填补了全省托育机构质量评价领域的空白。这些具体举措的出台无疑是对存在问题有效精准的回应。

第三节　坚持以人为本原则

领导干部的调查研究要坚持以人民为中心，真心拜人民为师、向人民学习，真切感知前沿性创造实践、经济社会实际运行状况、人民群众所思所盼所忧，及时发现和总结基层干部群众创造的新鲜经验，为分析解决问题获取客观全面、真实可信的第一手材料。

一、人是一切社会调查研究的根本出发点

马克思认为："这种考察方法不是没有前提的。它从现实的前提

出发，它一刻也不离开这种前提。它的前提是人，但不是处在某种虚幻的离群索居和固定不变状态中的人，而是处在现实的、可以通过经验观察到的、在一定条件下进行的发展过程中的人。"① 由此可见，马克思在做调查研究中已经关注到人的因素是所有工作的逻辑起点和指向目标。

一方面，在具体情境中去理解人。社会调查的长处就是能够进入"情境—过程"当中，理解结构与制度背后沉淀的日常生活逻辑，在发现"人"、理解"人"的过程中，深刻领悟社会大众的所思、所为、所感、所盼。正如部门同志所言："在调查研究过程中，我们不仅要走进门槛，更要走进人民群众、被调研对象的心坎。很多时候我们，特别是领导干部去调研了，被调研对象并不一定全部说真话，他可能会揣测你喜欢听什么就讲什么。所以领导干部去调研尤其需要代入感，态度要真诚，形式要简化，要有共情能力。"

另一方面，从人民评价中去衡量工作。在以人民为中心的价值理念引领之下，政府的决策最终目标是实现人的利益，政府的调研与决策要从被调查人的处境、环境、立场加以综合考虑，始终围绕着把坚持人民群众的满意度作为各项事业的评判标准。进入新时代后，领导干部在调查研究中更要学会围绕人去考虑问题，比如在公共政策出台之前所做的社会风险评估调查、立法机构在推进立法工作时的社会稳定风险评估、营商环境建设中政府的数字化转型都要考虑到群众的评价和满意度，考虑到群体间的利益平衡、社会心理、个体诉求等综合性因素。

二、明确人民群众调查实践主体地位

一是调查研究的对象是群众的日常生活。中国共产党充分肯定

---

① 《马克思恩格斯选集》第 1 卷，人民出版社 2012 年版，第 153 页。

马克思主义理论关于"人民是历史的创造者"的观点，坚持人民群众是各项社会事业发展的推动者。基于此逻辑出发，在如何建设中国特色社会主义的实践探索中，领导干部调查研究的对象应该更为贴近人民群众的日常生活，使社会调查内容进一步具象化、生活化，也更为贴近个体社会生存和发展需要。比如，S 市近几年领导干部在推进调查研究工作中所选取的主题，基本上都是人民群众急难愁盼的问题，如涉及人民群众生命安全的危化品管理问题、涉及"新居民"公共服务的均等化问题、涉及出海渔民的生命安全保障问题。

二是调查研究要有人民情怀。只有基于人民立场、代表群众利益，解决问题的思路才有可能得到人民群众的广泛支持。由此，加强调查研究，要倾听群众呼声，了解群众意愿，真抓实干解民忧、纾民怨、暖民心。在与群众的沟通中，应将学科知识与人民群众所掌握的知识进行融合，以人民群众的知识话语体系为出发点。正如基层同志所言："领导干部下基层，要善于与老百姓拉家常，善于讲他们听得懂的话，不要太书面。"

三是人民群众是调查研究实践主体。依靠人民的力量来开展调查研究，是调查研究顺利推进的关键环节。领导干部解决问题的智慧来源于人民群众，解决问题的力量来自人民积极参与，化解影响社会稳定的突出因素需要人民对于决策的认可。但调查能否得到人民的支持，取决于问题设定与人民利益是否相关，被调查对象的选择是否精准，以及领导干部是否有足够的驾驭局面的沟通技巧。

三、调研遵循人类伦理的基本原则

社会调查研究需要深入了解实际，需要以解决问题为导向，但以目标为指向的社会调查研究在其进行过程中也必须遵循伦理。

一是注重被调研人群个人隐私的保护。研究主题的敏感性以及领导干部的身份，促使作为调查者的领导干部在与群众的交流中，必须考虑如何让对方愿意配合调查，取得较为真实可靠的信息；如何让调查对象放下包袱；如何落实研究伦理中的保密原则，化解可能导致调查失效甚至失败的不利因素。在课题组随领导下去调研过程中，不止一次发现，在政府领导、政府部门工作人员陪同的情况下，调研对象不敢或不愿回答相关问题，或采取策略性回答行为，致使调查结果失真，由此调研人群的个人隐私保护尤其重要。

二是平等沟通避免伤害的原则。调查者作为调查的发起者、控制者与评判者，具有社会地位、信息等多方面优势，尤其是领导干部去调研，这种优势地位更加明显。领导干部必须通过平等原则展开调研，不可以居高临下地审视调查对象。唯其如此，才能取得调查者的理解、支持与配合，也才能高质量地完成调查工作。

三是知情同意与知情认可原则。研究伦理中的知情同意在社科领域是指相关研究者必须获得研究对象同意，即研究参与者在获得关于该研究所有必要信息并充分理解后，在没有强迫、不当压力和外界诱导的情况下，自愿作出是否参与以及在研究过程中是否退出的决定。但在领导干部调研过程中，这种可以拒绝被调研的现象不太会发生。一方面是因为领导干部调研的一般是部门工作，另一方面，领导干部身份上的优势也决定了群众个体会给予调研配合。事先告知调研主题、安排、行程等都是对调研对象的尊重。如果是调研个人，在具体询问和信息采集过程中，察觉到调查对象感到尴尬或不便回答，可以作出必要调整，这也是领导干部坚持知情同意与知情认可这一原则的优秀表现。

第四节　坚持实事求是原则

领导干部在调研过程中，要针对问题出发，实事求是，而不是对制度和规则进行僵化教条式的理解和执行。所谓的实事求是，就是调查研究过程中要摒弃主观的价值判断，抛弃一切原有设定的框架和结论，从客观现象中得出普遍规律。领导干部推进调查研究工作，坚持做到实事求是应注重以下三个方面。

一、到实地进行调查

"纸上得来终觉浅，绝知此事要躬行。"习近平总书记指出："要大兴调查研究之风，多到分管领域的基层一线去，多到困难多、群众意见集中、工作打不开局面的地方去，体察实情、解剖麻雀，全面掌握情况，做到心中有数。"① 实地调查是坚持实事求是原则的立足点和基础，改变调查研究只是停留在办公室听材料、听汇报等形式上。S市各部门在推进实际工作中，比较注重实地调查，如市金融监管局在推进金融业高质量发展中，需要对金融集聚区打造提出更为精准的对策，就选择了S市三个基金小镇进行实地调研。如果要进行金融形势、经济形势分析的，就会走访银行证券、保险公司等对经济形势的感知最为敏感的相关部门。区级政府召开文化工作会议前各分管区领导就会到文化系统的各部门，包括一些文化机构、博物馆、有代表性的文化企业进行实地走访，召开文化方面的专家座谈会。而到基层调研更是如此，正如我们一些基层干部所言："你到村里去肯定要到老百姓家里去，你到企业去了，那么就去车间看看他们的生产状况怎么样的，而不是光听汇报。"

二、善于调查基础上的研究

调查研究的过程，不仅是深入实际、弄清"实事"的过程，也是

---

① 《中共中央政治局召开民主生活会强调　坚持团结奋斗　贯彻落实党的二十大重大决策部署》，《人民日报》2022年12月28日。

举一反三、深入"求是"的过程。所以实事求是的一个基本要求,就是要求我们在了解"实事"的基础上强调研究。

一是挖掘深层次问题研究。调查研究的初始阶段暴露出来的问题往往只是表面现象,需要由表及里,用洞察力、探究力、意志力去挖掘和研究隐藏在表象背后的问题。调研的过程是对那些具有普遍性和制度性的问题、涉及改革发展稳定的深层次关键性问题、难题积案和顽瘴痼疾等进行深度挖掘并且加以分类,不同类型的问题其所要采用解决问题的方式、方法是存在差异的。只有在工作中做到脑中有解决问题"全景图",才能做到手中有"工具箱"。

二是进行应用对策性研究。调查研究发现重大关键问题之后,要以一种"打破砂锅问到底"的精神探本溯源,努力揭示问题产生的前因后果。问题的背后原因有深层次的体制问题,也有机制的缺陷,还有机制运作过程中受各种复杂因素影响而产生与政策预定目标相悖的现象。针对问题产生的不同原因提出对策建议,是各部门推进某项专题工作的常用的调研工作方法。以S市"新居民"管理模式创新为例,S市是人口流入大市,目前登记的流动人口达535万余人,S市政府办公厅(市流动人口管理办)在推进工作的日常管理中,"新居民"存在着流动不便、融入不深、管理不畅等问题。通过调查研究,政府部门发现造成"新居民"流动不便、融入不深、管理不畅等问题的不仅有平台建设问题,还有管理体制机制问题。S市政府办公厅(市流动人口管理办)和市大数据局等部门相互协同,针对这些问题提出了切实可行的举措。比如针对全市一体化服务平台尚未建设的问题,提出了建设"新居民"一件事多跨协同场景应用平台来提供全链条式服务;针对流动人口管理缺乏统一规范的标准,制定出台了《S市流动人口量化积分管理办法》,实现"全市统筹、跨区互认",方便新居民跨市、跨区自由流动等。

三是进行普遍规律性研究。对调研得来的大量材料和情况，由此及彼、由表及里进行认真的研究分析，用抽象的逻辑分析把握事物的本质和发展方向，从而发现该事物内部的运动规律，就是规律性研究。规律性研究的意义在于对于同类事物带有极大的普遍性的指导意义，可以成为了解同类事物、解决同类问题的指导原则。普遍规律性研究常见于部门在推进某专项工作时，前期所做的大量理论准备工作。正如一位政府部门工作人员所言："在出台政策之前我们会做一些案头工作，比如收集经济学界一些专家的观点和理论界的理论文章，学习在全国做得比较好的城市的相关政策并进行比较，如果有必要的话就进行实地调研，看看这些政策在本地能否落地生根。"这些前期的案头工作，包括对理论文献和专家观点的梳理尤其是规律性研究，其意义在于不会让我们的工作偏离经济社会发展的基本方向。

三、主观态度的客观理性

一是要坚持从实际出发看问题。比如，在政策性的社会调查中要考虑到众多因素，包括政策实施的均衡性。在政策性社会调查研究中，要考虑到出台政策的前后延续性和均衡性，比如，拆迁补偿标准的设定不仅只是简单遵循法律上规定的标准，而同时要考虑到历史上的补偿标准和相邻地块的补偿标准。

二是打破思维框架与主观偏见。习近平总书记强调："调查研究一定要从客观实际出发，不能带着事先定的调子下去，而要坚持结论产生在调查研究之后，建立在科学论证的基础上。"[①] 即领导干部在主观上没有预设的偏好，打破头脑中设定的框架。调查研究之前，确定主题、制定具体方案是十分必要的，但结论一定是在调查研究之后、在

---

① 《牢记党的宗旨 坚持群众路线》，《人民日报》2015年8月18日。

科学分析研究基础上产生的，不能对调查得来的材料根据主观而裁剪拼凑。领导干部的自身政治偏好、调研任务来源、政绩观等都影响其进行客观公正的调查研究，而使结论呈现过多的主观性。

三是综合分析各种复杂因素。政策制定有其显效应，即政策出台时所要针对解决的问题及所要达到的目标，但实现显效应的同时，因为受各种复杂因素的影响，也会显现出各种潜效应，这种潜效应既有积极的影响，也有消极的影响。由此，政策制定过程中需要实事求是地考虑政策运作过程中的制度环境与社会基础。比如在制定外贸政策过程中，我们要考虑到不同类型的企业所受的冲击程度是不一样的：传统的外贸企业其外贸承重压力比较大，但做跨境电商有独立品牌的，海外有海外仓的，这类的外贸企业增长却能保持稳定，基本上不受脱钩断裂的影响。由此，在调查研究过程中要善于做综合分析，设想各种复杂情境，这是作出科学决策的基础。

第三讲
领导干部调查研究的具体方法

领导干部社会调查方法就是领导干部为保证其社会调查活动朝着预定的方向进行，达到了解和认识社会的目的所运用的手段、工具和方式的总和。社会调查研究方法、社会调查研究主体、社会调查研究客体构成了社会调查研究的三大要素。2021 年 9 月 1 日，在 2021 年秋季学期中央党校（国家行政学院）中青年干部培训班开班式上，习近平总书记强调"要用好交换、比较、反复的方法，重视听取各方面意见包括少数人的意见、反对的意见"①。《关于在全党大兴调查研究的工作方案》中明确提出："要坚持因地制宜，综合运用座谈访谈、随机走访、问卷调查、专家调查、抽样调查、统计分析等方式，充分运用互联网、大数据等现代信息技术开展调查研究，提高科学性和实效性。"② 综合当前学界的研究，调查研究的方法概括起来主要有深度访谈法、问卷调查法、抽样调查法、蹲点调查法。

第一节　深度访谈法

深度访谈法是指调查者有计划、有目的地通过与调查对象进行口头

---

① 《习近平谈治国理政》第 4 卷，外文出版社 2022 年版，第 527 页。
② 《中办印发〈关于在全党大兴调查研究的工作方案〉》，人民出版社 2023 年版，第 8 页。

交流获取资料的方法。深度访谈程序较为简单，操作较为便捷，是党员干部能够迅速掌握且必须掌握的基本调研方法之一。深度访谈法可以从不同的角度进行分类，从访谈人数角度可以分为个别访谈和集体访谈两类。

一、个别访谈的主要环节及其技巧

个别访谈是一对一的访问，是访问者对每一位受访者进行单独访问。个别访谈具有保密性强、访谈形式灵活等优点，因此，个别访谈较易取得访谈对象的配合，访谈成功率高，调查结果较准确，能收集到较为敏感和特殊的信息。

（一）个别访谈的主要环节

1. 前期准备阶段

为了听到真实的信息，领导干部访问者要让自己与受访者及现场环境相适应、相协调，尽可能不要干扰和影响受访者的正常生活和工作，让受访者在一种平等、舒适、自然的氛围中接受访问。这一环节的技巧，主要包括注意着装、注意配好设备（本子和笔、录音笔、相机）、注意掌握信息（一是受访者的微观层面的信息；二是访问题目所涉及的宏观层面的信息）、注意准备提纲。毛泽东在《反对本本主义》中指出，要定调查纲目。"纲目要事先准备，调查人按照纲目发问，会众口说……所谓'调查纲目'，要有大纲，还要有细目，如'商业'是个大纲，'布匹'，'粮食'，'杂货''药材'都是细目，布匹下再分'洋布'，'土布'，'绸缎'各项细目。"[①]

2. 提出问题阶段

领导干部可以根据访谈提纲提问，也可以根据调查目的和访谈过

---

① 《毛泽东选集》第 1 卷，人民出版社 1991 年版，第 117 页。

程的实际情况随机应变提问。在访谈过程中，注意提问的方式，可以开门见山，也可以循循善诱。提问的语言要通俗易懂、简单明了，尽可能通俗化、口语化和地方化，避免使用学术术语、书面语言和官场话语。个别访谈时，可以先暖暖场，再进入正题。比如，领导干部就新业态青年劳资关系、权益保障开展访谈，如果一上来，访问者就单刀直入，谈及劳资关系和权益保障问题，那么，受访者就会产生警惕心理甚至反感。领导干部提问要遵循先易后难原则，先问"基本情况"，再问"深层问题"；先问"问题表现"，再问"具体原因"。同时可以虚拟场景提问，比如，调查主题是"新业态从业青年的生计脆弱性"，可以虚拟场景提问："如果人社局开展免费的网络主播相关技能培训，你会报名参加吗？"可以转移主体提问，比如，直接提问"你怎么评价你们的村主任"，受访者可能不好回答；如果转移主体提问"你认为别人是怎么评价你们的村主任的"，这样的提问就委婉些，更容易让受访者接受和回答。领导干部个别访谈有六个"不要提"：一是不要提太大的问题；二是不要提过多的外行问题；三是不要提暗示性的问题；四是不要提过于轻率的问题；五是不要提太"硬"的问题；六是不要提审问式的问题。要善于引导，在交谈中发问，在发问中交谈。[①]

3. 追问问题阶段

追问问题要从严谨的逻辑出发，层层递进，由表及里，由此及彼，从浅到深。在个别访谈过程中，领导干部应根据受访者的表述，沿着受访者的思维逻辑，随机应变地提出问题。当然，受访者可能在访谈过程中"绕弯子"，以致访问过程不受控，此时，访问者不可直接打断受访者，而是要不露声色地通过追问转换话题。比如，访问者可以承上启下地追问，"是呀，刚才你说得很好。不过，我还是不太明

---

① 廉思：《如何有效开展调查研究》，人民日报出版社 2019 年版，第 185—186 页。

白……"，进而转向访谈主题。不过，追问问题不宜过多，否则，受访者被追问多了或急了，会产生逆反心理和厌烦情绪。

（二）个别访谈的技巧

一是先易后难。如先提出比较简单的、容易吸引人的问题，然后再渐渐引入主题。二是循循善诱。不断启发受访者把自己所知道的事情讲出来。三是多问"为什么"。受访者一般能够讲述一种现象"是什么"，但大多数人不能直接说出该现象形成和存在"为什么"。因此，要全面了解存在的问题，就必须多问"为什么"，启发受访者谈出自己的理解。四是每个问题要明确、具体、通俗，以便受访者能够直截了当地用简短、明确的话答复。五是必须创造轻松愉快的访谈环境。有些受访者一开始可能有紧张、疑虑、不信任等情绪，无法说出真实的想法，因此访谈应注意营造融洽和谐的访谈气氛。

个别的访谈是定向的，是针对一个问题或某一类问题的，比如S市金融管理局要调查为什么今年上半年S市制造业中长期贷款增速快尤其是普惠小微贷款增速快的原因，因涉及各银行之间敏感的竞争关系，就会在稍微轻松一点的环境中开展个别访谈。

当然，个别访谈也存在着一些缺点。一是相对较高的人力和时间成本，尤其是数据采集和背景调查上。二是个别访谈效果受研究者主观因素影响较大，即研究者对于研究主题的把握可能直接影响访谈的效果。因此，领导干部访谈调查法中还有一类调查法可以克服个别访谈法的缺陷，即集体访谈法。

二、集体访谈的主要环节及其技巧

集体访谈法，即通过集体座谈的方式了解有关情况和存在问题。集体访谈的优点在于访谈对象之间能就访谈内容相互启发、相互补充、相互修正，访谈员集思广益，能在较短时间内获取大量的信息。相比个别访谈，集体访谈成本低、效率高、弹性大。

（一）集体访谈的主要环节

1. 座谈会准备环节

这一环节的工作，主要包括：准备提纲；选择参与人员；确定主持人。首先是准备提纲环节。在座谈会之前，调查者要设计座谈提纲。提纲内容要聚焦主题，提纲问题应具有开放性和讨论性。提纲问题的数量不宜过多，一般不超过 10 个。当然，问题的数量不需要恪守提纲要求，可以根据座谈会现场情况随机调整。其次是选择访谈对象环节。一是访谈人员的数量。访谈人员的数量，对座谈会的质量具有重要影响。访谈人员过多容易分散话题，导致讨论容易偏离主题且部分参与者无法参与讨论，人员过少会影响资料收集的广度和变异性。一般而言，访谈人员以 8～10 人为宜。比如，调研新时代党如何领导基层。以党建共同体为范围，访谈者主要包括社区、驻辖区单位、物业、社会组织、商户的党组织或机构负责人，以及部分群众代表。[①] 二是参与人员的结构。选择与调研议题和调研内容最为相关的人员参与，参与者要有代表性。比如，调研主题是推进基层治理体系和治理能力现代化，参与者可以为社区主任、社区工作人员、社区居民、社会组织负责人、社会工作者、志愿者、社会公益慈善人员。三是参与人员构成一般遵循"陌生人原则"。参与者之间，参与者与主持人之间，均是陌生人的关系。陌生人环境可以减少参与者的顾虑，让参与者畅所欲言地探讨座谈会议题。最后是确定主持人环节。主持人首先介绍座谈会的背景和目的并分发座谈会提纲；还需要协调参与者积极参与讨论，防止

---

① 王杨：《组织技术创新：新时代党如何领导基层——基于焦点团体访谈的多案例分析》，《中共福建省委党校（福建行政学院）学报》2021 年第 4 期。

出现个别参与者主导讨论以及吵架、跑题等情况，同时避免参与讨论，特别是加入参与者的争论；需要营造利于讨论的氛围和灵活应变。

2. 座谈会开场环节

为了让座谈会迅速进入正题，主持人可以用一段开场白，介绍自己和调研背景，解释座谈会的目的，讲解座谈会的规则和要求，以打消参会者的顾虑。比如，在社会组织参与社会治理的座谈会中，主持人可做如下开场白："大家好，感谢各位百忙之中参与我们的座谈。我叫×××，是××机构（部门）的一名工作人员。今天我们召开这个座谈会是为了了解社会组织的登记注册和运营管理状况。这个座谈主题属于政府正在制定的政策的一部分。今天我们能有机会聚在一起十分难得，希望接下来大家能畅所欲言。为了完整地记录大家的讨论内容，我们在座谈过程中会录音。录音资料仅限于政策制定和学术研究使用，对大家的个人信息，我们会严格保密，请大家放心。"[1]

3. 座谈会提问环节

在座谈会上，主持人提问要遵循中立原则、通俗原则和聚焦原则，注意表情，以点头、微笑、注视等微表情尊重参与人员。与此同时，主持人要把握提问节奏，注意提问技巧。当参与人员跑题时，主持人可以适当引导，也可以适时提醒。具体来说，座谈会的提问环节可以使用如下提问技巧：一是暖场式提问，即主持人要问候参与人员并自我介绍，同时，还要介绍会议主办方、会议主题和会议规则等。二是互动式提问，即座谈会中主持人应不断使用"让我们看看还有什么"等语言，促进参与者的互动，挖掘参与者发言的深度。三是鼓励式提问，比如："我看这位同志准备好了，我们先请他给我们分享。"四是提醒式提问，主持人还应适时提示参与者会议的进程，如"我们只剩

---

① 廉思：《如何有效开展调查研究》，人民日报出版社 2019 年版，第 205 页。

下两个问题了",给参与者一定的时间预期。

4. 座谈会结束环节

这一环节要注意三个方面：首先，进行简要的发言，然后，使用启发性、总结性的问题，让参与者进行最后一次发言，如"大家还有什么问题需要补充吗"；其次，告知参与者若有进一步的建议和意见，可在会后与课题组联系；最后，对参与者表示感谢。

5. 座谈会内容记录与整理环节

座谈会记录者要尽可能地在事前多了解掌握相关情况，根据会议确定的议题，备齐有关背景资料，掌握会议将要研究的主要问题，以便记录整理时心中有数、查找方便。首先，需要整理会议记录。会议记录是座谈会的重要档案，它记录了与会者的发言、讨论、决议和建议等内容。因此，需要将会议记录进行整理，以保证档案的准确性和完整性。其次，需要整理会议资料。包括会议议程、参会人员名单、PPT 演示文稿、会议照片等。这些资料可以作为座谈会档案的补充材料，为后续的工作提供依据。最后，需要将整理好的座谈会档案归档。档案归档需要按照一定的规范进行，比如按照时间、主题、参会人员等方面进行分类。同时，需要注意保密性和安全性，以确保档案的完整性和保密性。在信息化时代，座谈会记录现在更多采取边录音边整理或先录音后整理，甚至用录像记录方式。这种方式克服了以往速记笔录难以跟上发言者语速的缺点，能最大程度保证记录的完整性。当然，不管采取何种记录方式，都无法替代人工对文字的整理，文字的整理过程其实是发现主题线索的最好方式之一。

（二）集体访谈的主要技巧

一是营造友好轻松的氛围。在访谈过程中，访谈者应当努力营造一个友好轻松的访谈气氛，争取获得访谈对象的好感。二是访谈者应当明确地提出问题。提出问题后对问题作出必要的解释，以便于访谈对象准确理解所提问题的意思。三是访谈者应当专心倾听。访谈者要善于用表情、眼神与访谈对象进行交流，鼓励访谈对象阐述清楚问题根源。四是访谈者要善于敏锐捕捉重要信息。访谈者引导访谈对象更深入地思考和回答，以便于获得更详细、更深入的信息，在总结分析阶段，访谈者应趁热打铁，整理、归纳、提炼访谈要点和关键信息，形成访谈报告。

像一个地域年度全会，作为此地域分管领导进行分管领域的集体访谈就是最好的调查研究方式之一，如城建领域、经济领域、民生领域、社会治理领域等分领域地开展一些集体访谈，听部门汇报或者听基层的意见建议。此外，也包括专家咨询会、人大代表、政协委员的集体访谈。

集体访谈法也存在被访者受社会心理因素的影响以及占用被访者时间资源较多的缺陷，而且访谈中对于被访者的控制由诸多因素决定从而有可能使得访谈的信息质量无法得到保障。

第二节　问卷调查法

对于领导干部而言，问卷调查是改进工作和解决问题的有力抓手，是听民声、问民意、访民情、知民愿的有效手段，是摸清摸实、找准改对群众关注及反映强烈的突出问题的重要方式。因此，如何编排问卷、设计问题，以便问准群众关注的问题、问深群众提出的建议，成了问卷调查乃至现代调查研究的重要方法所在。

一、问卷设计的基本步骤

（一）前期准备工作

探索性研究不是问卷设计中可有可无的环节，而是一个发挥着帮助设计者形成初步认识、聚焦主题、预警调研中可能出现的风险等效用的重要步骤。在实践中，探索性研究通常分为两步。第一步，查阅相关文献，尽可能多地获取有关信息和资料，做到心中有底。第二步，深入基层，投石问路。此时的问卷形式多以访谈提纲为主，研究者召集相关人员进行小型座谈会，选择少数典型代表进行个案访谈，甚至是以拉家常的形式进行交谈。

（二）问卷初稿设计

问卷初稿设计的具体流程，依次如下：第一步，基于研究假设和所需资料的内在逻辑性，以思维导图的形式描绘出整个问卷的框架及各部分的先后顺序；第二步，详细设计出问卷每个部分中的问题及答案备选项，并合理安排这些问题的顺序和形式；第三步，根据受访者的阅读和填答习惯（如问题是否敏感、是否方便填答），检查问卷中的所有问题，并及时调整和补充；第四步，从总体上修订和调整全部问题的表述形式、排列顺序、排版等，最终形成问卷初稿。

（三）问卷试用与修改

问卷初稿定稿后，还不能直接应用于正式调查，它必须经过试用这一环节的"查缺补漏"，不断改进后才能步入正式调查的阶段。对于问卷初稿的评判使用，主要有两种方法。一种是主观评价法。根据研究主题，联系相关领域的专家、研究人员以及具有代表性的受访者，请他们对定稿的问卷初稿进行分析评判，随后，根据他们的修改意见，对问卷中存在的问题进行必要的修改。另一种是客观评价法。从正式调查的样本中选取小部分人，让他们来试用问卷初稿，从而发现问卷中可能存在的问题，以便及时修改和调整形成定稿。

二、问卷的种类与结构

（一）问卷的基本种类

1. 结构型问卷

结构型问卷，是指问卷中的问题排列有序，其中，每个问题的提问方式、措辞及其可供选择的答案选项，均遵循一致的内在逻辑性和显化的顺序性。这样的问卷，通常整齐划一，由研究者事先设计好问题，并列举几个可能的答案备选项和对应的编码等；受访者只需根据自身实际情况，在各种答案备选项中选择符合自己情况的答案就行了。通常，对于符合自己情况的答案，用符号"√"或画圈来表示。

2. 无结构型问卷

无结构型问卷，是指相对于结构型问卷的封闭性框架而言，其结构更为松散。即问题的表达方式、提问顺序及措辞等，均没有硬性规定或预先设定，也没有提前编制任何答案选项，只是根据研究目的限定了调查的方向和内容。受访者可以根据自身情况自由作答，故亦称之为"开放式问卷"。这类问卷的优点在于，能够让受访者较为充分地畅所欲言，从而挖掘出更多无法预先探知的丰富信息。

3. 半结构型问卷

半结构型问卷，是指兼有结构型问卷和无结构型问卷两种形式的问卷。这种问卷把两种问卷的提问方式融为一体，充分发挥两者的长处，既便于进行量化统计，又可以得到一些有深度的研究资料。[1] 鉴于上述问卷的特点，我们可以根据不同的调查需要和调查情境予以综合运用。比如，结构型问卷适用于大规模调查，以便量化分

---

[1] 于立志、刘崇顺：《新时代领导干部调查研究指南》，天津人民出版社 2019 年版，第 92 页。

析及跨群体比较；而无结构型问卷适用于个案或小样本。若从整个调研流程观之，可以先用无结构型问卷（或半结构型问卷）起步，作为正式调研前的准备工作；待到问卷设计确定后，再在大范围的调查中启用结构型问卷，以便快速发放与回收问卷，以及进行后期的数据分析。

（二）问卷的结构

1. 封面信

在问卷的开头，除了确定问卷的名称标题之外，正文之前应设置封面信。封面信的作用是，向受访者说明此次调查的目的、大致调查的内容、调查者的身份、调查对象的选取以及问卷填写的方法等，以争取他们的支持和配合。封面信一般设置在问卷第一页的最上方（问卷标题之下），或者单独作为一页置于整个问卷之前。

2. 指导语

指导语类似于产品的使用指南，指导语的作用在于指导受访者如何正确填答问卷，或是指导调查员如何正确使用问卷并完成调查工作。有的问卷由于该部分内容较少并未设置专门的指导语，主要是在封面信中用一两句话交代。针对某些较为复杂的问题，则以卷中指导语的形式给予特别的说明。

3. 问题与答案备选项

这一部分是问卷设计的主体（详见后续的问卷编制）。

4. 问卷编码及其他资料

编码是指对问卷中的每个问题及受访者回答的结果分别赋予一个数字作为其代码。问卷的编码具有唯一性，它主要是为了便于计算机的量化处理。在实际调查中，主要采用预编码的形式，即问卷设计时就将编码一并设计好，一般出现在问卷每页的最右边。现在，问卷的编码也可以在统计软件的辅助下由计算机完成。

三、问卷的编制

（一）问卷中的常见题型

1. 填空题

一般是在问题后面留出一些空白（用括号或横线标识），让受访者在括号内或横线上填答。这类题型适用于填答内容较少的情况，填答的内容往往是数字类。

2. 判断题

这类题的答案只有肯定和否定两个备选项，受访者根据自身情况来二选一。是否题是民意测验中的高频题型，备选项简单明了，便于严格地将受访者进行分类比较。不过，从中获取的信息有限，不利于从客观存在的多个维度和不同层次掌握与深入分析受访者的表现。

3. 选择题

这类题的答案备选项至少在两个，受访者根据自身情况，选择其中的一个答案或多个答案。根据问卷中问题限定选择答案的数量，选择题又可划分为单选题、多选题及排序题。

4. 表格题

为了节省问卷空间，同时更一目了然，将同一类型的若干问题集中在一起，共用一组答案，构成一个问题表格的表达方式。从外形上看，其跟矩阵相似，故又称之为矩阵题。这类题型表格的行（或列）不宜设置过多。

5. 相倚问题

相倚问题，指的是在前后两个（或多个）相连的问题中，受访者回答前一个问题的结果，决定了是否继续回答后一个（或多个）问题。通常做法是，对于只适合部分受访者的问题，可先设置一个过滤性问题，再对符合者提出新的附加性问题，与过滤性问题构成连续式答问；对于不符合者，附加性问题就无须回答了，可以跳到后面的问题继续作答。

（二）问卷的提问方式与答案备选项的设计原则

1. 用语力求准确、通俗易懂

问卷问题的用语，要避免生僻抽象的词语、过于专业化的术语以及非官方（正式）认定的概念或简称，以免使受访者对问卷的理解产生偏差，从而影响问卷填答的质量。

2. 避免主观倾向性提问，避免暗示和诱导性提问

问卷设计的所有问题都应该基于事实，应以一种中立的态度客观地提问。如果问卷的问题表现出强烈的肯定或否定的倾向性，其对于受访者则无疑是一种心理暗示和诱导，极易造成受访者有意的迎合或无意识的顺从，从而隐藏自己的真实想法。如此得来的调查结果，其真实性可疑。

3. 避免语义双关和模棱两可的提问

在一个问题中，不能同时询问两件（或多件）事情，以免产生歧义。提问使用的语言，尽可能让调查对象一看就明白，切忌含糊不清。同时，提问也要防止把两个或两个以上问题合并为一个问题，使调查对象无所适从，难以瞄准目标并作出响应。

4. 避免以否定形式提问

按照日常人际交流的习惯，人们倾向于肯定式的提问方式，而不习惯否定式的提问方式。某种程度上，否定式提问相当于在正常填答问卷过程中又加设了一道阅读理解题。不仅额外要求填答者耗费一定的精力完成从否定转为肯定式言语的表达转换，增加了填答的阻力；还可能在惯性思维的主导下，造成填答者的遗漏或误解，使得调查结果失真。

5. 答案备选项应具有穷尽性与互斥性

穷尽性是指答案备选项包括了所有可能的情况，不能有所遗漏。对于受访者而言，总有一个备选项贴合其自身的实际情况。互斥性则是指答案备选项之间不能有所交叉重叠或相互包含。对于每一位受访者而言，最多只能有一个答案备选项适合他（或她）某方面的情况。

（三）问题的数量与顺序

1. 先易后难，先熟悉后陌生

即把容易回答的问题放在前面，把复杂难答的问题放在后面；同时，揣摩受访者对话题的熟悉度，将受访者熟悉的问题前置，将他们感到较陌生的问题置后。这两条举措，都是为了给受访者营造一种轻松、友好的填答氛围，打消他们的顾虑，调动其参与的积极性，促进调查的顺利进行。

2. 先客观后主观，先封闭式问题后开放式问题

即先提出客观事实方面的问题（如行为），再询问主观方面的问题（如个人的态度、意见和看法）。这是因为前者相对较容易作答，后者由于触及受访者内心深处不便袒露的心声而容易激发受访者的戒备和反感，导致其拒答问卷。同时，从题型来看，如果存在开放式问题，则应该将其放在封闭式问题之后，一般位于问卷的最后。

3. 敏感性问题的去敏感化处理

对于一些诸如收入、情感经历、政治态度等问题，有可能使得受访者感到窘迫或引发受访者不愉快的回忆，但同时又因研究需要不得不调查相关问题，故在提问方式、设置方位、备选项设计等方面就需要更加巧妙地处理。比如可在卷首语中设置保密性措辞，也可以通过提问方式的"伪装"，来化解这类问题所可能引发的尴尬和不适。

4. 问卷内容的"宏观"分类与集中

在问卷问题的布局上，除代表个人背景信息的问题外，应将其他问题按性质和类别相对集中，一类类地分别排列，而不要把不同性质或类别大的问题混杂在一起。这样排列便于受访者有条不紊地回答问题，以免因为受访者回答问题的思路经常中断和来回跳动而影响调查质量。而关于个人背景信息的问题，则通常作为一个独立的部分，在问卷正文的开篇或尾章出现。

问卷调查相比较其他调查研究方法有着独特优势。首先，它可以面向众多的调查对象收集信息。其次，它的调查研究成本要比采用访谈法、观察法或实验法等低。最后，问卷调查通常具有较好的隐蔽性，有助于获得一些相对真实的研究信息。但是其缺点也是显而易见的，那就是问卷设计比较困难、对调查结果的研究不深、样本对象的局限性。现在一些行政部门尤其是经济管理部门进行问卷调查一般是委托第三方机构开展，即采取政府购买服务方式，力争在问卷调查中更加凸显其专业性。

第三节 抽样调查法

抽样调查是实现"由部分认识整体"的调查方法。它通过科学的技术和程序抽取一定样本，并把样本的结果推论到全体调查对象。相比于全面调查，抽样调查可以节省大量的人力、物力、财力和时间。抽样调查之所以能够"窥一斑而见全豹"，是因为豹的"一斑"就是这个样本所具有的代表性，而运用社会统计学原理，通过样本便可以了解"全豹"这个总体。由此可见，选择样本至关重要，而抽样则是其中的关键环节。

一、抽样的两大方法

（一）概率抽样

1. 简单随机抽样

简单随机抽样，是指按照随机原则直接从总体中抽取 n 个单位作为样本。采用简单随机抽样的前提，是必须事先确定总体范围，并对总体的各个单位进行编号，形成明确的抽样框。然后，根据随机数分布来抽取样本。如果总体单位数不大，总体的详细资料易获取，可以采用简单随机抽样；反之，则不提倡运用简单随机抽样。比如，研究某城市流动人口的归属感问题。该城市流动人口规模较大，分布结构较复杂，对总体单位进行编号的难度很大，因此，不宜采用简单随机抽样，而建议采用分层或整群抽样方法。

2. 等距抽样

等距抽样，又称系统抽样，是先将总体单位按某一标志顺序排列，然后依照固定的间隔顺序抽取样本单位。比如，要调查某省市科技开发区的建设情况，抽取 11 个地级市作为样本。首先，将某省 11 个市按照经济总量进行排序，号码为 1 至 11。接着，从序号 1 开始抽样，固定间隔为 2，则被抽取的号码分别为 1、3、5、7、9、11，那么，这6 个号码所代表的市就是要抽取的样本。

3. 分层抽样

分层抽样，又称类型抽样，是按照不同的属性或特点将一个总体划分为多个子群体，然后在这些具有不同属性的子群体中进行抽样，再将抽取出来的个体进行汇总作为总体的样本。分层抽样又分为分类定比抽样和分类异比抽样。分类定比抽样，是按照各类型在总体中所占比例来进行类型内的抽样，如对某地区企业青年员工情况进行的调查。假设该地区有国有企业 1000 家、集体企业 600 家、外资企业 400

家、私营企业2000家，共计4000家。如果抽样样本为1000，那么，按照分类定比抽样，应当抽取各类企业的数量分别为：国有企业1000×25％（家），集体企业1000×15％（家），外资企业1000×10％（家），私营企业1000×50％（家）。即在1000家国有企业中随机抽取250家，在600家集体企业中随机抽取150家，在400家外资企业中随机抽取100家，在2000家私营企业中随机抽取500家进行调查，一共1000家。如果某个类型所包含的个案数在总体中所占比例太小，那么，就要适当加大该类型在样本中的比重。例如，研究某街道社区居民的政治信任情况，假设某街道有10个社区，在每个社区中随机抽取500名居民进行问卷调查这就是分类异比抽样。

4. 整群抽样

整群抽样，又称聚类抽样，是将一个总体分成若干个子群体，然后在这些子群体中随机抽取，被抽中的子群体就可以作为一个样本。整群抽样与分层抽样都是划分许多组，但遵循的逻辑不同。分层抽样划分成组是缩小总体，使总体的变异减少，组与组之间的差异尽可能大，而组内差异尽可能小，是同质的组；整群抽样则是扩大总体，群与群之间的差异尽可能小，群内差异应尽可能大，是异质的群。一般而言，整群抽样的误差较大，但对于某些具有特殊结构的总体来说，整群抽样操作简单且具有较高的精准度。当总体结构各个群之间的结构相似，差异性不大，可以采用整群抽样。比如，研究新业态从业青年的社会心态问题，可以根据行业划分群，进行整群抽样。

5. 多阶段抽样

多阶段抽样又称多级概率抽样，是分阶段从总体中抽样的方法。多阶段抽样适用于规模大、内部结构复杂且分布广的总体，可以结合分层抽样、整群抽样和等距抽样等抽样方法综合进行。第一步，先将总体按照一定的规则划分成若干个抽样单位，成为一阶段抽样；

第二步，再把抽中的一阶段抽样单位分成若干个更小的二阶段抽样；第三步，将抽中的二阶段抽样单位再细分成三阶段抽样单位等。这样就形成了一个多阶段抽样。比如，调查某省老龄人口健康情况，我们可以以市为一阶段抽样框，从中抽取一部分市；然后，将抽中的市作为二阶段抽样框，并以县为单位进行抽样；最后，抽中的县作为三阶段抽样框并从中抽取乡镇，被抽中的乡镇老龄人口总和即为样本。

（二）非概率抽样

1. 偶遇抽样

调查者根据自己的方便，将在特定时间和地点偶然遇到的对象作为样本。这种方法简单、成本较低、偶然性大，但样本的代表性较差。比如，为了研究新时代青年的婚育焦虑问题，在学校、商场、公园、电影院等公共场所，随便选取一些年轻的学生、顾客、行人或观众作为样本进行问卷调查。

2. 判断抽样

判断抽样，又称主观抽样，是调查者根据已有经验来选取样本的方法。它具有很大的随意性，比较适用于总体范围较小、总体单位之间差异较大且调查者对总体比较熟悉的调查。比如，研究农村宅基地改革问题，我们可以选择支持和反对农村宅基地改革的两类人进行调查。这样可以将"偏离平均水平"作为调查对象，有助于进行比较分析，探寻农村宅基地改革的阻力和动力。

3. 配额抽样

配额抽样，也称定额抽样，是指调查者把总体按照一定标准分类，确定分类的样本比重，在配额内抽样。与分层抽样看似相似，但其实不同，分层抽样是按随机原则在层内抽取样本，而配额抽样是调查者在配额内主观选定样本。配额抽样适用于调查者比较了解总体特征的情形。比如，为调查农民幸福感问题，在有 2000 名居民的某农村社区中，要按配额抽样的方法抽取 1000 人的样本。那么，配额抽样的实施步骤是怎样的呢？首先，确定分层标准，即性别（男性、女性）、社区区域分布（东部、中部、西部）；其次，计算性别比例和区域分布比例，男性 42％、女性 58％，东部 60％、中部 29％、西部 11％；再次，根据上述比例决定样本单位在各子群中的配额，男性 42 人、女性 58人，东部 60 人、中部 29 人、西部 11 人；最后，在各子群中抽取样本。

4. 滚雪球抽样

滚雪球抽样，是指以少量样本为基础，逐渐扩大样本，就如同滚雪球一般。滚雪球抽样适用于调查者对总体不甚了解的情况，主要针对小众且分布稀疏的群体，通常在探索性调查研究中加以使用。比如，研究新的社会阶层人士的政治参与问题。我们一开始缺乏对新的社会阶层人士总体信息的了解，无法随机抽样。此时，可以想办法找到若干个新的社会阶层人士进行调查，然后通过他们认识其他新的社会阶层人士，调查者再去调查。依此类推，抽取的样本便越来越多。

二、抽样的基本程序

（一）界定总体

界定总体，是根据研究课题的要求，把调查对象的范围确定下来，从而确定抽样样本的对象。应当注意的是，调查总体与研究总体是两个概念。前者是调查中实际抽取样本的集合体，后者是理论上界定的所有研究单位的集合体。在实际抽样的操作过程中，样本是从调查总体中抽取的。

（二）制定抽样框

抽样框是指从总体选取样本的一个框架，表现为总体全部单位的名册和名单。制定抽样框的任务，就是依据已经明确的总体范围，收集总体中全部抽样单位的名单，对名单进行统一编号，以建立供抽样使用的抽样框。当然，制定抽样框不是随意地将样本放入"框"中，而是按照某原则对每一个符合总体界定的对象进行编号，形成准确、无误、完整的总体花名册。例如，如果我们要在西部某县进行一项贫困户对精准扶贫政策的满意度的抽样调查，该如何制定抽样框？首先，收集全县贫困户名册；其次，按一定的顺序将名册上的贫困户统一编号；最后，形成一份完整、无重复、无遗漏的贫困户总体成员名单，即抽样框。

（三）选择抽样方法

调查者根据研究目的和要求，选择不同的抽样方法。具体而言，要视总体的规模和结构特征而定。规模小、结构单一、同质强的总体，适合采用简单随机抽样和等距抽样，如调查某城市街头青年；规模大、结构复杂、异质性强的总体，则适合采用分层抽样，如调查某城市白领阶层；而规模大、结构复杂但类别界限模糊、地域分布广的总体，则适合采用整群抽样和多阶段抽样，如调查某城市流动青年。

（四）确定抽样方案

在抽样框确定后，我们根据总体的同质性程度和调查实际情况，综合考量抽样的科学性和成本，选择不同的抽样方案。以"农户对精准扶贫政策的满意度分析"调研为题，假如某县有 20 个乡，每乡有10 个村民委员会，每个村民委员会有 10 个自然村，每个自然村有 50

户，现要采用多阶段随机抽样方法对该县按户做 1‰ 的抽样调查，共抽取样本 1000 户。首先，确立样本单位是农户。然后，采取不同抽样方法，分四个阶段抽取样本：第一阶段抽样，由县抽乡，根据经济发展程度或人口比重等指标，采用分层随机抽样法从 20 个乡中抽取 3 个乡；第二阶段抽样，由乡抽村委会，将 3 个乡的村委会制成抽样框，采用等距随机抽样法抽取 10 个村委会；第三阶段抽样，由村委会抽自然村，采用整群随机抽样法抽取 20 个自然村；第四阶段抽样，由自然村抽户，采用简单随机抽样法抽取 1000 户。

（五）确立实际抽取的样本

在确定了抽样方案后，要根据不同抽样方案的差异性以及评估所要求的目的性，结合调查议题的实际性，确定实际抽取的样本，并确保其最具经济性、实际性和代表性。例如，在一个镇上抽取 3000 名共青团员往届大学毕业生进行调查。若这是一个人口较少的镇，且通过民政局等单位比较容易得到全镇共青团员往届大学毕业生的名单，那么，可以事先从这份名单中进行抽取。

（六）抽样样本评估

样本规模和各个小样本确定之后，并不代表抽样就结束了。为保证样本的高质量，在其确立之后，需要对各个样本进行评估，确定样本是否真的具有代表性，以防存在样本偏差现象。可以通过统计学的方法，科学地评估样本的代表性。将可得到的反映总体中某些重要特征及其分布的资料与样本同类指标的资料进行对比，若二者之间的差别很小，则可认为样本的质量较高、代表性较大。

三、抽样规模的确定

习近平总书记强调这样几个"跑遍"："当县委书记一定要跑遍所

有的村，当市委书记一定要跑遍所有的乡镇，当省委书记一定要跑遍所有的县市区。"①在实际调查中，在有效控制成本下，我们要尽可能抽取多的样本。"既要调查机关，又要调查基层；既要调查干部，又要调查群众；既要解剖典型，又要了解全局；既要到工作局面好和先进的地方去总结经验，又要到困难较多、情况复杂、矛盾尖锐的地方去研究问题。"②

在实际抽样中，我们要避免两种错误。一是认为样本越大越好；二是坚持随机原则但样本量不追求足够大。根据有关研究经验，小型调查样本规模为 100～300 个，中型调查样本规模为 300～1000 个，大型调查样本规模为 1000～2500 个。在实际调查中，我们可能更多地选用非随机调查。对于某些现象可能需要全面了解情况，但又由于现象自身的特性无法通过全面调查获取资料的时候，我们一般采用抽样调查法。抽样调查方法在政府统计工作中已普遍得到运用，比如商务部门调查通过运用抽样调查方法来计算社会消费品零售总额等。

第四节　蹲点调查法

蹲点调研是以驻点形式与调研对象直接接触的调查方法，是一种以点带面的工作方法，是一条密切干群关系的重要途径。2011 年 11 月 16 日，习近平总书记曾在中央党校秋季学期第二批入学学员开学典礼上指出："蹲点调研、解剖'麻雀'是过去常用的一种调研方式，在信息化时代依然是管用的。要注意选择问题多、困难大、矛

---

① 《习近平著作选读》第 1 卷，人民出版社 2023 年版，第 338 页。
② 中共中央宣传部编：《习近平总书记系列重要讲话读本（2016 年版）》，学习出版社、人民出版社 2016 年版，第 182 页。

盾集中，与本职工作密切相关的农村、社区、企业等基层单位，开展蹲点调研，倾听群众心声，找准问题的症结所在。"① 领导干部特别是机关干部，必须经常走出机关，深入基层、深入一线、深入群众，做好做实蹲点调研，听民声、察民情、问民意，自觉践行群众路线，不断强化为民情怀，真正树立"江山就是人民，人民就是江山"的理念。

一、蹲点调研的类型与特征

蹲点调研是一种实地调研，是领导干部践行群众路线的体现。例如，浙江省嘉善县从 2008 年起，每年分批选派近 200 名部门中层干部到基层单位，开展为期 3 个月的蹲点调研。参与调研的干部，每年都提出了一批好的工作建议，并为基层和群众解决了一批突出问题，办了不少实事，群众赞誉"党的好传统、好作风又回来了"。

（一）蹲点调研的类型

蹲点调研是指调查者深入一个或几个单位或某一区域，持续较长一段时间，经过全面深入的研究，认识调查对象的本质及其发展规律，探索解决社会问题途径的方法。学术上称之为实地调查。根据调查者是否"介入"，蹲点调研可以分为参与式蹲点调研和非参与式蹲点调研两种类型。

1. 参与式蹲点调研

严格意义上的参与式蹲点调研，调查者不向调查对象公开表明自己的身份，而是扮演调查对象的角色，与其打成一片，在调查对象处于自然状态下开展调查，观察对象，获取信息。领导干部驻村

---

① 习近平：《谈谈调查研究》，《学习时报》2011 年 11 月 21 日。

入户，与老百姓同吃同住同劳动，其实就是一种参与式蹲点调研。很多党校培训采用驻村入户的体验式教学，其培训效果不错，群众反响较好。正如群众所反映："这些领导住农家，对居住条件没有讲究，讲话做事没有架子，与我们心贴心交流，面对面探讨，就像邻家大哥一样亲切。"1983 年 12 月 6 日，习近平同志担任正定县委书记不久，就主持制定了《中共正定县委关于改进领导作风的几项规定》，并要求"县委常委都要在农村和厂矿学校建立若干个联系户和联系点；每年要有三分之一以上的时间深入基层，研究新情况，解决新问题"①。

2. 非参与式蹲点调研

在非参与式蹲点调研中，调查者是旁观者，不介入调查对象的活动，不改变调查对象的生活工作环境，尽可能保证调查对象处于"原生态"状态，不受调查者的干扰。非参与式蹲点调研的突出特点是"冷眼旁观"，调查者利用某些公共场所或活动，观察调查对象的行为和表现，获取"原汁原味"的信息，力求调查信息的客观性和真实性。比如，为了调查"社区综合服务中心的服务质量"，调查者可以在社区综合服务中心大厅选择一个既便于观察又不引人注意的位置，按照服务质量指标提前准备好观察记录表，对社区居民、社区工作人员的行为和互动进行观察与记录。

（二）蹲点调研的特征

在蹲点调研的过程中，调查者眼看耳听，同时，借助辅助手段观察调查对象，通过察言观色、耳听八方等方式获取第一手资料。蹲点调研中的观察，与平时生活中的眼看耳听不一样。蹲点调研的"看"

---

① 本书编写组编著：《让群众过上好日子——习近平正定足迹》，人民出版社、河北人民出版社 2022 年版，第 168 页。

和"听",是有目的、有原则、有方法的。蹲点调研更多的是一种科学的、严谨的观察。蹲点调研具有以下几个主要特征。

1. 调研主体的参与性

领导干部直接参与调查对象的生活和工作场域,与调查对象共同学习、共同生活、共同工作,调查者扮演了调查对象的角色。正是调查主体的参与其中,调查者与调查对象之间建立了信任关系,调查者在一种自然状态下观察调查对象,能够保证资料的真实性和客观性。正是由于调查主体的参与性,领导干部一定是亲自出马蹲点,不能由他人代劳。挂名蹲点是伪蹲点调研,是官僚主义和形式主义的体现。值得注意的是,调查者在蹲点观察时,要遵守法律和道德伦理原则,要尊重调查对象的地域或群体文化习俗,不能随心所欲,不能给调查对象造成伤害。

2. 调研内容的深入性

在《之江新语》一书中,第一篇文章是《调研工作务求"深、实、细、准、效"》。这"五字诀"的第一个字就是"深",即深入群众、深入基层,这与蹲点调研的深入性相契合。蹲点调研可以深入了解一个地方的实际情况,为科学决策提供依据。蹲点调研的问题一般比较深入,且经过了较长时间的观察,因此,对实际工作具有一定的指导意义。比如,在某村蹲点调研乡村振兴的路径问题,在某城市社区蹲点调研基层社会治理问题,在某私营企业蹲点调研党建引领企业经营活动。

3. 调研方法的综合性

蹲点调研是一种深入基层、深入实际、深入群众的实地调研。在调研过程中,调查者可以通过个别访谈、座谈会、观察法和问卷调查等方法,了解调查对象的情况。在蹲点调研的过程中,调查者和调查对象接触时间较多,调查者可以随机应变,科学合理地运用不同的调

理论篇

研方法获取信息。调研方法没有最好的，只有合适的。调查者要根据调查目的和调查对象的特点，选择合适的调研方法。

4. 调研对象的局限性

领导干部蹲点调研一般指向基层单位，是为了总结经验模式或深入剖析问题。这里的基层单位，是指城市社区、农村社区、小区业委会、村民小组和企业生产车间等。因此，蹲点调研对象一般局限于基层单位。

二、蹲点调研的主要环节及其技巧

蹲点调研要遵循科学过程，让调查者和调查对象均处于一种自然状态，以确保调查对象的言行不会失真。因此，在蹲点调研的每一个环节中，要注意细节和讲究技巧。

（一）蹲点选"点"环节

蹲点调研的"点"不是乱点鸳鸯，而是根据调查目的和调查对象的结构特点，有目的性和针对性地选择典型意义的"点"。如果"点"选错了，后续调研则无效，无法获取有效的资料和数据，调研就无法深入下去。选"点"应考虑以下三个条件：一是符合调查研究收集资料的要求；二是具备必要的人力、物力和财力的支持；三是调查对象不反对。

（二）蹲点"入场"环节

始终坚持调查者必须"入场"，在现场"望闻问切"。虽然费时费力，但事实证明，感性认识是研究问题的起点，没有大量现场感性认识的积累，理性认识难以实现飞跃。调查者蹲点要"入场"，走进调查对象的圈子，成为"圈内人"，其实不易。调查者下基层蹲点调研，要进入调查对象的生活和工作场域，且不是短暂的交流互动，而是与调查对象一起生活、工作较长一段时间。因此，蹲点调研"入场"，需要关键人物的介绍。

（三）观察调查对象环节

在蹲点调研过程中，调查者观察调查对象要注意细节和方法。一是注意着装。二是注意语言。在蹲点调研过程中，调查者要善于说群众语言，要是能掌握几句当地常用的方言就更好了，这可以迅速拉近与调查对象的距离，同他们建立信任关系。与调查对象沟通，要用生活语言去交流。三是注意融入。在蹲点调查基层社会治理时，为了更有效地沟通交流，男性调查人员可以递上香烟，亲手给老乡点上，谈谈年景收成，瞬间便拉近了彼此距离；女性调查人员可以带上糖果，送给老乡家的孩童，问问孩子的情况，如此便能很快找到话题，减少他们的拘谨与不安。

（四）记录观察结果环节

蹲点调研的资料，主要由观察记录得来。在蹲点调研中，要明确观察内容，准确记录观察结果。观察内容包括以下几个方面：一是现场的情境，即事件或活动的舞台与背景；二是观察对象的角色、地位、身份、数量以及相互关系；三是观察对象行动的目的、动机和态度；四是社会行动的类型、产生与发展过程，行为的性质、细节及影响等；五是事件和行为发生的时间、频率和持续时间等。蹲点调研中的观察记录，应当正确和详细。第一，尽量在当场或短时间内记录下来，这可以减少记忆的遗漏和错误。值得注意的是，在记录的时候，千万不要引起调查对象的注意，以免他们改变正常行为，导致调查结果失真。第二，用一些简单的符号注明事件或行为的过程和特点，事后再进行

理论篇

整理记录。第三，同时由两个以上的观察者分别做记录，以便相互对照。第四，将客观描述的记录与观察者的解释和感想区分开来，分类整理。

（五）总结推广经验环节

蹲点调研是为了总结经验，把握规律，更好地以点带面，并在面上指导和推动工作。因此，总结经验模式，提炼模式机制，复制推广经验，是蹲点调研的重要环节。具体来说，应从以下三个方面着手：一是以问题为导向，把具体做法总结为经验模式并进行复制推广；二是分析经验模式的适用范围和具体条件；三是把复制推广的好经验转化为长效机制。

三、蹲点调研的注意事项

蹲点调研的关键在于，亲自蹲，蹲得住，蹲在点上，蹲出实效。因此，在蹲点调研过程中，调查者应注意以下事项。

（一）蹲点要亲自出马

蹲点调研必须亲自出马，亲力亲为，不能找人替代。亲自下去调研与坐在办公室看材料、看调研报告是两回事。领导干部要亲自挂帅做调查研究，要沉下去，不能闭门造车，不能老坐在办公室。"迈开步子，走出院子，去车间码头，到田间地头，进行实地调研。"[1] 习近平总书记曾在《谈谈调查研究》中指出："现在的交通通信手段越来越发达，获取信息的渠道越来越多，但不能代替领导干部亲力亲为的调查研究。"[2] 直接与基层干部群众接触，面对面地了解情况和商讨问题，

---

[1] 习近平：《之江新语》，浙江人民出版社 2007 年版，第 154 页。
[2] 习近平：《谈谈调查研究》，《学习时报》2011 年 11 月 21 日。

对领导干部在认识上和感受上所起的作用，和间接听汇报、看材料是不同的。

（二）蹲点要蹲得住

所谓"蹲得住"，是指调查者要坚持下来，不能借口工作繁忙而"蜻蜓点水""走马观花"，而要扎根基层、深入实际。"蹲得住"是蹲点调研的基本要求，否则蹲点调研的成效会大打折扣。陈云惯于和善于使用蹲点调研法，1961 年他在上海青浦县小蒸人民公社进行为期半个月的蹲点调研。在此期间，他从来不搞"坐着车子转一转，隔着玻璃看一看"的虚招，而是坚持"一竿子插到底"，蹲到群众中去，蹲到了解决问题的关键地方，真正做到听真话、察实情、办实事。领导干部蹲点调研，要严格执行"五同"，即与基层群众同吃、同住、同劳动、同学习和同进步，不搞特殊化，通过与群众干在一起、吃在一起、住在一起，多层次、多渠道地了解基层基本情况，了解群众所需所求，掌握第一手资料。为了"蹲得住"，就要有"刚性"要求。比如，某市为保证领导干部全身心蹲下去，不必"心挂两头"，在蹲点时长设置上便统筹考虑了蹲点调研和日常工作安排，并作出这样的规定："不卷铺盖下村，就卷铺盖下岗"；下村蹲点的干部必须在点上每月工作 15 天以上，要有记录、有考勤、有签字，以制度保障"蹲得住"。①

（三）蹲点要蹲在点上

蹲点调研，不仅要蹲下去、沉下去，还要蹲在点上。一是蹲的"点"具有典型性和代表性，能够发现问题，进而找到问题的主要表

---

① 朱大富：《调查研究——领导干部的基本功》，江西人民出版社 2015 年版，第 178 页。

现、深层原因及解决方案；能够挖掘典型，进而总结提炼经验模式、条件机制及推广路径。二是深入"点"去探微，通过"点"到"线""面"览全貌，进而发现问题或经验的本质和规律，更好地指导和推动工作。三是"点"要深蹲，不能"蜻蜓点水"，停在表面。有些蹲点调研是走过场。比如现在一些部门去农村调研乡村振兴，早上9点上班后从机关坐车出发，10点抵达村便民服务中心会议室。调研组和村里首先相互介绍参与调研的人员，调研组带队人员向村里说明调研主题后，先由村主要负责人按照调研组的要求，汇报村里的相关工作情况，然后调研组的人员围绕听到的汇报情况和事先设置好的调研主题提出一些问题，再由村干部回答。座谈交流环节过后，由村干部带着调研组，到村里事先准备好的点上走马观花地转上一圈，一上午的时间也差不多就过去了。这可能是有些部门或领导下乡蹲点调研的"标准方法"。这样的调研，走的是由镇上和村里预先设计好的"经典路线"，听的是村干部事先准备好的汇报材料，看的是村里精心挑选的示范点，得到的是工作干得出色的成果。这种"蜻蜓点水"式的调研，没有深蹲，没有接触到最基层的农民，没有听到最真实的声音，没有看到最真实的情况，也就不能总结出最真实的经验。

（四）蹲点要蹲出实效

蹲点调研是为了解决问题，或为了推广经验，总之，不是为了到群众中点个卯、在电视上露个脸。作秀式的蹲点调研，要不得。习近平总书记指出："调查研究千万不能搞形式主义，不能搞浮光掠影、人到心不到的'蜻蜓点水'式调研，不能搞做指示多、虚心求教少的'钦差'式调研，不能搞调研自主性差、丧失主动权的'被调研'，不能搞到工作成绩突出的地方调研多、到情况复杂和矛盾突出的地方调研少的'嫌贫爱富'式调研。"①

　　需要强调的是，蹲点调研法选"点"要视调研目的而定，如果是为了总结经验、进行复制性推广，就选择先进的地方；如果是为了解决某个具体问题，就选择矛盾比较突出的地方；如果是为了解剖个体引出一般，就选择各个层面都具有典型意义的地方。

① 中共中央党史和文献研究院、中央"不忘初心、牢记使命"主题教育领导小组办公室编：《习近平关于"不忘初心、牢记使命"论述摘编》，党建读物出版社、中央文献出版社 2019 年版，第 222 页。

第四讲

领导干部调查研究的具体步骤

    领导干部开展调查研究更需要注重具体步骤的实施，坚持步步为营、时时查漏补缺，调研过程中的细节问题往往会牵一发而动全身，影响调研的最后结果，因此要对调研步骤进行系统研究和细致安排，确保调研的各个环节科学合理、环环相扣、相辅相成。领导干部开展调查研究一般分为准备、实施、总结等主要阶段，每个阶段中又包含许多不同的步骤和程序，每个步骤都需要提前谋划、精心设计、认真落实，确保调研最终的效果和质量。但同时调查研究面对的情况也是复杂多变的，部分调研活动可根据具体需求和现实情况，因地制宜灵活应对，无须机械地按照既定的步骤来。但只有掌握了基本详尽的调研步骤，才能面对复杂多变的具体情况时应对自如，更为游刃有余地选择和安排具体调研程序。

第一节　调查研究的准备阶段

    调查研究的准备阶段尤为重要，所谓"凡事预则立，不预则废"，调研前准备得充分与否，会很大程度上影响最后调研的质量和结果，因此，领导干部开展调查研究要坚持"不打无准备的仗"。党政部门的调研活动一般都涉及比较重要的民生问题，尤其需要做足前期的准备和论证工作，对调研的选题要进行深入细致的论证并制定详尽合理的调研计划，充分做好前期的准备工作，保障正式调研工作的顺利完成、事半功倍。

一、明确调查研究选题

（一）确定调查研究的宏观目的

调查研究的宏观目的相当于整个调研的船舵和方向盘，真正弄懂为什么进行调研，才能顺利开展后续的调研工作。领导干部开展调查研究的目的基本包括以下四个方面。一是了解社会现实，发现社会问题。领导干部开展调查研究的首要目的是了解社会现实、发现社会问题。领导干部只有走出办公室，深入基层和一线多看看、多走走，才能更好地作出正确的决策、提升工作效能。二是纠正路线政策，提供决策依据。正确的决策活动必须以调查研究为先导和基础，充分了解社会现实和实际情况，能够为领导干部开展决策提供充分的依据。如2021 年 6 月 10 日《中共中央　国务院关于支持浙江高质量发展建设共同富裕示范区的意见》出台后，N 市就相关实施意见的出台进行了大量走访和调查，就如何打造共同富裕示范区先行样板进行了系统性研究，为后续出台各项文件和政策提供了大量调研数据和材料。三是疏解干群关系，调和社会矛盾。建立良好干群关系是推进党和国家事业不断前进的重要保障，而领导干部开展调查研究是促进和改善干群关系的重要途径。在深入开展调查研究的过程中，领导干部应带着服务人民群众、解决其急难愁盼等现实问题的目的，带着真情实感到群众当中走一走，到群众家中坐一坐，与群众面对面交谈、心连心沟通，自然可以获得群众的信任和好评。四是解决社会问题，推动社会发展。领导干部开展调查研究的最终目的是解决社会问题。习近平总书记曾强调："衡量调查研究搞得好不好，不是看调查研究的规模有多大、时间有多长，也不是光看调研报告写得怎么样，关键要看调查研究的实效，看调研成果的运用，看能不能把问题解决好"，"调查研究的根本目的是解决问题。"① 调查研究本质上是通过对客观实际情况的调查了解和分析研究，充分认识社会发展规律，发现社会问题，深化领导干部的主观认识，进而解决社会问题，最终推动社会经济的全面发展。

（二）明确调查研究的具体主题

在开展调查研究之前，应确定调查研究的具体主题，首先应明确大的调研主题。调查研究的主题分为两大类，第一类是上级领导和部门交代的调研课题。针对这类课题应明确上级领导的要求，结合国家发展和经济社会的重要背景，同时结合当地的具体特色以及自身的工作特点，根据全方位搜集的信息进行综合研判，在要求的范围内确定有意义的、行之有效的调研题目。如 2021 年为迎接建党百年，S 市充分走访调研本地革命老区，深入发掘红色基因和文化，开发红色教育基地，推动了本市红色资源的整合再开发。第二类是自行选取调查研究题目。自行选取调查研究的选题来源有以下几个方面：一是党和国家发布的重大研究课题。如 2023 年 3 月，中共中央办公厅印发的《关于在全党大兴调查研究的工作方案》中，明确了 12 个方面的重点内容，为领导干部开展调查研究提供了方向性选择。二是当地发展面临的重要问题。如 2023 年 8 月，W 市为深入贯彻落实党的二十大精神，全面贯彻新发展理念，打造形成更高层次、更高水平的枢纽型自贸区，就自贸区建设与改革问题进行了大量的走访调研，为后续出台自贸区行动方案提供了大量依据。三是党委、政府的中心工作问题。如 Z 地区要召开创新大会和教育大会，相关部门会提前到学校等基层一线单

---

① 习近平：《谈谈调查研究》，《学习时报》2011 年 11 月 21 日。

位机构进行走访和调研，为会议内容做好前期调查工作。四是群众切身遇到的急难愁盼等问题。如群众的衣食住行、就业、就医、就学等民生问题。五是工作开展过程中遇到的难题。如2022年，H市面临外贸存量比较严重的问题，市商贸局相关部门针对不同类型的外贸企业，包括传统型的外贸企业和新型的外贸企业进行了大量的走访调研，为解决外贸存量严重的问题提供了解决思路。无论是以上哪个来源的选题，在选取调查研究题目时都必须坚持正确的政治方向，选取切口小、意义大、具有可操作性的题目；选取具有前瞻性的题目，并提出可预见性的方案；选取具有长远性影响、符合长期社会利益发展的题目。

在进行调研主题的选取时应遵循几个重要原则。一是围绕工作重心的原则。每年党和政府都会有相应的工作重心，甚至每个不同阶段的工作重心也会有所调整。调研主题应围绕党和政府的工作重心，并结合自身工作的中心内容进行选取。二是围绕问题导向的原则。调查研究的主要目的是发现问题、分析问题，并最终解决问题，不能为了调研而调研，应带着解决某一具体问题的出发点进行调研。三是坚持以人民为中心的原则。开展调查研究应坚持以人民为中心的原则，调查研究的最终目的是更好地解决人民群众急难愁盼的问题、满足人民群众的切身利益诉求，帮助实现人民群众实现自身更好的发展。四是统筹兼顾性原则。调查研究的选题除了具有研究价值之外，还要兼顾和处理好宏观和微观的关系，既要坚持以宏观为主，抓带有全局性的问题，同时也要体现问题的小切口和微观视角，并努力使其上升到理论和政策的高度，对工作具有普遍意义。同时，还要处理好"热点"和"冷点"的关系，既要紧紧围绕中心工作，也要考虑一些关注较少的倾向性、苗头性问题。比如，领导干部想要关注的内容和企业、群众想要解决的问题不一样，就需要领导干部按照统筹兼顾的原则进行妥善处置。此外，调查研究可能涉及长远利益和眼前利益、整体利益和局部利益、管理者视角和被管理者视角等差别，调查研究者都要进行协调，统筹兼顾好不同的问题和情况。

（三）调研题目的调整和论证

一是进行细化调整。首先，选取调查研究题目应根据自身的工作职责，结合工作实际。其次，应进一步细化调查研究的主题，在大的调研主题之下，还应罗列出其中包含的细致内容。如进行"三农"工作调研时，"三农"工作是大的调研主题，而农民收入情况、农业收成状况等就是小的主题。还可以根据工作需要，进一步进行细化，如农民收入情况又可以根据需要调查当地贫困农民收入情况和妇女群体收入情况，或对务农收入和务工收入进行对比等。领导干部在进行调查研究时，应尽可能地将调研主题进行细化调整，防止主题过于宏大而难以获取有用的信息和数据材料。二是进行论证调整。在调研题目确定后，应根据需要召开调研选题的论证会，邀请相关专家学者和相关部门的专业人士对调研题目的宏观背景、影响因素、可行性、有效度、针对性等方面进行全方位的分析论证。在调研过程中，如发现调研问题不切实际和难以开展时，也应根据现实情况随时对调研题目进行灵活调整，使其适应调研情况的变化。

二、明确调查研究主体

（一）明确调查研究对象

领导干部主要面向的调查研究对象应包括公民、企业、相关部门、专家学者等。在正式开展调查研究之前，应明确好调查研究的范围、调查研究对象的人员构成以及调查研究的地点和时间等。在某些长期重大研究课题中，选取的调查研究对象应符合可持续性调研的要求，方便在后续的研究中，随时回访和跟踪调研。调查研究地点的选取也有两类，一类是既定的调查地点，即领导要求的固定地点调研；另一类是自由选择的调研地点。在自由确定调研地点时，应确保该地点有一定的典型性和代表性。

选取调查研究对象应坚持的原则。一是典型性原则。当无法针对调查研究问题的某一类群体进行全部调研时，就要选取具有典型性的代表进行调研。二是代表性原则。选取调查研究对象要敢于呈现问题。习近平总书记特别强调："关键是把调查研究做深做实，避免浮在表面、流于形式。要眼睛向下、脚步向下，经常扑下身子、沉到一线，近的远的都要去，好的差的都要看，干部群众表扬和批评都要听，真正把情况摸实摸透。"①

明确调查对象之后，围绕调研主题，首先，要对调查对象的基本情况进行基本的梳理。如在开展村地拆迁补偿的调研时，要对不同村社居民的基本情况和利益诉求进行了解和走访，居民的收入情况、房屋位置、拆除面积、家庭人口等因素都会影响其基本诉求，只有了解了不同的诉求，才能提出更为科学合理的解决方案。因此，调研开展之前要对调研对象进行全面了解。不同的被调研者基于不同的背景情况和利益关联，其诉求和观点表达也会有所不同，如没有进行详尽的了解，可能会对调查产生错误的引导和影响。其次，应对调查对象进行基本的分类，对于其中的重点调查对象进行关注。在确定好调查对象之后，如在调研过程中发现有必要进行调研对象的补充，可以随时对调研对象进行补充调整，使调研对象的组成结构进一步合理化。

（二）成立调查研究团队

在开展调研之前应成立相关的调查研究团队，并明确团队的领头

---

① 《习近平谈治国理政》第4卷，外文出版社2022年版，第526页。

人和人员构成，调研团队人员的选取尽可能广泛，最好来自不同的部门和利益主体，同时应吸纳相关的专家学者和技术人才。对于相对重要的调研活动，领导干部应当亲自调查，并担任调查团队的牵头人。一方面，只有领导干部亲自参与到调研中去才能对现实情况有更为深入的了解，有利于后续工作的展开；另一方面，领导干部亲自抓调查研究工作，提高重视程度，也有利于调研相关协调工作和任务的完成。部分党员干部就表示，在政府部门开展调研时，调研的质量和结果好坏，很大程度上取决于领导的重视程度和可调动的资源权限。

团队成立后，牵头人应召开组会，充分传达调研任务和主题，并给每个成员分配相应的工作任务，明确分工和职责、工作要求和时间节点等。在调研团队成立之后，首先要组织调研团队的人员进行培训，学习有关政策文件和调查主题的相关背景知识等。其次还要组织调研团队成员学习和讨论调研方案、调研计划、调研提纲和调研问卷等内容。组织调研团队进行模拟调查，以便发现和解决在实际调查中可能出现的问题。最后结合以上培训内容，进一步强调相关的规则要求和注意事项。

三、明确调查技术手段

习近平总书记一贯高度重视调查研究工作，注重调查研究方法的时代性、科学性、系统性。他曾强调："调查研究方法要与时俱进，在运用我们党在长期实践中积累的有效方法的同时，要进一步拓展调研渠道、丰富调研手段、创新调研方式，提高调研的效率和科学性。"[1]

（一）网络手段

习近平总书记强调，"各级党政机关和领导干部要学会通过网络走

---

[1] 《贯彻六中全会精神 加强调查研究工作》，《人民日报》2011年11月17日。

群众路线，群众在哪儿，我们的领导干部就要到哪儿"，要求领导干部"经常上网看看，潜潜水、聊聊天、发发声，了解群众所思所愿，收集好想法好建议，积极回应网民关切、解疑释惑"。^① 随着互联网技术的发展，如何利用互联网资源，从网络资源中了解民意，实现线上与线下的优势互补是领导干部开展调研的一个重要手段。在互联网时代，调研不再拘泥于传统的面对面的线下调研，网民规模和活跃度的快速增长，使得互联网已成为了解社会现实和民情民意的一个重要场所。而数亿网民在互联网的意见表达和行为模式，以及互联网自带痕迹和高速交流等特征，使得公众的网络实践活动都成为调研的对象，同时互联网也大大降低了调研的成本和难度。领导干部要重视网络调研手段，善于利用互联网等方式扩大调研范围和渠道，通过搜集互联网的舆论和网民的利益表达，分析广大网民行为背后的联系和实质性问题，从而了解当今互联网网民的心理特征和行为模式，掌握社会发展现实和实际存在的问题。如目前各地政府部门都会通过网络发布在线调查问卷，就相关问题进行民意调查，如政府工作满意度、对各项政策的知晓程度等，能够有效扩大调查研究的覆盖范围、降低调查研究的投入成本。

（二）大数据手段

随着信息技术的快速发展，数据的规模和复杂程度已经远远超出了人力可计算的范围，同时先进的大数据等技术手段也为开展调查研究提供了方便。这些"大数据"正是基于数亿人在互联网中的社会行为、社会互动而形成，对研究现实社会行为和问题具有重要的参考价值。通过借助互联网和新型大数据等技术手段，可以大大节约调查所

---

① 《习近平著作选读》第 1 卷，人民出版社 2023 年版，第 472 页。

需的时间成本，在快速时间内掌握与调查研究主题相关的背景知识和内容，同时发现隐蔽的社会现象和现象之下暗含的社会问题。习近平总书记曾指出："我们要根据调查任务和要求的不同，采用不同的调查方法，把微观调查和宏观调查结合起来，把定性分析和定量分析结合起来，大胆创新，多管齐下，提高调研工作的效率和调研成果的质量。"[①] 运用大数据方法，不仅包括海量的数据搜集，同时还需要运用计算分析方法，例如复杂数据可视化、仿真模拟、机器学习算法等技术手段。如 N 市特种设备检验研究院在对全市电梯运行状况进行调研时，就是通过商业智能 AI 对海量的电梯数据进行收集分析，按照调研需求选择一定的统计条件得出相应的统计结果，并进行数据结果的解读。通过大数据推算出事故电梯的分布特征，并制定相应的改善措施。

四、制定调查研究方案

（一）制定调研方案

调研方案应将全部的调研相关内容和计划形成书面内容，并加以明确。

1. 调查总体目标

首先，调研的目标是什么问题？调研要坚持问题导向，因此在开始调研之前要明确开展调研的着力点。带着问题去调查，实地调研找办法，但调查研究不应为问题预设答案，调研过程中可能也会发现新的问题，可以对调研目标进行适当调整。其次，调研的次要目标是得出什么结论？即调研的最后成果以什么形式呈现，是文稿、视频或者其他形式，不同的成果形式也对调研过程有着不同的要求。最后，调研要产生什么样的社会作用？即此次调研想要对经济社会

---

① 习近平：《干在实处　走在前列——推进浙江新发展的思考与实践》，中共中央党校出版社 2006 年版，第 537 页。

发展带来什么样的影响，最后的调研成果如何转化为指导实践的重要工具。

2. 调研对象及方法

对调研范围、地点和单位作出详细的说明和标注，对调研对象列出大致的人员名单，能够有利于调查工作顺利开展。调研方法主要包括三类：一是社会调查方法，包括个案调查、典型调查、抽样调查和普查等。二是资料搜集的方法，包括访谈法、问卷法、观察法、文献法、电话调查法和网络调查法等。三是资料分析的方法，或是数据分析的工具，常见的工具有 SPSS、Stata 等软件。

3. 调研时间节点

调查研究的时间节点也非常重要，相同的调研主题在不同的时间节点开展调研，获得的结果和反馈也不尽相同。因此，对于调查研究开展时间和阶段的选择也十分重要，将直接关系到调研的结果。此外，调研的期限也不宜过长或过短，过长的调研会耗费大量的人力物力，而过短的调研也会容易走马观花毫无收获，应力求在较短的时间内充分获得有用的信息，提高调查的效率。在确定总的调研期限后，还应列出具体的调研活动开展的日期和时间。

4. 调查工具的使用

在调研过程中常常需要借助一些工具进行记录，在不同的调研场合需要借助不同的工具，在调研方案中应列出具体使用的工具。常见的调研工具，包括笔记本电脑、录音笔、相机、问卷等。

5. 调研经费和资源

所谓兵马未动粮草先行，经费是开展调研的首要问题，应当对整个调研活动作出大致的预算，合理安排每项调研活动的大致支出。此外，调研还需要借助一定的资源来进行调研活动的对接，进行联合调查时，可以借助其他单位和部门的资源进行联系和对接，如开展课题

理论篇

性调研，则可以借助甲方单位的资源。如 N 市发改委委托相关科研机构就数字化改革问题进行调研，则可以借助发改委的资源向下级单位和基层部门搜集信息和数据，或者以发改委的名义下发调研通知，可以大幅提升调研活动开展的便利性。

6. 调研保障机制

建立行之有效的调查研究机制是确保调查研究顺利开展、产生正确效用的重要前提。应建立如下机制：一是沟通机制，确保调查研究团队内部和调查研究对象的沟通联系保持顺畅。二是协调机制，要对不同的调查研究对象进行协调组织，同时对涉及的不同相关部门进行协调。三是保障机制，为调研提供及时的经费和资源保障。

（二）拟定调研提纲

根据选定的调研主题，应提前拟定大致的调研内容和调研提纲。如采用访谈法调研时，可以提前列好相关的问题。同时，调研提纲不应过于细致，应避免僵硬死板采访式的调研方式。如关于 S 区公权力大数据监督调查的一次访谈中，在访谈前列出了大致的访谈提纲，包括以前公权力监督状况、大数据监督应用的发展历程、发展成效、现存问题等。当然，在部分调研访谈过程中，访谈者不需要或者不应该过于依赖访谈提纲，应注意在提纲的基础上进行灵活发挥，把握好访谈节奏，以确保充分保障被访谈人能够自由畅谈，从而充分获取相关问题的信息。毛泽东在《反对本本主义》中指出："所谓'调查纲目'，要有大纲，还要有细目。"① 因此，在调查提纲的撰写过程中，一般是先列大纲，再写细目，由大及小，按照事物总体和部分的逻辑关系，对其本质特征和发展规律进行分类排列。

---

① 《毛泽东选集》第 1 卷，人民出版社 1991 年版，第 117 页。

（三）调研方案的可行性分析

在制定完备的调研方案后，应对调研方案进行一个整体评估和可行性分析，评判调研方案是否科学合理。可以召开调研方案论证会，邀请相关领域的专业人士，对调研方案和调研提纲提出修改建议。此外，还可以采用其他方法对调研方案进行可行性分析。一是逻辑分析法，即用一般性的科学分析逻辑来检验调研方案和提纲；二是经验判断法，即用以往的实践经验来判断调查设计的可行性；三是实验调查法，即通过小规模的实地调查来检验调查涉及的可行性。此外，领导干部一定要对调研方案和调研提纲亲自把关审查，同时要确保调研团队详尽了解调研方案，并请调研团队自由讨论和发表意见。最后，根据评估和可行性分析的相关修改建议，对调研方案和计划进行合理调整，确保调研方案切实可行。

第二节　调查研究的实施阶段

这一阶段即通过各种形式的实际调查活动，按照调研方案实现调查计划，完成既定的调研工作任务。在调研的具体过程中要根据实际情况，因地制宜根据调查的现实需要灵活调整各步骤顺序和安排，不必拘泥于某一固定形式。

一、做好信息搜集工作

调研前的信息资料搜集工作尤为重要，调研团队的所有成员对相关调研问题并非都十分了解，因此需要依靠前期的信息搜集，充分掌握调查主题的相关背景材料，对于调研主题的相关情况有个大致掌握。此外，基于调研的主题，也需要对宏观背景和政策走向有基本的判断

理
论
篇

和把握，确保调研的结论不会和宏观趋势背道而驰，且能够为实际调研工作带来很多意想不到的帮助。

一是搜集相关政府出台的规章制度和政策文件。政府规定文件是了解相关主题最为权威可靠的渠道，搜集的范围不应局限于本地区，还要搜集市级、省级甚至国家层面的文件，同时还可以搜集其他省市地区的文件，尤其是对本地区发展具有参照意义的地区。

二是搜集相关专家学者的论述分析。不管什么调研主题，前期肯定都有非常多的专家进行过分析研究，即便是冷门问题也不乏专家学者们的前瞻性思考，且这些文章和讨论都是以书面形式发表的，内容相对来说可靠有条理，能够提供很多思路上的帮助。如 Q 市金融部门相关领导干部在开展本市金融发展形势的调研工作时，会在互联网上搜集经济学专家公开发表的论述文章，对其中解读经济形势和走向的内容进行全面梳理，然后在企业走访调研时就可以验证相关问题本地是否也存在。

三是搜集部分新闻报道。社会热点是基于事实基础实时报道的，调研主题相关的社会热点也是随时发生的，因此想要对这一调研主题有充分细致的了解，就需要对实时发生的热点新闻进行搜集。

完成搜集工作后，对搜集到的相关资料进行汇总、研判，选取其中精准有效的资料内容，作为调研的辅助资料进行分类梳理，为确定调研主题、制定调研方案等工作提供辅助依据，在调研的实施过程中，也可以随时进行查看阅览。

二、做好协调联系工作

一是下发调研通知。通过发函等方式，将调研目的、调研内容、调研方式、调研时间安排和调研要求等明确告知对方单位和部门，调研通知与调研方案有相似之处，但不能简单地将调研通知等同于调研方案，调研方案是整体的实施方案，而调研通知的目的是使调研单位知晓相关意图，更为方便高效地开展调研，因此应根据对方调研部门的情况和具体调研要求，有针对性地列出调研通知。

二是下发座谈方案。如需要召开座谈会，还应拟定具体的座谈方案，包括座谈会的主题、时间、地点等信息，并列出具体的相关座谈人员名单，拟定大致的座谈相关问题等。座谈会与访谈不同，参与人数更多，需要进行大量的协调工作，更需要提前准备和联系，因此要提前制定和下发座谈方案，明确好相关人员能否准时参加。

三是一对一的联系。除特殊的需要发文联系的情况外，也有很多直接电话进行联系的方式，直接通过电话等方式联系告知调研对象，使调研对象明确相关调研主题和访谈问题。提前沟通联系可以给对方足够的准备时间，能够让调研活动开展得更为顺利，调研获取的资料信息也更为全面。部分情况下，提前准备布置可能会导致获取不到真实情况的问题，如领导干部进行发现问题的调研时，提前告知可能导致调研对象隐瞒真实情况。相关领导干部在访谈中表示，现在的调研，基层给你看到的都是想给你看的，大张旗鼓地调研，提前打招呼安排布置好，就会很难获取真实的情况和材料。

第三节　调查研究的总结阶段

一、整理材料

调查结束后，应及时对调查所得的材料进行整理和汇总。由团队成员对调研材料进行基本归类、核实和汇总，同时借助应用统计手段和计算机对数据进行统计分析和应用简化。对于资料的整理和分析应在调研过程中就着手开始，不能等调研阶段全部结束后才开始整理，否则遇到需要补充和核实的数据材料，则难以及时有效进行补充核实。

（一）核对资料

需对整理的资料进行认真核对，从资料来源的真实性、数据信息的准确性和资料的完整性等角度进行核实，对其中不确定或错误的信息进行重新调研核对。如已离开调研地点，可采用电话等方式进行回访核查，对不完整的信息内容进行及时补充，确保信息资料的充足、准确和真实，为后续的研究打下坚实的基础。

（二）整理汇总

将调研所得的各类数据和材料集中起来，进行整理备份，并按照一定的规则将资料分类，方便在后续的分析研究过程中随时查阅，同时从分类整理中也可以大致获取对调研主题的主要信息。如有座谈或访谈等语音材料，需要进行录音的文字整理，方便后续查找和使用。

（三）材料筛选

根据调研主题和报告撰写需要，将有用的信息挑选出来，按照撰写要求对相关数据和材料进行统一筛选，把需要使用的材料按照要求分类，并对主要内容进行提炼，作为后续撰写报告的材料来源。要重点选好四种材料：一是典型材料，即最能反映事物本质的材料。二是综合材料，即面上的材料，用以说明事物总体的概貌。三是对比材料，即具有可比性的一组材料。四是统计材料，主要包括绝对数、相对数、平均数、指数、动态数列等。

材料的选择应注重"三法"：一是按照素材分类法选材用材，要分析研究内容由哪些要素组成，逻辑关系是怎样的。分清了这些要素和关系后，再根据要素分类去一点一点地找资料、用素材，增强资料使用的针对性和有效性。二是按照事物关联法选材用材，当从事新的研究领域时，往往会缺乏素材。这时，可以根据事物关联情况，从相关领域查找资料，把零碎的素材有机整合起来，为我所用。比如，统筹城乡基层党建新格局研究，是一个崭新的课题。这时可以先从统筹城乡发展方面的材料中去查找，去把握城乡党建发展规律和建设措施。三是按照论据补充法选材用材，要对调查的过程做一"回头望"，看一看被调查的人员是否反映了实际问题，素材是否全面、详细，调查座谈的目的是否达到；哪些素材有用，哪些素材备用，哪些素材还要继续调查，做到一边研究否定自己，一边深入思考补充新的资料。

二、分组归类

资料分类是资料整理的关键，根据本次调查研究的目的和任务，按照一定的规则和顺序，制定分组标志，对整理好的调研资料进行统计分组，为下一步的统计分析做准备。分组后的调研资料需制定相应的资料清单，并上传至云盘或在本地硬盘进行储存备份，以便后期研究和调研报告撰写时进行查阅。常见的分组方法有如下几种。

（一）资料分组的类型

一是按照种类属性分组，即对反映事物属性或质的特征进行的分组。二是按照数量特征分组，即按照事物的数量特征进行分组。按照数量标志分组，需反映出被研究对象的不同类型和性质差异。三是复合分组，即对所研究对象，按照两个或两个以上的标志进行分组。先按照一个特征进行分组，然后再对每一组按照其他特征进行进一步分组。复合分组在分组时，应根据研究的需要，确定不同分组标志的主次顺序，且分组标志不宜过多。

（二）资料分组的方法

首先，选择分组标志。分组标志是资料分组的依据，分组标志选择的是否恰当，直接影响到资料分组的效果。因此选择分组标志应遵循以下原则，一是分组标志要符合调查研究的主题和目的。二是要选择能够反映调查问题本质特征的标志。三是要充分考虑具体条件的限制和要求。其次，确定各组排序。选择好分组标志后，按照分组标志将调研资料按照顺序进行排序分组。最后，进行汇总整理。运用计算机等处理手段将统计资料进行汇总处理，并做好储存和备份工作。

三、统计处理

调查研究的过程基本包括调查和研究两个阶段，而研究阶段最为重要的就是对调研材料和数据的统计分析，现如今的政府公文材料和报告都越来越依靠事实说话，因此数据和图表也成了调研报告必备的内容。而数据和图表的重要来源就是对调研材料的统计分析。统计分析一般是建立在数学科学基础上，运用统计学等相关知识，借助数据分析等软件对数据材料进行分析研究。统计分析可以提出数据资料中蕴含的有用信息，使杂乱无章的数据资料更为直观系统地呈现出其本质特征和规律，也能更好地帮助领导干部获取更为有价值的信息内容，得出更为全面准确的结论。统计分析方法还可以通过建立数学模型的方式科学预测事物的发展方向，为领导进行决策提供一定的帮助和事实依据。因此，统计分析的质量在很大程度上也决定了调查研究的最终水平。

统计分析包含两个内容，一是描述性统计，即对调查所获得的大量数据资料进行系统性的描述，使原始材料从不同方面反映出其所包含的数量特征和数量关系，通过次数和比率、平均数、标准差、相关系数等计算方法对原始数据进行整理，制作直观呈现的数据和图表，从而对所得结论进行辅助论证。二是推论性统计，即在描述性统计的基础上，应用概率理论和相关经验知识，从对个案调查得出的数据信息中推断相关问题的总体情况。因为在调查研究中，很难对全部对象进行系统性调查，只能选择具有代表性的调研对象进行深入了解，因此推论性统计是推动调查研究从个性到共性的过程。

理论篇

第五讲

领导干部调研报告的撰写

普遍意义上的调研报告是在对客观事物进行深入调查后，通过科学研究掌握客观规律形成的书面报告。撰写调研报告是整个调查研究的最后环节，同时也是最为重要的环节，调查研究的成果和质量都体现在调研报告的水平上。领导干部的调研报告具有一定的特殊性，因此领导干部撰写调研报告要掌握一定的技巧和方法，一篇好的调研报告将会提升整个调查研究的最终水平和质量。

第一节　调研报告的概述

一、调研报告的定义

调研报告是基于调查研究所获得的结论和成果撰写的关于某一方面问题的书面报告，它是整个调查研究过程的全面总结，是社会调查研究成果的集中体现。对于领导干部而言，调研报告是直观呈现整个调研成果的重要材料，同时也是了解相关社会问题的直接渠道。调研报告往往用来反映具有普遍意义的或者关键性的社会问题，适用于制定方针政策、解决复杂问题、查明事件真相、跟踪重大工作项目、推介新兴事物、介绍典型经验等。① 领导干部撰写的调研报告是党政机关推动工作的重要手段，是反映社情民意的重要载体，是进行科学决策的重要依据。② 调研报告的撰写是对领导干部综合素质和能力的考验，要求他们具备扎实的专业知识、敏锐的观察力、严谨的分析能力和出色的文字表达能力，调研报告的撰写质量是体现领导干部能力水平的重要方面。

二、调研报告的特点

（一）针对性

调研报告的针对性体现在两个方面，一方面，调研报告的选题具有针对性；另一方面，调研报告的读者往往是针对特定人群。调研报告一般是针对某一具体问题展开研究的分析性报告，调研报告的题目一般与调查研究的主题高度一致，调研报告的观点提炼一般来源于调研获取的数据材料和所得出的成果。调研报告的主题针对性越强，往往分析的问题越聚焦，提出的问题和对策也更有现实价值。此外，调研报告的读者也具有针对性，我们在撰写调研报告的时候不仅要考虑自己的工作环境和身份，同时也要考虑阅览这篇报告的读者是谁，所谓"有的放矢"，才能事半功倍。调研报告的读者一般有三类，第一类是领导、决策机关和职能部门。这类读者所占的比重最大，一般领导干部撰写的调研报告最后都要呈送给上级领导和部门阅览，使其对相关调研问题充分了解，并为其决策和出台政策提供现实依据。第二类读者是相关学者和专家。他们对相关研究领域的社会调研报告有着较高的兴趣，同时对相关领域的熟悉程度也较高，对调研报告的质量要求也比较高，在调研报告撰写完成后可以邀请相关领域的专家学者提

---

① 洪向华：《大兴调查研究之风》，重庆大学出版社 2023 年版，第 189 页。
② 夏行：《调研报告的创作方法与写作技巧》，《领导科学》2014 年第 34 期。

出修改建议，充分确保调研报告的严谨无误。第三类读者是一般群众。部分群众也会阅览感兴趣的问题调研报告，这类报告一般对保密性和敏感性有一定的要求。针对阅览的读者不同，报告撰写的侧重点、选取的题目和语言措辞风格也不尽相同，应在撰写调研报告之前就明确对应的读者，并采取针对性的方式进行撰写。

（二）实证性

调研报告与一般研究性文章最大的不同就在于调研报告是基于调查研究所撰写的报告，具有实证性质，即通过对研究对象大量的观察、实验和调研，获取一手的客观材料，从个别到一般，归纳出事物的本质属性和发展规律。因此，调研报告需要对社会现实进行正确的调查研究，正确反映社会问题，提出正确的原因分析和对策思路，用事实来说话是调查研究最基本的要求。实证性就是领导干部在调查研究过程中坚持实事求是原则的具体体现，因此调研报告作为社会现象的研究性材料，必须忠实地反映社会现象的本质属性和真实面貌，不得有任何弄虚作假，必须坚持以充分的、全面的、客观的、准确的社会事实为依据，正确使用调查研究所得的材料和数据，并提炼总结出中肯的观点，分析得出相应的原因和结论，并用以指导实践。客观事实是调研报告赖以存在的基础，是调研报告的生命；实证性则是调研报告的基本特点。[1] 在撰写调研报告时，必须坚持实证方法，尽可能地获得一手材料，并确保这些材料的真实性、完整性，在提炼观点的时候不妄下结论、不违背事实，坚持实事求是的观点，充分正确地反映社会现实。

---

[1] 吴增基、吴鹏森、苏振芳主编：《现代社会调查方法》，上海人民出版社 2018 年版，第272 页。

（三）时效性

当前社会发展日新月异，经济社会方面的问题变化较快，因此研究相应社会问题的调研报告具有很强的时效性。调研报告要及时发现问题、总结原因并提出相应的对策，不能等问题扩大或已经解决了才着手，要注重在问题萌芽状态抓早抓小，在发展阶段找准症结，在发生前及时遏制。在调查研究阶段就需注意提早谋划研究主题的创新性和时效性，同时在调查研究结束后，要在较短时间内完成调研的总结和调研报告的撰写工作，及时将调研报告呈送上去。一旦调研报告延误了时间、错过了时机，不能及时回答人们迫切需要了解的问题，就可能成为"马后炮"，也就失去了相应的社会价值和研究意义了。

第二节　调研报告的类型和结构

一、调研报告的类型

调研报告按照不同的划分方法可以分为不同的种类，比如按照调查范围划分，可以分为综合性调研报告和专题性调研报告；按照调查内容划分，可以分为介绍性调研报告和问题类调研报告；按照应用范围划分，可以分为应用性调研报告和学术性调研报告。领导干部调查研究涉及的常见调研报告有如下几种：

（一）经验启示型

经验启示型调研报告是指对某一地区较为先进和突出的经验和事迹进行总结介绍，最终目的是使其能够上升到一般问题，并尽可能进行推广。此类报告选取的调研对象要具有代表性和创新性，能经得起实践的检验，符合党的方针政策，同时能对其他地区具有参考和借鉴意义，或者对决策具有参考价值，对具体工作能起到指导和促进作用。撰写经验启示型调研报告时要力求真实客观地反映调研对象的现实情况，在描述客观面貌的同时总结出其特色亮点，扼要提出其成功的经验或失败的教训和原因，概括总结其值得推广的价值和具体作用。如N市相关部门就高校服务乡村的建设模式进行调研，总结出不同高校的乡村服务模式，并对不同服务模式的经验做法进行横向比较，分析其中存在的问题并提出进一步提升的对策建议。

（二）发现问题型

发现问题型调研报告是指对某一现实社会问题进行揭露和反映，查清现实并究其根本原因，为上级部门了解情况、解决问题、作出决策提供现实依据，同时通过调查可以引起社会的重视，从而提高认识、引以为鉴。按照问题介入的时间可以大致分为几类，一是在问题暴露之前提前发现问题；二是在问题发生时进行介入调查，以期将问题进行及时化解；三是在问题已经结束后，进行事后调查，找出问题发生的原因和关键，总结经验教训，并提出事后的解决方案。发现问题型调研报告，最好是第一类，即在问题发生前或者刚露出苗头时就能予以遏制，防止扩大化。如N市相关研究人员针对本市春夏之交青少年心理危机事件多发的问题进行走访调研，分析产生此问题的原因，从源头预防、精准发现、有效干预、保障支撑等机制建设提出对策建议。此类调研就是在青少年心理危机问题出现的苗头时期就及时进行调研发现，并撰写调研报告报送相关领导，得到了市委、市领导的批示肯定，有效缓解了青少年心理问题的进一步扩大。

（三）一般认识型

一般认识型调研报告主要指就某一主题或者在某一地区进行基本

情况的摸排和了解，通过对基本情况的深入、系统调查研究，能够加深领导干部对某一问题的了解和认识，从而对发展形势作出正确的评估和判断，并对即将发生的事态及时采取相应的政策。如 N 市金融监督管理局会每个季度做一次本市金融发展情况的调研，会把相关金融机构如分管业务的副行长等召集到一起，就相关问题进行座谈，可以常规性地了解本地金融发展的基本趋势，有助于下一步工作的开展和政策制定。

（四）专题政策型

专题政策型调研报告主要指对即将出台的政策文件，到基层进行相应情况的了解。其主要作用是为正确制定政策或正确执行政策服务，因此，在此类报告中，不仅要对基本情况进行系统深入的总结介绍，还要对相应政策提出后的作用和影响以及成效进行详尽的论证，提出具体的对策或建议。如《N 市进一步促进科技创新加快创新型城市建设若干政策（2023 版）实施细则》出台前，相关部门就 N 市科技创新发展状况作了细致深入的调查研究，为政策制定提供了大量材料和现实依据。

二、调研报告的结构

调研报告的结构可根据研究问题和研究目的的不同作出相应的安排，因此调研报告没有通用的模板和固定的结构，撰写调研报告也不提倡千篇一律、照猫画虎，要尽可能地创新求变、灵活运用。但与此同时，由于某种约定俗成的习惯和为了阅览的方便，不同的调研报告在结构上具有一定的共性。一般来说，调研报告由标题、前言、正文、结尾四个方面组成，部分调研报告还会有附录等内容。

（一）标题

俗话说"题好文一半"，一个好的标题能够对整篇文章起到画龙点睛的作用，应用高度概括的文字表现出明确的主题，同时要具有一定的特点，能够在表明信息的同时吸引人们的注意。常见的标题形式有如下几种：

①平铺直叙式。直接陈述调查的主题作为文章的标题，如《关于提升营商环境的调研报告》《关于推进农业高质量发展的对策研究》等。这类标题直接指明了调查对象，概括了报告主题，比较客观、简明，多用于综合性、专业性较强的调研报告，其优点是主题明确且较为规范，缺点是很难有特色。

②结论判断式。如《法治是中国梦的制度基础》《改革创新是新时期党的建设的鲜明特征》等。这类标题既表明了作者态度，又揭示了报告主题，比较吸引人，多用于政策研究、总结经验、支持新生事物等类型的调研报告。

③提问式标题。即将调研的问题以疑问的方式作为文章的主题，如《如何确保粮食生产稳定发展》等。这类标题将调研的主要问题开门见山地抛出，可以让读者快速抓住报告的主旨内容。

④双重式标题。正标题一般采用常规文章标题写法，副标题由调查对象、调查课题、文体名称组成。如《重大城市事件对区域开发的作用分析——对两江北岸区块开发触媒选择的思考》《探索构建具有特色的社会管理体系——B区加强和创新社会管理的实践与探索》等。这类标题虽然比较长，也比较复杂，但可以综合多种标题的优点，因而也是各种调研报告中使用比较多的一种。

（二）前言

前言即调研报告的导入部分，力求开门见山，提出研究的问题，让读者能够迅速掌握调研的主题和相关背景，对其基本状况和发展历史等有一个清晰的了解。撰写前言常用的方法包括：

①主旨陈述法，即在前言中着重说明调查的主要目的和宗旨。比如《中国（上海）自由贸易试验区建设对 A 市的影响和对策建议》的前言："2013 年 8 月中国（上海）自由贸易试验区由国务院批准设立，这是党中央在新形势下推进改革开放作出的重大决策。A 市与上海地域相邻、人缘相近、文化相通、经济相融，中国（上海）自由贸易试验区的设立和建设，必将对 A 市中长期发展产生复杂而深远的影响。A 市如何正确认清形势，准确把握自身定位，积极应对和主动参与上海自贸区建设，对于创造发展新优势、实现现代化国际港口城市新跨越具有重要意义。"这个开头，对于调研的背景、目的、意义作出清晰的表述，有利于读者准确把握调研报告的主要宗旨和基本精神。

②情况交代法，即在前言中着重说明调查工作的目的、时间、地点、对象、方法等具体情况。比如《鼓励和引导民间资本投资社会事业对策研究》的前言："为深入了解我市民间资本投资社会事业领域的现状，找准民间资本进入和民办机构运营存在的突出问题，更好地促进民间投资，推动我市社会事业的进一步发展，市发改委、市委政研室、市咨询办联合成立调研小组进行了专题调研，形成了本调研报告。为了突出针对性和目的性，本次研究的社会事业主要涉及教育、医疗、文化、体育和养老等五个领域，民间资本指非国有资金投入的资本，主要包括以国内居民个人或私营企业为主体的投资，以及以外商和港澳台商为主体的外商投资。"这种写法，便于读者对调研的目的、方式、对象等具体情况有一个直观的了解。

③结论现行法，即在前言中先简要说明调查的基本结论。比如《Z 区创新驱动发展战略研究》的前言："党的十八大明确提出'科技创新是提高社会生产力和综合国力的战略支撑，必须摆在国家发展全局的核心位置'，强调'实施创新驱动发展战略'。对于 Z 区来讲，在资源、环境、劳动力成本等制约加大的背景下，只有摆脱传统发展路

径依赖，强化创新驱动发展，才能全面贯彻党的十八大精神，实现科学发展、持续走在前列的奋斗目标。"这种写法，开门见山，直奔主题，有利于读者对调研报告的观点一目了然。

以上几种常用的前言，写作时不论采用何种方法，都要简明扼要，具有吸引力，便于引出下文。

（三）正文

正文为调研报告的核心部分，是前言的引申展开也是结论的根据所在。内容一般包括三个方面：一是调查到的事实情况，包括事情产生的前因后果、发展经过、具体做法等；二是研究、分析事实材料所揭示的事物本质及其特点、规律；三是提出具体建议或应采取的一些具体措施。正文部分内容丰富，结构安排力求条理清晰、简洁明快，主要有两类安排方式：

①按照逻辑关系安排结构，有纵式结构、横式结构、纵横交错式结构。纵式结构，即按照事物发展的起因、经过、结果来写，一般多用于事件调查性报告，就是按照事物发展的历史顺序和内在逻辑来叙述事实，阐明观点。横式结构，是把内容进行并列排放、分别叙述。横式结构多用于经验型调研报告，就是把调查的事实和形成的观点，按性质或类别分为几个部分，并列排放、分别叙述，从不同方面综合说明调研报告的主题。纵横交错式结构，就是纵式结构和横式结构结合使用的方式，既有利于按照历史脉络讲清楚问题的来龙去脉，又有利于按问题的性质或类别分别展开论述，因此，许多大型调研报告的主体部分往往采用这种结构。

②按照内容安排结构，包括："背景意义—现状成果—存在问题—对策建议"式结构，多用于综合性调研报告，也是领导干部最为常用的一种；"情况—成果—问题—建议"式结构，多用于反映基本情况的

调研报告；"成果—具体做法—经验"式结构，多用于介绍经验的调研报告；"问题—原因—意见或建议"式结构，多用于揭露问题的调研报告；"事件过程—事件性质结论—处理意见"式结构，多用于揭示案件是非的调研报告。

（四）结尾

结尾也称结束语或结论，调研报告可以有结尾部分也可以不写结尾部分。一般而言，有五种写法：

①概括全文，明确主旨。即根据调查的情况，概括出主要观点，进一步深化主题，增强调研报告的说服力和感染力。

②总结经验，形成结论。即根据调查的情况，总结出基本经验，形成调查的基本结论。

③说明危害，引起重视。即根据调查的情况，说明问题的严重性、危害性，以便引起有关方面的重视。

④针对问题，提出建议。即根据调查的情况，指出存在的问题和不足，提出弥补或改进的具体建议。

⑤展望未来，说明意义。即根据调查研究的情况，由点到面、由此及彼，开阔视野、展望未来，指出有关问题的重要意义。

无论采用哪种形式，都必须简洁有力，切忌拖泥带水，画蛇添足。

第三节 调研报告撰写的原则

一、生动语言和严肃主题相结合

调研报告一般作为公文需要呈送给领导阅览，行文需要严肃得体，不能过于散乱无章，但如果过于死板，也会使文章失去活力和可读性，使人读之无味、提不起兴趣。因此调研报告的撰写，需要雅俗得体，既要体现"阳春白雪"式的宏大主题，也要展现"下里巴人"的具体情况。力求语言生动，同时也要避免陷入使用官话套话，善于运用平实生动的语言，善于运用群众读得懂看得明白的语言风格。出彩的调研报告就是要在运用群众语言上下功夫，用老百姓的话说老百姓的事，力求语言的准确性、生动性、形象性。[①]

二、客观原则与具体情况相结合

调研报告首先要服务于政策的大局，在这个基础上对现实问题进行分析和总结。首先，要服务发展大局。在撰写之前，要对相关主题的报告和政策材料进行深入细致的研究，审时度势，坚持全局意识，调研报告要服务社会经济发展的大局，符合宏观政策的走向趋势。立足全国甚至全世界的发展情况，看本地的问题和发展，找准报告的基本定位和发力点，重点把握"牵一发而动全身"的问题选题，找准问题的难点堵点，找到工作的突破口。其次，要立足本地发展实际。调研报告最终的目的还是推动当地的社会经济发展，因此，在服务宏观政策的同时，还要因地制宜地找准本地的特色。最后，要坚持客观中立的原则。领导干部撰写调研报告要避免闭门造车和先入为主，不能为了写报告而写报告，带着已有的观点而无视事实、敷衍了事。同时要正视客观存在的问题，不能只报喜不报忧。

三、语言凝练与行文逻辑相结合

领导干部的调研报告力求语言精练、言简意赅，同时也需要具有一定的深度。首先，调研报告力求语言精炼准确，不同于其他文学作品的辞藻堆砌，调研报告要求篇幅短小、简明扼要，在不影响表达和

---

① 余爱民、张力丹：《如何写好调查研究报告》，国家行政学院出版社 2023 年版，第 165 页。

理解的前提下去除无用的冗句、冗词，避免口语化的词语表达，避免同义反复的车轱辘话，尽量不要使用长难句和复杂句式。同时，区别于其他普通调研报告，领导干部的调研报告应基于事实判断，提出直接的对策建议。其次，调研报告的逻辑层次要层层递进和分明。每一部分的结构尽量层次分明，小标题能够概括出段落的核心观点，以总分的形式展开，即先提出观点和结论，再辅以分析和材料。最后，调研报告要有深度。调研报告是基于事实的观察对事物运行基本规律的判断和推论，因此，调研报告是透过事实表面背后的本质形态和因果联系的分析，必须具备一定的深度思考，向深层次思维，从调研材料的收集到调研报告的形成，基本要经过"生动的具体—科学的抽象—概括的具体"的过程，通过科学的抽象环节对事物发展阶段和基本问题进行本质的阐述，提升整个报告的深度。

四、材料真实和思考深度相结合

首先，调研报告的撰写要基于调查所获得的真实材料和数据，反映现实是调研报告的首要要求。领导干部的调研报告更要用事实说话，其根本特征就是实事求是。所谓的事实，就是要多用数据材料等内容，以图表等更为直观的形式进行分析对比，要求真实的、典型的案例和生动的故事，这样才能达到以理服人、以情动人。撰写调研报告的基础是从基层现场调研获得的一手材料，而不是在办公室里从材料到材料。只有进行了深入细致的调查研究，才会对调研对象和调研报告主题有更为客观准确的把握，更好地明确材料的使用和取舍。其次，调研报告的撰写要对材料进行一定的筛选，选择可靠的材料能够充分保障调研报告的质量。在撰写过程中，材料的呈现具有一定的规律和特点。要做到整体数据和情况与典型案例相结合，在总结成绩或者反映相关问题时，先总结本地的整体情况，然后选取个别生动的案例进行列举，在保障整体情况清晰明了的同时，也增强了调研报告的生动性和真实性。要做到观点表达和事实情况相结合，要基于调研事实使用材料，更要根据调研报告的主题选择材料，材料数据要服务于观点的表达和结论的判断，切忌提供的数据材料与结论不符或无关。要做到代表性和普遍性相结合。选取的材料要具有针对性、典型性和说服力，但同时不能脱离整体的基本情况。最后，调研报告的撰写要通过分析和研究，从调查研究获得的海量数据和材料中，得出基本的联系和规律，掌握表象之下蕴含的深层次的问题。调研所获得的材料和数据往往只是对现象的描述，缺乏深层次的思考，这就需要领导干部在撰写调研报告时，要基于材料又必须跳出材料，呈现数据同时又不能只摆数据，避免泛泛而谈。

五、行文速度和文章质量相结合

一般调研主题都是为了解决某一问题或者就相关政策的出台提供现实依据，因此调研报告具有很强的时效性，要求领导干部在实施整个调研的过程都要高效，尤其是调研报告的撰写。需要在保障报告质量的前提下，尽快完成对调研数据等材料的分析研究，将调研结果呈现在调研报告中。一般的主题内容，调研的整个过程不能拖得太长，要高效迅速地完成调研过程，得出相应的调研结论，一般大的主题不要超过三个月，常规的主题不要超过一个月，而比较紧急的问题则更需要提高效率。调研报告的撰写和呈送都需要把握准时机，在确保调研报告质量的前提下，在合适的时机报送会取得更为突出的效果。如在上级党委和政府部门对相关问题较为关注或相关问题引起了较大的社会讨论时，呈送相关调研报告会获得更多的关注，并能够为解决问题及时提供相应的思路。而一旦错过相应时机，调研报告就成了"明日黄花"，失去了应用价值和意义。

第四节　调研报告的应用转化

在学习贯彻习近平新时代中国特色社会主义思想主题教育工作会议上，习近平总书记强调："注重调研成果转化运用，在调查的基础上深化研究，提高调研成果质量，切实把调研成果转化为解决问题、改进工作的实际举措，防止调查多研究少、情况多分析少，提出的对策建议大而化之、空洞抽象、不解决实际问题。"① 开展调查研究，最终目的就是解决现实问题、更好指导工作、推动社会发展。全面建设社会主义现代化国家伟大实践是调查研究深入开展的广阔天地，也是检验、评价和运用调研结果的重要平台。因此，调研成果的应用转化是调研活动最为重要的阶段，同时也是最容易被忽视的阶段。很多领导干部认为调研报告提交给领导就是调研完成了，缺乏后续的落实转化机制。

一、调研报告的论证修改

调研活动完成后，要针对调研结论和成果开展充分深入的论证。调研报告是呈现调研成果的主要方式，调研报告的质量也决定着调研成果转化的成效。因此，在报告撰写完成后，有必要对其进行深入论证，邀请相关专家学者对整篇调研报告内容的正确性和合理性进行综合评估，并提出修改意见和建议。针对调研报告的论证分析，重点应关注几个方面内容：一是调研报告的主题是否偏离了调研初衷。二是调研报告的内容是否符合实际，是否有违背现实情况的表述，提出的问题是否精准。三是提出的对策建议是否具有科学性，针对问题提出

① 习近平：《在学习贯彻习近平新时代中国特色社会主义思想主题教育工作会议上的讲话》，人民出版社 2023 年版，第 13 页。

的整改措施是否真正有效，调研成果转化运用为方针政策是否具有可行性，以及提出的创新举措是否具有可推广价值等。

可以邀请参加调研报告评估的相关人员包括，一是主题相关的资深专家学者，提供理论层面的论证评估。二是具体负责调研相关主题工作条线的工作人员，可以从工作实际出发评估具体内容的合理性，可以做具体内容的补充。三是被调研对象的代表人员。被调研对象是对调研报告的真实合理性最清楚的，在领导干部开展的调研工作中，尤其是针对其他部门的调研，调研报告完成后要预先征得对方的同意。如特殊情况或条件所限无法召开论证会，也可以将调研报告以书面的形式线上提交给相关人员进行审核，并提出修改意见。论证环节结束后，应按照论证会提出的意见尽快完成对调研报告的修改工作，如被认定调研报告主题不符合则需要重新更换主题。鉴于调研周期较短和调研主题的时效性，需要尽快完成修改工作，将修改后的调研报告提交给相关领导和部门。

二、调研报告的分类筛选

调研报告或成果的应用转化是开展调查研究的根本目的，只有推动调研的成果真正落地，才能保障调研的实际效用真正得到有效发挥。应充分认识到调研成果转化这一"后半篇文章"的重要性，提高调研报告的质量、高效完成调研报告的提交和论证修改、推动调研报告的应用转化。应分领域、分层次、分时段进行调研成果分类筛选，明确不同调研成果的应用范围和后续实施方案。对于反映问题类的调研，应针对调研中反映和发现的问题，进行逐一排查梳理，经有关人员核实确实存在相关问题后，形成问题清单、责任清单和任务清单，责成相关单位和部门工作人员，逐一列出解决措施和整改期限。对于短期内能解决的小问题，要求其限时整改。对于一时难以解决、需要持续推进的顽疾，则应明确整改目标，紧盯不放，一抓到底。此外，对于比较成熟的调研成果，及时报送政策研究机构，为各级党委政府形成决策参考。对于已经形成举措、落实落地的成果，及时进行跟踪评估。对于有应用价值但尚待完善的成果，督促进行持续性完善。推进调研成果转化制度建设，不断优化问题发现、对策建议、成果转化流程，积极探索调研报告向工作决策转化落实的有效路径。对于调研发现的经验做法，要注重归纳共性、及时推广。对于调研发现的问题矛盾，要注重摸清情况、提实对策。做好调研成果转化的督查回访和评估考核工作，强化多部门协同，真正推动调研成果转化见行见效。

但并不是所有调研活动都会形成调研报告，对于调研中提出的工作思路和建议，部分调研的成果会转化为实施意见、政策或领导的讲话等，在会议上进行部署；或者进一步转化成下一步工作的项目规划等。要让调研形成思路，思路形成规划，规划形成项目。

三、建立调研成果转化长效机制

调研成果转化运用的效果离不开转化机制的建设，只有形成科学高效的制度化运作机制，才能确保调研成果的高效运用转化。应建立一系列工作落实制度，采取行之有效的方式方法拓宽成果转化运用渠道，通过为治理决策提供服务、为业务工作解决难题、为改革发展提供思路、为治理体系和治理能力现代化提供参考资料和数据，使调研成果实现价值最大化。

一是健全沟通协调机制，搭建信息资源共享平台。进一步规范统筹调研内容和形式，推动调研内容协同组织、有序开展，确保调研形式条块互动、点面结合。推动建立条线内调研参与制度，推动同系统各层级围绕同一选题开展调研交流。搭建内部调研报告共享平台，对其中不涉密的调研项目及成果进行内部共享。常态化组织调研技巧分享会，推动领导干部进行经验心得交流、互相学习调研方法和技巧。二是健全跟踪监管机制。对成果转化运用中遇到的新问题、出现的新情况进行深入分析研究，对成果转化运用的总体成效进行系统评估，在前期调研的基础上持续深化，健全"调研开路—科学决策—回应诉求—滚动解决—督查督办"的结题链条。三是建立健全反馈机制。以成果转化的具体实际情况，检验调研工作的质量和效果，总结经验、发现问题、查找不足、改进工作，进而提高调研的整体水平。领导干部应定期对调研对象和解决问题等事项进行回访，注重发现和解决新的问题。四是健全综合考评机制。领导干部要坚决贯彻落实"四不两直"调研方式，大力弘扬勤勉务实、实事求是的优良作风，力戒形式主义、官僚主义，努力在调研中锤炼过硬作风、树立良好形象。要树立科学合理的选人用人导向，将调研成果转化纳入各级党员干部的综合考核机制，把成果转化运用作为评价调研质量的重要标准，引导调研工作更具问题导向、目标导向，更加关注实用价值。

第六讲

正确认识和处理调查研究的几对关系

习近平总书记曾在《之江新语》一书中指出："调查研究是一门致力于求真的学问，一种见诸实践的科学，也是一项讲求方法的艺术。"[①] 不科学的调查研究会干扰人们对客观世界的认识，进而会导致决策不当、执行不畅。因此，对调查研究的知识体系、方式方法具有一些基本的、正确的认识和了解，既是动手做调查工作的前提，也是形成高质量研究成果的需要。[②] 领导干部做好调查研究，要格外注重正确地、全面地、辩证地认识和处理几对重要关系。

第一节　传统调研与新型调研

要进行正确的调查研究，就要懂得这门学问的门道、掌握这门科学的规律、习得这门艺术的方法。领导干部要做好调查研究，既要坚守党的优良传统，又要坚持与时俱进。坚守党的优良传统，就是说要学习好、传承好、发展好调查研究这一将党的事业从胜利推向新的胜利的传家宝。坚持与时俱进，就是说适应形势发展变化，不断开辟新

---

① 习近平：《之江新语》，浙江人民出版社 2007 年版，第 166 页。
② 廉思：《走出书斋，深入基层，在实际生活中"望闻听切"——〈如何有效开展调查研究〉序言》，《支部建设》2020 年第 3 期。

思路，开辟新范式，开创新方法。两方面的有机结合，相得益彰，是搞好调查研究的具体方法论要求。

调查研究的具体方法非常多，我们党在长期实践中形成了召开调查会、开展座谈、走访调查、蹲点调查、解剖麻雀等多种调研方法。传统调研方法的主要特点和优势包括以下几个方面：一是形态成熟，传统调研具有悠久丰厚的经验积累、实践积淀，且组织形式、操作手法比较为广大党员干部所驾轻就熟地掌握，也是在实际调研工作中最普及、最常见的工作方案。一说到调查研究，党政系统内的调研实施者接近条件反射一样首先映入眼帘的实施方法就是得到充足实践检验且不断在不同时期逐步升级迭代而形成的传统调研方法。二是接受度高，传统调研方法在社会层面、基层和人民群众中，也是接受度非常高。对于很多受访和受调研对象来说，调查会、座谈等与日常聊天并无大的区别，也在心理上认同是党员干部密切联系群众的一项常态工作，所以接受度、配合度基本是非常有保证的。三是"经济实惠"，传统调研方法组织实施起来，无论是在具体的操作方案设计，还是在所需投入的财力物力成本上，都具有经济性，也可以说是最"物美价廉"的调研形式。这也是为什么一般性的调查研究，基本把传统调研方法作为首选形式的原因。四是灵活度高，传统调研方法大多是当面调研的形式，在结构性、原则性的调研方案之外，还可以根据现场即时情况，进行灵活性的调整、跟进和补充。这就方便在调研开展之时，随时优化完善调研思路，充分发挥调研主体的主观能动性，让调研活动在顺利推进与调研方式方法不断优化之间，取得相互促进、相得益彰的效果。五是自主性强，传统调研方法基本上不需要借助外力，党员干部只要明确调研目标和总体实施方案，基本上都可以独立开展，较少需要通过服务外包、与第三方机构合作、借力外部专家等来辅助进行调研。这一点可以让调研更容易轻装上阵。

现代社会科学也发展出许多不同的调研方法，例如民族志、案例研究、问卷调查、实验研究、统计学研究、大数据分析、Python 等信息软件调查。当代领导干部应对这些方法有一定的了解和掌握。新型调研方法的特点和优势有以下几个方面：一是科学性强。新型调研方法拥有更科学严谨的认知学、方法学的学理支撑，如试验研究、统计学深度研究、大数据分析等，能够以更足量的调研样本、更庞大的数据库规模、更体现因果关系的研究路径、更定量化的调研形态，来提高调查研究的可靠性、精准性。二是中立性强。新型调研方法可以很大程度上排除人为因素的干扰，如使用现有数据收集和分析软件进行的调研，可以极大程度地规避调研主体的长官意志、主观偏见、前置理解、经验主义等。从反面说，一些经过科学性检验的现代调研方法，可以排除掉一些先天调研主题设置不当、调研方向不明因而根本无法寻求因果关系、调研关键事项不具备客观"人、事、物"对应性的一些假调研、虚调研。三是针对性强。新型调研方法往往能够利用既有的案例事件、数据信息等进行现成的分析研判，减少了另起炉灶启动针对性不强的"广撒网"式调研的概率，可以大大降低调研实施主体的任务强度，同时可以快速获取核心信息，为后续调研成果的形成争取更从容的时间。四是更具专业深度。新型调研方法较之传统调研方法的一个重要优势是，前者的调研强度更大，可以获取更具深度、更透彻的调研认知。如多维数据画像这一调研方法，可以通过成千上万个数据点，对特定调研对象进行近乎全息的观测感知。这无疑可以帮助调研走向更具纵深、更近客观真实的理想层面。

无论传统调研方法还是新型调研方法，都各有其优势的方面，但片面强调任何一种的适用面、科学真实性、经济成本优势等，都是不恰当的。正确处理好传统调研与新型调研的关系，需要注意以下几个方面。

理
论
篇

首先，领导干部要有追求传统调研与新型调研相结合的意识。领导干部在调查研究中，要同时掌握和利用好"传家宝"与"新利器"。领导干部对传统调研方法要继承好、使用好、发展好；同时对新型调研方法要善于学习、勇于尝试、去伪存真，不断甄选摸索出适合本地本部门和各类调研活动的适用方法和工具。传统调研与新型调研方法之间是相互支撑、相互补充、交叉印证、各具优势的关系，绝对不可厚此薄彼，不能犯方法论上形而上学和教条主义的毛病。在一项调研活动中，可以根据调研不同环节、任务性质、调研对象特性等，选择合适的调研方法，更可以将两者进行有机结合，最大化地谋求调研成效。

其次，继承和发展好党的传统调研方法，是开展好调查研究的基本功。党的光辉历程和丰功伟业，始终离不开调查研究这个"传家宝"。传统调研方法，对于我们整个党来说，是运用自如、得心应手的，但对具体一个部门、组织或党员干部来说，却不见得能够熟练掌握运用。毛泽东在《反对本本主义》中对调查的技术总结如下：一是要开调查会作讨论式的调查；二是调查会到些什么人；三是开调查会人多好还是人少好；四是要定调查纲目；五是要亲自出马；六是要深入；七是要自己做记录。① 这 7 个方面的调研方法、态度、手段，甚至是技术细节等，毛泽东都考虑得无比周全翔实，对调查主体、对象、过程阶段等多个方面的情况都做了最务实的思考。实事求是地说，在我们现实的调研工作中，能够完全做到这 7 个要点的，比例可能不是很高。这就告诫我们，对党的传统调研方法，要长存谦卑崇敬之心。它恰恰是调研任务得以顺利开展，调研收到实效的基本保障。要真正把我们自己的"看家本领"烂熟于心，掌握好调查研

---

① 《毛泽东选集》第 1 卷，人民出版社 1991 年版，第 116—118 页。

究这个"看家本领"。

再次，真正运用好传统调研，才能选准新型调研方法。领导干部着手开展的调研，一般都是复杂程度较高的事务。特别是随着改革进入深水区，改革面临各种各样的难度与阻力，每个领域都存在利益交织和博弈。在这种情况下，只有在做好识大局、看大势、辨主流、分缓急、顾平衡的综合性调研、传统性调研的基础上，才能把握住调研业务的主要矛盾和矛盾的主要方面。也才能在此基础上，根据业已建立的基础认识，来有目的、有侧重地甄选出对路管用的新型调研方法。否则，奉行"工具主义"，将时髦的新方法奉为圭臬，把技术性手段当作调研的出发点，一定会将调研引向歪路。

最后，新型调研方法是领导干部调研跃向高水平的法宝利器。如果说传统调研可以起到管方向、理脉络、明大局的作用的话，新型调研方法就可以在此基础上，将调查研究引向更高水平。一是新型调研方法，如新媒体介质的统计、大数据的运用等，可以更经济高效地扩大调研范围、实现更大的样本数量，使调研基础更扎实可靠。二是新型调研方法有助于排除一些主观因素，扫除调研盲区，如通过抽样调查的方式可以发现典型调研法可能忽略的某些个案。三是新型调研方法多以定量化的结果呈现出来，可以让调研成果更具比较参照、评价衡量、预测趋势的价值。各级党员领导干部在开展调查研究的过程中，不仅必须以实际问题为导向，而且要以改革创新的精神主动适应当今社会的变化，丰富开展调查研究的渠道和途径。值得注意的是，随着现代科技的不断进步，互联网、大数据、云计算的迅速发展，世界已经进入了大数据时代。大数据等新型信息形态，作为一种十分重要的战略性资源，为国家治理带来了新的机遇，在推动公共决策科学化民主化、公共服务精细化人性化、公共管理透明化高效化、社会治理精准化法治化等方面发挥着重要作用。近年来，电话调查、网络问卷、手机问卷等各种调查研究方法在商业研究、社会科学研究等领域越来越普及。各级党员领导干部在开展调查研究的过程中，要根据具体的调研问题和实际情况，灵活选择和有效运用各种调查手段，从而提高数据搜集和情况掌握的全面性和准确性，提升决策制定与执行的科学性和有效性。

第二节　实地调研与理论研究

领导干部的调查研究工作任务，是由务实性调研与抽象性研究两方面组成的，在现实中主要体现为实地调研与理论研究。从目前领导干部开展调研活动的切实情况来看，有调查不够的问题，也有研究不够的问题。从某种程度上讲，后一个问题更突出。

实地调研，是党员干部调研最熟悉的、最受青睐的调研方法。它的主要特点有以下几个方面：一是实地调研更接近"全量信息"。实地调研可以发现在办公室里、在文件材料上所不能感知到的许多一线情况、一手信息、实时变化、人员情绪、复杂局面等。不亲临一线和现场，干部收到的都只是间接经验，与复杂多变、形态庞杂的现实情况，中间经过了不知几何的删减压缩、变形扭曲。这也是"闻名不如见面"朴素真理在调查研究领域的一个展现。而且非实地的所有感知来源，从本质上说都是"语言型"的，如文件报告、媒介资讯、统计数据、视听材料等，统统都是语言型信息的不同具体形式。这就无法逃过由此带来的"语言学陷阱"——正如20世纪最伟大分析哲学大师维特根斯坦所深刻指出的，语言不是万能的，语言不能如实地描绘一切，甚至有许多现实证明，有着并非少数的状况，恰恰是语言无法道说的。二是实地调研是检验主客观是否相符的试金石。实地调研可以通过最直观的方式，来获取一项调研活动是否具有必要性、调研主题是否符合时代要求和群众关切、调研手段是否在"真实生态"中可行的认知。实地调研，可以防止我们党员干部"躲进小楼成一统"，倒逼调研沿着实事求是的方向开展。三是实地调研可以及时纠偏。通过实地调研，可以及时发现原有调研方案有偏差、有缺陷的一些设想，有助于及时纠偏，让调研总体任务执行不翻车、调研方向不进死胡同、调研成果不凌空蹈虚。四是实地调研本身就是在走群众路线。调研众所周知和公认的一个优势是，可以无形中践行群众路线，听群众之所盼，摸民情之冷暖，在调研中自动密切联系了群众，增进了党与群众的鱼水感情。

理论研究，是党员干部调查研究最浓缩、最理性的部分。从调查研究的主题框定、目标初设、方法选择、因果关系构建，一直到调研报告的科学分析总结、理性反思、对策建议贡献等所有阶段，理论研究都始终占据着指导和支撑的角色、地位。缺乏过硬的理论研究，党员干部调查研究就失去了灵魂，很多时候甚至变成漫无目的的瞎忙。总体来看，理论研究的几大特点和优势包括如下几个方面。一是理论研究为总体调研指明方向。理论研究可以帮助调研本身立难题、把准方向，理论研究可以通过较为扎实的前期文献梳理、既有改革经验和工作路径的掌握、事业发展的时代趋势把握，来为调研主题是否具备真实价值、调研方向是否切合党和人民需要做好理性把关。二是理论研究有助于为总体调研省力气。过硬的理论研究，让调研活动的具体实施更顺畅，只有以强有力的科学指引，在操作层面最大程度减少甚至规避走弯路，调研工作才能事半功倍。三是理论研究牵引总体调研水准实现突破。有理论性成果追求的调查研究，调研本身才更能沉下去，调研成果才更能体现科学真理性，调查研究及其成果才更能取得和展现指导实践、改进工作、推进发展的威力。

领导干部正确处理好实地调研与理论研究的关系，必须在以下事项上动心思、下功夫。

高质量调查研究，是实地调研"腿功"与理论研究"眼见"的相得益彰。在新时代，社会各方面状况日趋多元化，很多情况的变化日新月异，各方面的挑战有的扑面而来，有的则暗流涌动。知情况、明任务、迎挑战，党员干部一方面要有走一线、到实地的勤勉意识和"腿功"，另一方面也要有啃理论、善抽象、懂规律的好学慎思的精神和"眼见"。两方面做好相互交融，对做好调查研究意义重大。

想要"调得实"，必须"实地调"，实地调研为总体调研供给新鲜养分。党员领导干部如果不亲自做深入一线、走进群众的实地调查研究，而仅限于看材料、听汇报、上网浏览，是很难真正掌握具体生动的现实情况的。做领导工作的人要依靠自己亲身的调查研究去解决问题。书面报告也可以看，但是这跟自己亲身的调查是不相同的。领导干部只有亲自做调查研究，才能直接了解真实的情况，对具体问题进行具体分析，并据此制定正确的政策和策略。但实地调研不是一件易事，如果把实地调研看成去"下基层"出出镜、露露脸，那就大错特错。当前，一些党政领导干部在开展调查研究的过程中，热衷于搞形式主义，走马观花、蜻蜓点水，"彗星式"调研，甚至把到基层调查研究演绎成一种"秀"，根本没有解决任何实际问题，反而给基层干部群众带来很多负担。实地调研，在态度上、目的上、遵循原则上一定要时时处处与"不忘初心、牢记使命"这一最高原则紧贴，一定要本着"为人民服务"的党性要求去开展。领导干部实地调研，不是普通的"外差"，而一定要满怀着对人民群众的鱼水深情去开展，怀着干成事业、改善民生的任务使命去实施，怀着为党分忧、为民服务的责任和情怀去从事。同时，领导干部的实地调研，还要掌握必备的调研理念、方法、工具和手段等。总之，领导干部在态度上必须一如既往地重视实地调研，在实地调研的能力水准和方法储备上，更要不断精益求精、推陈出新。

理论研究是领导干部调查研究走进新时代的科学指南。调查研究者只有具备较强的马克思主义理论修养，才能认清纷繁复杂的社会现象，从海量的材料中找出关键要素，形成正确的决策。因此，首先要加强学习，提高理论素养。要深入学习贯彻习近平新时代中国特色社会主义思想，努力掌握贯穿其中的世界观和方法论，做到真学、真懂、真信、真用。此外，还要广泛学习社会学、心理学、统计学等各方面知识，增加知识储备，不断提高自己的理论水平、政策水平和认识水平。[①] 其次，要学会和做好基础性的文献回顾与分析。尤其是对研究问题可能涉及的党和国家的方针政策与法律法规，要有基本的了解。文献回顾是一个比较学术化的专业术语，意思是对某一特定研究问题的相关文献进行系统的查阅分析，以了解该领域研究状况的过程。文献回顾在学术研究中特别是学术论文的写作中经常使用，然而很多从事调查研究或实际工作的同志常常忽视这一点。通过查找搜集调查对象的背景资料，学习掌握兄弟地区和部门关于同一研究问题的调研成果，为开展调研活动奠定坚实的政策、法律和知识基础，可以为更加科学地进行研究设计提供帮助和思路。[②] 再次，要善于运用科学理论指导调查研究的设计。研究设计是指对整个研究工作进行规划，制定对特定社会现象或事物的研究策略，确定研究的最佳途径，选择恰当的研究方法。缺乏科学理论指导的调研设计，容易在执行过程中走向随机，调研实质上沦为漫无目的的"布朗运动"。只有沿着一个或几个理论规范框定的路线，进行有目的、有意识的研究，调研才会接近和揭示出事物的本质。最后，理论凝练是高质量调研报告的内在要求。

---

① 崔禄春：《调查研究能力是做好领导工作的一项基本功》，《中国党政干部论坛》2023 年第 5 期。

② 代凯：《调查研究：领导干部必备的基本功》，《中共山西省委党校学报》2018 年第 1 期。

领导干部调查研究的目标是显露事物深层本质，揭示出演化发展的规律和趋势。调研报告只有走向理性反思、深度辨析、科学总结的研究水平线之上，才能让调研成果具备举一反三、指导实践、促成合理决策的效果。没有一定程度的理论提炼，调研报告往往就会缺乏"营养成分"，很难取得上述效果。

第三节　全面调研与重点调研

开展调查研究必须科学选择合适的调研范围、确定具体的调研地点。选择调研范围和地点，必须遵循两个原则：一是广泛性；二是代表性。此两项原则可以对应两种取向侧重不同的调研方法：全面调研、重点调研。

全面调研是指在调研主题确定的要素范围内，对所涉及的人、事、物及其过去、现状、趋向相关的情况，做尽可能广泛周全的调查研究。全面调研在宏观层面侧重的是察全局、知全貌、广覆盖，在微观层面可以体现为拉网式座谈走访、大样本规模、普查式数据归集等。它的主要特点和优势可做以下认识。一是根据统计学的相关原理，调查范围越广泛，越会接近事实的真相。越周延的调研范围、越庞大的调研对象样本、越深入到"最小颗粒"的调研层次，就越能够准确地感知和描绘事物的面貌。二是全面调研有助于对关系重大工作任务、因素复杂问题的认识把握，能更有效地避免观察盲点、思维盲区，也便于寻找到事先不掌握的关键因素和变量。归纳方法在逻辑学上被认为是一种不完善的认知方法，在不能做到真正无遗漏归纳的现实生活中，全面调研是在重大调研课题上避免踩雷的一个主要方法。三是全面调研还可以收集到当前调研主题之外的多种"额外"情况和信息，为其他相关调研探知线索提供了便利。

然而，受现实条件的限制，党员领导干部开展调查研究，不可能涵盖所有调研问题所涉的全域，更不可能调研到全部相关的个体、群体或事项。这就需要在可能更多的调研工作中，采用重点调研的方法。重点调研的关键在于找准具有代表性的对象、实地、事件，通俗地说，解剖麻雀的关键在于找准找对作为重点考察对象的那个客体。重点调研的特点和优势在于以下方面。一是重点调研可以在时间、资源、人力条件受限的情况下，最快捷地摸清考察事物的总体情况和主要矛盾，可以快速建立对突出问题的大致体悟，有利于迅速打开工作局面，避免按部就班摸底排查时可能的被动挨打。二是重点调研在选点上既有原则性又有适当的灵活性，比如，在对调研事项有初步认识的情况下，可以根据统计学的正态分布原理，在分布曲线的左、中、右三个区域，按相应比例，选取出要进行调研的具体对象；而在对情况缺乏基本认识，但又必须进行调研时，可以按照随机抽取的方式，选取具体调研对象。三是重点调研可以凭借以上两点优势，为后续的全面调研、深入调研、衍生调研，确立"素描画像"，为接续调研奠定良好前期基础。

如何协调处理好调研的全面性与代表性、理想性与可行性之间的关系，是一个值得研究的课题。在一般统计学原理中，解决这个问题的方法是随机抽样。[①] 但对于领导干部调查研究来说，随机抽样的办法则不一定合适。领导干部调查研究需要在走遍面上的前提下，把握好重点，具体可做下列认识。

首先，领导干部调查研究，必须对全局问题做到心中有数，全面调研是建立正确认知的前提。2015 年 1 月 12 日，习近平总书记在中央党校县委书记研修班学员座谈会上强调："当县委书记一定要跑遍所

---

① 代凯：《党员领导干部开展调查研究的根本遵循和行动指南——学习习近平总书记关于调查研究的重要论述》，《理论导刊》2020 年第 1 期。

有的村，当市委书记一定要跑遍所有的乡镇，当省委书记一定要跑遍所有的县市区。"① 可见，党员领导干部要根据自己的职务和工作的范围选择调研地点，要基本上确保调研地点的广覆盖、无死角，从而对全域工作都能做到心中有数。具体来说，领导干部调查研究要确保基本的全面性，走访地点、座谈范围和次数、访谈数量、抽样比例等应在各方面资源条件允许的情况下，做到就高不就低。但在现实中，一些调研有的在几万人的总体中仅仅调查十几个人，甚至只调查了几个人，就得出有关这个总体的结论；有的根据极端特殊的样本，得出的却是有关一般总体的结论；有的把表面上存在差别，而实际上并无差别的统计结果作为阐述变量关系的依据。② 这些做法无疑会明里暗里缩小了调查研究的全面性，不仅在科学意义上损害了统计学的基本准则，无法做到精准地刻画和反映问题，也违背了党的实事求是原则，不仅解决不了问题，反而可能会南辕北辙，误导工作，损害党与群众的感情。

其次，只有在领导干部面上调研彻底到位的基础上，才能掐准个案情况，进而精准深入地做好重点调研。习近平总书记指出，领导干部开展调查研究"既到工作局面好和先进的地方去总结经验，又到群众意见多的地方去，到工作做得差的地方去，到困难较多、情况复杂、矛盾尖锐的地方去调查研究"③。可见，习近平总书记在强调全面调研、全域调研、全局调研的同时，也特别强调党员领导干部选择调研地点，要选择在具有正反两方面典型性的地方"解剖麻雀"，从而保证调研地点更能体现问题重点，暴露调研问题的深层次矛盾，找到一项事业中的薄弱环节。所以说，各级党员领导干部开展调查研究，要均

---

① 《习近平谈治国理政》第 2 卷，外文出版社 2017 年版，第 144—145 页。

② 廉思：《走出书斋，深入基层，在实际生活中"望闻听切"——〈如何有效开展调查研究〉序言》，《支部建设》2020 年第 3 期。

③ 《习近平著作选读》第 2 卷，人民出版社 2023 年版，第 112 页。

衡协调好全面调研与重点调研，面上调研能跑到的务必跑到，还要科学选择调研地点，特别注意要多到问题困难集中、情况复杂严峻、矛盾反映尖锐的地方开展调查研究，从而发现问题、解决问题。

最后，只有做好做精重点调研，才能促进领导干部调研能力不断迭代升级。提高调查研究的针对性，特别是在重大决策对策类的调研中，能够突出重点，迅速抓住问题的主要矛盾，快速破题寻解，也非常重要。领导干部调查研究如果缺少统筹规划和科学安排，往往事倍功半，收效甚微，甚至流于形式。只有科学统筹，比较甄别出相对更值得下气力、花功夫的重点调研课题，其后再将重大问题作为课题立项认真研究分解，梳理好需要重点调研的问题，才能推进调查研究工作分级分层地有步骤开展。重点调研问题选定后，就要在参与人员选择和调研对象圈定两方面上做好科学安排。调研人员选择上，需特别注意引入领导干部之外的专业人士的参与。可以在调研中加强与科研院所和专业机构的联动，对接专家、学者等资源，采取上下结合、横向联合、借脑引智等方法，提升调研队伍的专业性。调研对象圈定上，要抓好典型，"解剖麻雀"，挖掘经验。领导干部调研需要深入一线，沉到基层。但如果调研对象圈定得不准，就容易陷入基层样本的汪洋大海，造成投入成本与效果产出的反差。为此，必须在调研中选好样本，"解剖麻雀"，抓住关键环节，深度调研、集中攻关，才能做到有的放矢、事半功倍。[①]

第四节　正式调研与自发调研

领导干部调查研究的形式是多种多样的，依据调研是否正式纳入

---

　① 马飞：《领导干部如何改进调查研究》，《人民论坛》2017 年第 24 期。

组织工作计划为标准，可以分为正式调研与自发调研。

在正式调研方面，中共中央办公厅 2010 年印发的《关于推进学习型党组织建设的意见》明确要求："建立健全调查研究制度，省部级领导干部到基层调研每年不少于 30 天，市、县级领导干部不少于 60 天，领导干部要每年撰写 1 至 2 篇调研报告。"[1] 可以看出，正式调研有一些基本特点。一是正式调研是党中央对领导干部的刚性要求，也是规定动作，是一定层级以上干部必须保质保量完成的工作任务。二是越靠近基层的领导干部越需要加大正式调研的次数和时长，确保充分了解吃透基层情况，熟悉一线实务，与群众建立密切情感联络，并在此基础上形成正式的调研成果，以加深认知理性程度。三是正式调研有组织赋予的各种制度供给和资源保障，有更雄厚的条件加持和更顺畅的调研途径，可以让调研名正言顺地在体制内和社会面展开。四是正式调研的选题更规范严肃，对履行实施的过程与效果也有考评监督机制，可以督促调研工作不落空，至少保证领导干部在每个年度进行保底的调研活动。

在自发调研方面，领导干部调研、倾听社情民意，不仅应该成为一种制度，更要成为党员领导干部生活中的一部分。这也是与人民群众增进感情、夯实党的执政基础的有效途径。因此，除了正式调研以外，党员干部还特别需要在 8 小时之内和之外，做调查研究的有心人，抓住一切可能的机会，进行自发调研。自发调研的显著特点和好处可作以下罗列。一是自发调研不挤占其他工作和学习时间，甚至与日常生活也并行不悖。只要在日常时间，树立和加强调查研究的自觉性、敏感性，时刻以一双观察的眼睛、分析的视角、调研的心态、思考的意识，去对身边件件桩桩所见所闻所行进行认真辨析，就能在日积月

累和勤于琢磨中，形成沉甸甸的"调研成果"。二是自发调研的选题更自由更多元，所有在日常工作生活中萦绕心头的问题，都可以成为一段时间内重点关注的"调研问题"。因为心中带着问号，带着问题意识，对解题思路的遵循，自然也会念念不忘，最终结果一定是必有所得。由此可见，自发调研，更能体现领导干部的主体自觉和内驱有为。三是自发调研没有大张旗鼓的形式和阵仗，只是在润物细无声中的"无痕"观察、解析和思考，因此不会引起被调研对象的异样反应，不会引起额外矫饰行为，更不会招致作秀、造假式的回馈，所以更能在不经意间获知一个问题最真实的、最原生的"横切面"。

正式调研与自发调研的关系，可作如下认识和把握：

一方面，正式调研是领导干部做好本职工作的一大前提，也是促进非正式调研能力形成和提升的"培训学校"。领导干部应该重视和珍视本地本部门规划好的正式调研，把正式调研视作最宝贵的掌握情况、学习理论、锻炼才干、提高本领的重要机会。其一，正式调研是做好下一阶段工作的重要铺垫。正式调研的主题选定，一般是上级组织和班子集体在工作经验、任务要求、业务复盘等实践中精挑细选而来的，可以说，这些正式调研方向，大体代表着调研承担者当下和未来一个时期核心工作使命的重心。做好这些正式调研，也就是在为做好中心工作蓄力和积淀。其二，正式调研是领导干部进行非正式调研的范本。正式调研一般是由集体设计、开展和完成的，其规范性和完整性非常之高，而且有组织的各方面资源保障，能够全面展示调研工作的各类各层次的横切面、纵剖面。正式调研基本具备领导干部调查研究的全要素，能够让他们在调研活动中学会调研本领，使他们日后的非正式调研更具自觉性和专业性。当然，我们也应该实事求是地看到，在正式调研实施过程中，以形式主义应付、以弄虚作假

理
论
篇

敷衍、以各种借口作为对制度不重视不落实的借口也是频频出现。不断完善领导干部调查研究制度，重点是不能缺少惩戒机制的引入，不能缺少体制内外全方位监督的加入。① 唯有此，才能发挥制度铁笼子的作用，才能以严肃的纪律保障正式调研工作的良性运作，才能使调研工作真正落到实处，有效地发现问题、分析问题、破解难题、排解民忧、开拓新局。

另一方面，非正式调研是正式调研的重要补充，它在水滴石穿中磨炼提升着领导干部的调研能力。仅靠纳入本地本部门工作序列的正式调研，已经不足以全面及时掌握日新月异的实践动态，不足以适应新时期越发艰巨的工作任务要求，不足以应对国内外瞬息万变的局势挑战。所以，其一，领导干部除了必须保质保量完成组织统筹安排的正式调查研究之外，还必须增强主动调研、随时调研、将调研的敏锐性贯穿到日常工作生活全程的主动意识，在更广阔的时空范围里，自发地进行更加丰富多彩、更直接及时的自发调研。老一辈革命家经常创造和利用各种机会，深入基层亲自做社会调查，撰写了许多调查报告。他们调查研究的实践和成果，对于指导党和人民的事业沿着正确的道路发展，起到了重要的作用。其二，不管当今通信手段多么发达，有多少了解情况的其他渠道，都不能替代亲自深入实际、深入基层、深入群众的实地调查研究。党政领导干部应当在日常工作完成之余，抓紧所有时间，抓住一切机会，深入基层，在实际生活中"望闻问切"，像晒太阳一样，将自己暴露在社会实践这个第一手材料面前。这样，才可以给予领导干部以充足的主客观世界碰撞的机遇，让他们随时收获新认知、产生新思想、萌发新观点、形成新论断、开发新举措，把群众的想法、诉求和创造，吸收到决策部署和改革议案中来。其三，

---

① 张树林：《传承毛泽东调研思想 提升服务群众能力》，《重庆科技学院学报（社会科学版）》2014 年第 5 期。

重视自发调研，还包括将调查研究的主动意识，纳入领导干部一切工作生活学习全过程中去，以发现的眼光、分析的视角、思辨的精神、研究的深度、改革的锐气，在全部日常活动中，悄无声息地收获源源不断的调研成果。

第五节　科学态度的"无我"与人民立场的"有我"

调查研究中在两个方面要做到"无我"。一是领导干部的调查研究，不是个人的兴趣爱好，而是围绕着中国共产党的初心和使命来开展的。因此，领导干部调查研究从始至终，都应该以实现中华民族伟大复兴为己任。也就是说，不能在调研中"夹带私货"，不能凭干部个人的一时兴起、个人爱好、私人利益来开展调研。调查研究应当做到不唯上、不唯书、不唯心，更不能"唯我"，只能唯实、唯公、唯民。二是领导干部在调研活动中，要摆脱主观主义、经验主义、官僚主义的干扰，时刻保持科学严谨的态度。把实事求是、求真务实的作风贯穿到调查研究的全部环节中去。特别是对于涉及重大群众利益的调研项目，更要全面真实排摸问题，查找出那些与人民群众所需所盼尚有显著差距的工作短板，决不能在调研中只盯着些许工作亮点，自我陶醉、自我表扬。调查研究本身就是追着问题去的，搞形式主义、只报喜不报忧，最终只能遮蔽问题、回避矛盾，进而阻挠了通过调研探寻工作破局方案的可能性。唯有最大程度地摒弃"小我"的主观意识，摆脱自我本位主义和部门利益的干扰，发扬科学求真的调研品格，才能在调研中察知实情、获得真知、把握规律。

领导干部调查研究又是"有我"的。首先，调查研究对领导干部当然是一个自我学习提高的过程。调研本身就是向群众学习、向实践学习的过程，是提高认识能力、判断能力和工作能力的过程。可以说，在调研活动的推动者和组织者这一身份之外，党员干部增长了见识、摸清了工作底数、提高了业务才干、增强了执政本领，领导干部自身实打实地成为调查研究的受益者。其次，开展调查研究，本身就是一个脚踏实地、深入基层、贴近群众、改造自我的过程。在调研中，领导干部自然而然地不断检验和改造主观世界、走向对客观世界的正确认识，加强党性锻炼、强化理想信念。同时也在与一线同志、村社居民的接触中，进一步转变工作作风、加深同人民群众的感情。这都促使每个党员干部心中的"我"，成为越发站稳人民立场的"我"。

领导干部在调研中的"无我"与"有我"，是完全不矛盾的。一方面，无"私我"利益取向和无"小我"主观偏见的真调研，才可以提升"大我"。是不是走过场、搞花架子，人民群众和其他调研对象都能感知得到。搞虚调研、"伪调研"必然遭到调研对象的"以形式主义对付形式主义"，甚至会无疾而终。只有借助科学严谨、不带偏私的"无我"调研品格，才会在调研中让各方面人员都信服这项工作的严肃性，赢得调研对象的信任、支持和配合，快速打开调研局面。此时，领导干部才有了真正锻炼本领、提高素养、完善自我主观世界的机会，个人才会获得实质的成长。用王阳明的哲学来形容调研中"无我"与"有我"的关系的话，那就是"在事上磨"的时候，要求真务实，做到"无我"。而这样"在事上磨"的一个自然结果是，"人才立得住"，也就是个人精进成长了。另一方面，带着坚定的人民立场、带着为人民谋福利的作为意识、带着对人民群众的深情厚谊的"大我"心态去做调研，才会"忘我"工作，刻苦钻研科学调研方法，认真执行好每一个调研任务，以超越"小我"的精神高度去构思调研报告，取得最优的调研成效。

第六节　群众路线的"有情"与实事求是的"无情"

理论篇

　　领导干部在深入基层、走进群众开展座谈、走访时，必须做到接地气、通民心，让调研活动"有情有义"。这就包括熟悉调研对象和所在地的风俗习惯、民情民风、礼仪规则等。"一是要深度入场，进入到调查对象的场景中，通过'腿脚好、眼睛尖、嘴巴甜、脸皮厚'等本领，成为其'圈内人'；二是要共情交流，以谦虚、平等的态度相待，'同理同心'，以心换心，沉浸于对方的生活世界之中去理解其所处的场景和选择。"[①]"有情"不是一种调研技巧，更不是以虚情假意去跟调研对象套近乎，而是以对人民群众的真情实意去走进他们心里。真正把人民群众当朋友、当亲人，调研的座谈、访谈活动中，才会取得知无不言、言无不尽的良好效果。板着面孔，甚至端着官架子去搞调研，调研对象势必会自觉不自觉地产生抵触心理，让调研收获不了任何实效。

　　与之相对的另一面是，领导干部在认知客观现实、提炼科学规律的调研环节，必须做到"不为情扰"。这是指在调研中涉及科学性、客观性、原则性、方法性的问题上，务必做到抽离预判，不携带主观偏见和个人情感。不以个人主观因素干扰调研的真实性与严肃性，让调研进程超脱于调研实施者的主观意念、既有经验。这就是调查研究中所谓的"无情"。尤其是一些涉及民生事项的调研课题，往往会在走基层的过程中，接触一些特例个案情况，调研者面对这些活生生的情景，产生一些情感触动在所难免，也是人之常情。但是，需注意考察个案

---

　　① 方涛、李天昊：《提高领导干部调查研究能力的一本力作——读〈如何有效开展调查研究〉》，《青年学报》2019 年第 4 期。

与全局、特殊与一般的关系，要以辩证综合的态度去处理调研活动一定会遇到的"树木与森林"的关系。也就是说，不能因特殊个案而"上头"，从而带偏整个调研项目的走向。

"有情"是做"入世的调查"，"无情"是做"出世的研究"。"有情"是在政治上和立场上，要时时刻刻饱含与人民群众的鱼水情深，在调研中增强与群众的感情。"无情"是在科学和真理上，要始终坚持实事求是，尊重客观规律，不以主观偏见和激情冲动干扰调研在正轨上运行。两者协调并行，才能实现调查局面打得开、研究基础夯得实、群众路线走得好的多重丰收。

第七节　调研过程的"厚积"与调研成果的"薄发"

著名的《湖南农民运动考察报告》在最终撰写阶段，毛泽东只用5天时间就完成了这篇18000字左右的文章。《湖南农民运动考察报告》是毛泽东在国民革命时期撰写的最长的调研报告，也是毛泽东第一篇被介绍到国外的文章，为他赢得了世界声誉。[①] 这样的成就，和如此短暂的写作时间形成了鲜明的对比。这不仅展现毛泽东非凡的智慧，更重要的是其背后长期的思想准备、扎实的实践积累、脚踏实地的考察调研。

在这篇报告成文之前，是毛泽东在湖南湘潭、湘乡、衡山、醴陵、长沙等5个县，长达32天的实地调研。其间他每天跋涉近百里，"每到一处，他都广泛接触和走访群众，白天走访各村各乡了解农民生活，召开各种类型规格的座谈会，获取大量一手资料；晚上就和农民住在

---

① 陈留俊：《〈湖南农民运动考察报告〉与调查研究》，《创造》2021年第3期。

一起，谈天说地，有时教百姓认字，有时帮人写信和诉状，结束后再自行整理白天的收获。在这样连续密集的 32 天考察结束回到武昌后，毛泽东已经掌握了当地的许多真实准确的材料，涵盖范围远超过农民运动本身"①。正是在如此艰苦卓绝的"厚积"基础上，毛泽东才可能获取考察报告撰写的源头活水，下笔如有神地在短短的 5 天内创作出这部重要的作品。

扎实过硬的调查，是优秀研究成果创作和完成的前提。领导干部调查研究，研究和写作阶段文思泉涌的"薄发"，是建立在实践调查阶段的"厚积"基础上的。调查阶段走实走到位，把调研问题的方方面面都摸清吃透，在实践层面建立起对客观事物的充足感知，将直接认识积累到必要的水平之上，就可以触碰到量变到质变的临界点。这个临界点就是研究阶段的"薄发"。

优秀研究成果，是新一轮调查活动得以高水平再出发的重要节点。调查研究不能永远在不见尽头的一般性调查活动中"无脑"低水平持续。有理论含量、有规律总结、有实践指导价值的研究成果的出台，才能让调查研究不断攀向新高度。每一项"薄发"的研究成果，都是一个坚实的新出发平台，是领导干部永续调查研究工作中的一个重要节点。

第八节　整体规划的"科学性"与具体实施的"艺术性"

习近平总书记历来高度重视调查研究工作，并以此作为开展工作与联系群众的重要抓手。他不仅是调查研究的坚定实践者，更是调查

---

① 陈留俊：《〈湖南农民运动考察报告〉与调查研究》，《创造》2021 年第 3 期。

研究的卓越研究者。他认为，"调查研究是一门科学，也是一门艺术"①。领导干部调查研究的"科学性"主要体现在整体规划方面，"艺术性"主要体现在具体实施层面。

一方面，调查研究必须重视整体规划的"科学性"。在调研主题的确定、调研方法的选取、调研团队的组建、调研对象的广泛性与代表性、调研内容的针对性、调研过程的可操作性、调研技术的科学性，以及调查成果的务实性和有效性等方面，必须下足力气、动足脑筋、做足文章。调研的整体规划包括以下几个方面：问题意识是否鲜明、调研结构是否合理、方法手段是否得当、配合保障是否到位、人员团队是否胜任等。可以说，其中每一项都不是轻轻松松可以构思规划好的，为此，调研规划要反复思考琢磨，多方征询意见，必要时可以进行反向的"不可行论证"。万事开头难，调查研究同样如此。调研整体规划不能怕麻烦，不能搭草台班子，不能急就章，否则一开始就将调研引向一片混沌之中。开头的整体规划谨慎一些，多做一些科学推导研判，多实施一些民主协商探讨，才能让调研后续活动有条不紊地沿着总体正确的方向开展。

另一方面，调研规划之外的其他方面和环节，都要在坚持科学性的前提下，有意识地追求艺术性。特别是在与调研对象的座谈、访谈的开场方面，推动面对面调研交心、说真话方面，在电话、网络、问卷调查上的问题设置、结构次序安排方面，在最终的调研报告文本兼具深入浅出、生动活泼的易读性和严谨扎实的准确性方面，都要体现和发挥好调查研究的艺术性。调研是一项高度复杂的实践活动，在各阶段的调研环节，都有其特殊要求。有时候一板一眼的工作方法、照本宣科式的与人打交道的语言风格、产品说明书式的调研报告行文等，

① 习近平：《干在实处 走在前列——推进浙江新发展的思考与实践》，中共中央党校出版社2006年版，第536页。

都是调查研究这门实践手艺还不够纯熟的表现。应用之妙，存乎一心，领导干部需要在实践中有心而细致地磨炼和提升在不同调研主题、调研不同阶段所需的各种方法、技巧，并逐渐升华为无形的调研艺术。

第九节 "表"的周详与"里"的深化

"表"与"里"是调查研究的两个方面，各有特点、各有侧重。调查研究在"表"这个维度上，主要体现为广泛收集信息、充分占有材料、熟悉一线情况，以较为直接的方式最大限度还原调研问题的本来面貌。调查研究中的"里"的维度，则更偏重追寻和把握调查问题的本质与规律，分析问题内部关键变量的本质联系，辨析调研问题与其他存在之间的深层关联，甚至作出具有理论抽象性的提炼概括。

在领导干部调查研究中，"表"是基础和前提，"里"是拓展和深化。"表"与"里"不能相互替代。马克思指出："研究必须充分地占有材料，分析它的各种发展形式，探寻这些形式的内在联系。"[①] 这个重要论述，极其凝练深刻地指明了调查研究中"表"与"里"的关系。领导干部调查研究要注重"表"与"里"的紧密结合，既要充分掌握面上的实际状况，又能探寻和阐明深层次规律。

领导干部调查研究的"表"只有走向"里"，才有现实意义和理论价值。把调研局限于只在现象层面上排摸原始信息、只收集直接呈现的问题情况、只作粗浅初步的因果关系推导，而不作深层次的分析和研究，是不可能对所调研问题作出本质性、规律性的把握的。只做表面上的"调查"，而不开展深层次的研究，就会让搜集到的信息沦为杂乱无章的现象罗列。情况多、分析少，现象多、抽象少，信息多、研

---

① 《马克思恩格斯全集》第 43 卷，人民出版社 2016 年版，第 847 页。

究少，就不易形成对所调研问题的规律性认识，也很难形成实质性成果。因此，领导干部调查研究在"表"上要充分吃透情况，并且在此基础上有意识地去做"由表及里"的工作，重点是做适当研究。具体到领导干部调查研究，就是要警惕和避免主观主义和形式主义，以"表"上最真实的调查走访，做"里"层的最有效分析研究；在"表"上找出真问题，在"里"中探求真方法。

领导干部调查研究的"里"也不可能脱离"表"而真实存在。调研的覆盖面狭窄、了解的情况空乏、掌握的信息稀少，却做出很多空中楼阁式的分析，只会导致作出的分析判断、决策依据、政策建议是假大空的，想出来的点子、方案、举措不切合实际。

领导干部调查研究的"表"与"里"，是相互依存、相互贯通的。"表"是"里"的实践基础，"里"必须扎根于"表"之上，在与具体问题、现实活动、切实案例的接触过程中把握调研问题的特殊性，并在此基础上进行抽象逻辑分析，把握事物的本质和发展方向。只有经历这样一轮甚至多轮的由浅入深、由此及彼的调研深化过程，才可以真正实现对调研课题认识的去伪存真、去粗取精、由表及里。对"里"的探求，是一个发现、分析和解决问题的过程，需要通过调查获得新材料、掌握新情况、了解新问题、把握新动向。脱离"表"的研究是空洞的、缺乏说服力的。掌握现实层面情况的质量和数量、信度和效度之高低好坏，直接影响调研的核心成果——"里"的真实性、可靠性、可行性。

"里"也制约着"表"，并通过调研成果等形式将"表"的全貌集中反映出来。只有通过深入研究，透彻了解调研问题生成和演变的背景、根源和条件，科学深刻把握事物发展的全过程，分析矛盾问题的内外部联系，才能更好地在开展具体的调查中抓住事物的本质，找准问题的根源和症结。"表"和"里"的交替促进、紧密契合，共同构成了调查研究走向务实和深化的逻辑理路。领导干部做好调查研究，切忌将调研问题的"表"与"里"机械地划分为两个阶段、两项活动，要实现"表"与"里"的双向并举、交互贯通。

领导干部以规范严谨的调查研究，推动解决发展难题，要求在实践中实现"表"与"里"的辩证统一。一是重视"里"在深化调研活动的牵引作用。领导干部调查研究要格外注重体现和追求科学理论和先进思想的指南作用，使调研的过程成为加深对党的创新理论领悟和运用的过程。深化调查研究，就要善于运用习近平新时代中国特色社会主义思想的立场观点方法掌握真实情况，超越事物表象，深入分析问题，将感性认识上升为理性认识。二是强化"表"对调研问题的导向作用。领导干部调查研究的"表"和"里"两个维度，都要以解决问题为根本目的，以问题逻辑为主线，聚焦长期想解决而一直未得到破解的老大难问题、人民群众急难愁盼问题、新浮现的重大问题以及可能趋势转向的问题。要直奔问题去，敢于正视问题、善于发现问题，将调查摸清的问题、研究形成的结论及时上升为决策部署，转化为具体措施。三是突出"表"与"里"的动态匹配。调查研究对象的复杂多变，决定了"表"与"里"的关系，这是一个不断调整、动态变化的过程。因此，"里"的提炼和完善，应随着调查材料"表"的不断更新而及时跟进。具体调查的"表"，也应根据党中央重大理论的创新、思想的突破，不断及时调整优化工作推进的方式方法。

理论篇

第七讲

领导干部调查研究七大禁忌

第一节　调查研究切忌一拍脑袋就行动

调查研究是我们党开展工作、推动事业发展的重要方法。做好调查研究对于我们深入基层、了解真情、听到真话、取得真经，发现问题、分析问题、解决问题都具有重要的价值。在实践中，我们党历来要求调查研究要沉下心、扑下身，并创新发展出"四不两直"的重要调查方法。"四不两直"，即不发通知、不打招呼、不听汇报、不用陪同接待，直奔基层、直插现场。但也要清晰认识到，不发通知、不打招呼，不是没有规划、没有计划，直奔基层、直插现场不是随性而为。要想提升调查研究的成效，就必须注重调查研究的系统性、科学性和可行性，切忌一拍脑袋就行动。

一、调查研究是一个科学严谨的系统工程

科学严谨的调查研究是一项系统性的工作，要做好调查研究的硬件支撑和软件支持。首先，科学严谨的调查研究应明确调研目的、精心设计选题。明确的调查研究主题是凝聚调研力量、取得良好调查研究成果的前提。调查研究前应充分了解上级精神和要求，结合自身发展实际确定调研主题，既不能眉毛胡子一把抓，更不能天马行空。比

如，一些地方部门在充分理解《中共中央 国务院关于促进民营经济发展壮大的意见》的基础上，结合本地民营经济发展中遇到的问题，围绕民营经济营商环境问题、融资问题、人才问题等确定了调查研究主题，形成了一系列服务地方民营经济发展、服务政府科学决策的高质量成果。其次，科学严谨的调查研究应制订详细计划，考虑细致周全。系统科学的调查研究方案是进行高效调查研究的重要保障。在调查研究方案中，应根据调查研究目的对参加调研人员、调研的具体方式、调查对象、调研任务分工、调研时间、调研硬件设施保障等进行系统的安排谋划。如领导干部确定调研主题后，相关部门和人员应制定明确的详细方案，对每一次调查研究的时间、人员组成、涉及部门或区域等进行明确，确保调查研究能够切实可行。最后，科学严谨的调查研究应确定调查方法，做到精准有效。调查研究方法多种多样，比如集体座谈、个别访谈、实地察看、咨询专家、抽样调查等。在调查研究中，不同的主题、不同的调查对象，选用的研究方法自然不同，要根据实际情况，科学选择、灵活运用各种调查研究方法。比如，在调查研究过程中，有时候涉及当前工作面临的困难或难点，集体座谈的受访者往往会受集体座谈会环境氛围的影响选择性汇报、只报喜不报忧等，往往达不到目的。这时候采用聊家常式的设身处地的个别访谈往往会产生很好的效果。

二、调查研究中一拍脑袋就行动的典型表现

（一）没有明确的目标和问题

调查研究是在问题调查基础上的研究，是发现问题、认识问题的方法，是分析问题、解决问题的关键，这决定了领导干部调查研究必须带着目标、围绕问题展开，是为了了解某一方面的问题情况、分析并提出解决方法而展开的。从这一点出发，明确的目标和问题意识应

理论篇

该是调查研究的焦点和核心。但在领导干部调查研究中，没有明确目标和问题的调查研究也是常见的情况。比如，一些领导干部经常非科学、未经思考地临时起意去某些地方"考察""指导"工作，这本身就曲解或背离了调查研究的本意。这种不着边际的调查研究往往没有明确的问题意识，领导干部自身也没有明确要了解的情况，只是自由地、随意地跟着自己的感觉去各个地方"检查"，不仅浪费了基层的人力、财力、物力，还耽误了基层干部的精力，既对后期开展工作无实际效果，也没有帮基层解决任何实质问题。在访谈过程中，很多基层干部对这种调研深恶痛绝。有位基层党员干部表示："不知道领导下来是想具体了解什么？自己只能进行宏观的汇报；领导结束回去后也没有任何下文，这种调查多了，给我们基层很大压力。"

（二）没有充分考虑环境因素

在调查研究中，一拍脑袋就决定往往出现没有充分考虑环境因素的情况，出现调查研究的"虚脱""虚浮"问题。具体而言，主要有以下几种表现。一是没有充分考虑政策环境。一些领导干部跟着自己的兴趣进行调查，既不考虑中央精神和上级要求，也不考虑地方实际和工作需要，自己关注哪方面就开展哪方面的调查研究，往往对于解决当前问题、推动政策落地没有太大助益。二是没有充分考虑经济社会环境。一些领导干部凭着自己在办公室的思考决定是否开展调查研究，没有考虑到与当前社会环境的互动，调查研究没有契合社会关切、群众需要、基层盼望，往往影响被调查对象的积极性，造成一定程度的基层负担。

（三）随意选择调查对象

调查研究的问题意识决定了调查对象的特定性。在开展调查研究之前，科学合理选择调查对象是确保调查研究有效的重要前提。在实践中，一些领导干部习惯非科学地随机选择调查研究对象，甚至是无任何缘由、无任何依据地改变调查行程与对象，出现调查研究随意扩大化的问题。如，一些地方在调查基层干部负担时，将调查对象改为普通群众和市直机关干部，减少基层县乡干部比例，造成调查的失准。此外，一些领导干部不满意前期科学论证的调研方案，在没有前期论证和科学思考的情况下，进行行程的非科学随意变更，造成调查对象与调查研究问题相离甚远，如在无地群众中调研农田耕种的问题。

三、调查研究中一拍脑袋就行动的危害

（一）调查研究一拍脑袋就行动难以真正掌握真实情况

调查研究一拍脑袋就行动往往对被调查研究对象没有详细了解，对被调查对象没有认真梳理分析，对被调查的事项仅停留在一知半解上。因为一些领导干部在调查研究时一拍脑袋就行动，很难针对被调查研究问题提出关键性的问题，更难以一针见血地指出解决被调查研究问题的关键环节。最终，调查研究成了汇报和听汇报的形式会，往往难以真正了解真实情况。

（二）调查研究一拍脑袋就行动容易损害党和政府形象

调查研究一拍脑袋就行动违背了中国共产党调查研究的优良传统，是一些领导干部未经深思熟虑的冲动行为，对调研者而言，毫无实际效果可言；对群众和汇报者而言，则更无益处可说。调查研究一拍脑袋就行动更多是一种"走秀式"的"汇演"。调研者对自己调研主题不是特别熟悉，只是因为自己一知半解或一时冲动才做的调研决定，自然也谈不上关心被调研问题是否能够得到有效解决和推进。被调研者和人民群众往往根据调查研究团队的人员组成、日常工作领域就能够

分辨出这次调查研究是否值得慎重对待。

（三）调查研究一拍脑袋就行动容易增加基层工作负担

对于很多基层单位和干部群众来说，上级领导前来调查研究说明对自己工作重视，是一件好事。但如果调查研究本身没有经过科学严谨的论证，是领导拍脑袋决定的调查，那么对基层单位和干部群众来说，就是负担了。中共中央办公厅印发《关于在全党大兴调查研究的工作方案》，一些领导干部听到"大兴"二字，再加上一系列的调研部署，就开始出现了应付性、未经深思熟虑的调研，严重增加了基层工作负担。一些领导干部不考虑自身工作需要，选择去热门地点、热点部门扎堆调研，不仅造成各种调研组调研"撞车"，还严重影响了被调研单位的日常工作。此外，一些领导干部虽然没有去热门地点、部门扎堆调研，但因为调研前对被调研对象的相关材料掌握不到位、对被调研问题没有前期深入思考，在调研过程中难以有效真正开展调查研究工作，最后只能变成简单性的座谈、按部就班的汇报、索要各种资料的考察行为，对于解决当前面临的各类问题无太多助益。

第二节　调查研究切忌声势浩大走过场

开展调查研究是领导干部始终坚持群众观点、自觉践行群众路线的重要表现。习近平总书记强调："要多到群众意见多的地方去，多到工作做得差的地方去，既要听群众的顺耳话，也要听群众的逆耳言。"[①]调查研究必然要深入群众，在群众中发现问题、总结经验，最终制定出符合客观规律、能够推动党的建设事业发展的正确决策。调

---

① 习近平：《在党的十九届一中全会上的讲话》，《求是》2018年第1期。

查研究中声势浩大走过场是对群众路线、群众观点的背弃，是脱离群众、脱离实际的调查研究，其调查研究得出的结论必然也是违背实际情况的"假、大、空"材料汇总。

一、调查研究注重眼睛向下、为民负责而非声势排场

党的百年历史告诉我们，脱离群众和实际的调查研究不是真正的调查研究，对于党的事业发展无益，这样的调查研究既无法真正听到群众的真实声音，也无法反映事情发展的真实现状，甚至会因作出不符合实际的决策给党的事业带来难以弥补的灾难。领导干部开展调查研究，要充分认识其重要性，深刻领悟"调查研究是谋事之基、成事之道，没有调查就没有发言权，没有调查就没有决策权……正确的决策离不开调查研究，正确的贯彻落实同样也离不开调查研究"① 背后蕴含的深远意义。在调查研究中树牢群众观点、站稳群众立场，通过调查研究诚心诚意倾听群众呼声、反映群众意愿、关心群众疾苦、总结群众经验。在调查研究中，领导干部是"小学生"，是学习者，是倾听者，要始终坚持"眼睛向下"和为民负责的态度。领导干部只有摆正位子、放下架子、扑下身子，把自己当成人民群众和普通党员干部的一分子，才能真正激发广大党员干部和人民群众的积极性、主动性，才能在调查研究中真正发现问题、总结经验，达到通过调查研究了解情况、找出症结、解决实际问题的目的。

调查研究的出发点和落脚点是增进人民群众的民生福祉、推动党的事业健康发展，至于调查研究的形式并不是最关键的。只要能够切实把人民群众和广大党员干部面临的问题发现出来，把基层的意见建议反馈上来、把人民群众的经验和基层的创新实践总结出来，调查研

---

① 习近平：《在党的十九届一中全会上的讲话》，《求是》2018 年第 1 期。

究就是有针对性和实效性的。在这种导向下，调查研究讲排场、走过场，结果只能是影响调查研究的实效性。

二、调查研究声势浩大走过场的典型表现

（一）"前呼后拥式"调查研究

一些领导干部因为虚荣心、攀比心作祟，开展调查研究喜欢声势浩大、浩浩荡荡地进行。一些领导干部开展调查研究，习惯性地把能带上的人都带上，不管这些人与这次调查研究的主题是不是相关，只要是与自己有关、自己能够调动的人都带上，一次简单的调查研究往往带着二三十人的调查团、开着五六辆车。还有一些领导干部开展调查研究，还没有到地方就已经提前向被调查单位和部门交代了调查研究的接待规格，往往是双倍人数的接待，一次简单的调查研究最后成了几十甚至上百人的庞大队伍，浩浩荡荡地在村社、工厂、街道上行走。这种"前呼后拥式"的调查研究既无法与广大普通党员干部和人民群众深入交谈，也无法看到真正的实际情况；陪同调研的工作人员叫苦连天、怨声载道，被调研的党员干部和人民群众心生怨气、疲于应付。

（二）"打卡式"调查研究

"打卡式"调查研究不注重调查研究的主题、内容和效果，过分强调调查研究过程的记录，往往是赶场式地进行调查研究，蜻蜓点水、浅尝辄止是其重要特点。在实践中，一些领导干部跟风进行调查研究、为了调查研究而进行调查研究，在选择调查研究主题和地方时，往往绕着问题走、避着矛盾行，专门选择到热门的景观式、样板式单位去调查研究。一天跑四五个，甚至七八个地方，每到一个地方，除了在能够凸显被调查研究单位特色的地方合影留念，就是听汇报、看展览，重要节点都必须拍照留证，最后离开时再和被调查研究单位要一些材

料，每个地方一般停留半个小时到一个小时。一天的调研活动几乎有一半的时间在前往各个被调查地方的路上。最后的调研报告则是几家单位提供材料的拼凑剪接，并不注重是否发现问题，是否习得经验。

（三）"表演式"调查研究

"表演式"调查研究的典型特点是把前期调查研究计划的谋划视作"脚本"的撰写。与科学严谨的调查研究计划注重选题的选取、被调查研究对象和范围的选择、前期资料的搜集和整理等不同，"表演式"调查研究不注重选题、被调查对象、前期资料等这些问题，而过分关注调查研究的细节，往往把领导干部在调查研究过程中的具体流程设计好，比如几点几分到达哪里、接待人员是谁、参观什么、汇报什么内容、谁来汇报、停留多少时间等，不考虑是否能够发现问题、解决问题，而只考虑"出片"效果，俨如一个详细的表演脚本。在这种情况下，无论是什么样的调研主题，无论是领导干部想了解什么情况、发现什么问题，最终调查研究的都是同一批对象、听的都是相同的汇报说辞。

三、调查研究声势浩大走过场的危害

（一）影响调查研究的科学性

"科学性是新时代调查研究科学方法论的基本内核。"[①] 调查研究是通过对现实问题的深入了解和分析，最终提出问题解决方案的必经过程。我们党始终把调查研究作为研究问题、制定政策的重要依据，是坚持理论联系实际和实事求是的真实写照。调查研究的科学性离不开调查研究方案的严谨性、调查研究方法的科学性和调查研究过程的

---

① 鲁宁、班永杰：《深刻把握新时代调查研究科学方法论的四重属性》，《新疆社科论坛》2023 年第 3 期。

系统性。但声势浩大走过场的调查研究往往并不关注调查研究方案的严谨性，而是关注行走路线的严谨性；并不关注调查研究方法的科学性，而是关注调查研究排场的轰动性；并不关注调查研究过程的系统性，而是关注调查研究经过的可记录性。因此，声势浩大走过场的调查研究往往是一场精心策划的"调查研究秀"，而广大党员干部和人民群众则是这场"秀"的被动参与者。调查研究最终成为部分人的"表演"，其科学性自然无法保证。

（二）无法真正发现问题

调查研究讲究身到、心到，身不到心自然不能到，身到心不到也不可能真正发现问题。中共中央办公厅印发的《关于在全党大兴调查研究的工作方案》明确提出，"要采取'四不两直'方式，多到困难多、群众意见集中、工作打不开局面的地方和单位开展调研，防止嫌贫爱富式调研"[①]。其目的就是通过严明调查研究纪律的方式来杜绝一些领导干部声势浩大、走过场式地开展调查研究。只有在调查研究过程中，多与普通党员干部群众坐一坐，聊聊家常，才能真正发现问题；接了地气、访了实情，才能抓住问题的要害；消除了群众疑虑、打开了群众心扉，才能获得行之有效的对策。而声势浩大走过场则是脱离了群众、增加了群众的疑虑，自然无法真正发现问题。

第三节　调查研究切忌带着结论去调研

我们党始终将调查研究视作谋事之基、成事之道，一直强调一切结论产生于调查情况的末尾，而不是在它的先头。领导干部开展调查

[①] 《中办印发〈关于在全党大兴调查研究的工作方案〉》，《人民日报》2023 年 3 月 20 日。

研究，应该是"带着问题"去寻找真相，而不是"带着结论"去寻找印证材料。带着结论去调研，会给领导干部产生先入为主的束缚，影响调查研究的客观性和科学性，影响领导干部对事物的真实判断，甚至陷入思维惯性，影响事业的健康发展。

一、调查研究是由表及里、层层分析的科学过程

调查研究是带着问题发现真相的行为，是一个由表及里、不断深入、层层分析的科学过程，其必然符合人们掌握客观事物本质属性、客观规律、相互联系的从浅到深、由外及里、从表象到实质的认识规律。带着问题去开展调查研究，是去寻找问题出现的原因、问题的表现形式和问题的解决方法；带着结论去开展调查研究，则关注的是如何佐证自己的结论是正确的，依靠自己的结论去"修饰""裁剪"调查研究获得的资料；带着结论去开展调查研究往往会产生认知偏差，背离了实事求是、客观科学的调查研究原则。人在实践活动中，经常会有第一印象效应，也叫首因效应，是指一个人初次接触某个事物时对这一事物的最初印象。一般情况下，这是人们根据外部特征或明显特点对这一事物的其他方面产生的认识。首因效应在领导干部调查研究中也普遍存在。一旦领导干部对某个事物产生首因效应，往往会影响人们的正确判断，人们就会带着结论去开展调查研究，这违反了实事求是的原则。为此，领导干部应该保持"空杯心态"，保持求知若渴的精神和海纳百川的胸襟，主动向基层党员干部和广大人民群众学习，放低自己的姿态，遵循调查研究由表及里、层层分析的规律。

二、带着结论去开展调查研究的表现形式

（一）"预设结论式"调查研究

"预设结论式"调查研究，是在调查研究开始前就已经将结论确定

好了，然后通过调查研究设计、实施寻找支撑自己结论的证据的过程。这种调查研究一般有比较详尽的准备过程，但其在准备过程中并不关注调查研究方案的设计、对象的选择和方法的采用，而是通过大量的资料搜集前期形成一些结论性的共识，甚至有些领导干部在未开始调查研究前就已经将调查研究报告的主要观点、核心要义、逻辑框架、主要内容写好了，只需要通过调查研究获取一些鲜活资料放进去即可。在"预设结论式"调研中，调查研究的主要目的是获取支撑自己观点、结论的数据、案例和资料；对于那些与自己结论相反或者无法为结论提供有力支撑的资料，开展调查研究的领导干部一般选择无视、反对或有意避开。"预设结论式"调研的价值，不在于发现问题、分析问题和解决问题，也不在于提炼基层优秀做法、总结基层创新经验，而只在于能够论证某些领导干部认识的"科学性"。

（二）"定调式"调查研究

"定调式"调查研究，是在调查研究开始前定好基调，对调查研究的性质和目的进行明确，其虽然没有明确的结论，但因为有了明确基调，其调查研究基本按照固定基调进行，也属于围绕实事求是原则的带着结论去调研的重要表现之一。"定调式"调查研究是主观主义和教条主义在调查研究领域的典型表现，其表现为只唯上、唯理论、不唯实。上级领导说了什么、理论研究就指向哪里，调查研究就服务到哪里。这种按图索骥、按需搜证的调查研究，本质上还是让客观实际去适应主观需要。例如，一些领导干部开展乡村振兴调查，在开始前就定了当前乡村振兴政策实施不存在任何问题的基调，特别强调主要寻找好的方面；在调查研究报告撰写方面，不按照调查研究的真实情况，严格按照自己定下的基调写，最终使本应发现问题的调查研究成为粉饰问题的宣传。

（三）"诱导式"调查研究

"诱导式"调查研究是一种通过调查研究的一些特殊技巧来得到自己想取得的结论或者想要结果的一种行为，其本质也是先入为主、带着结论去开展调查研究，而其隐藏性更强。"诱导式"调查研究一般分为调整调查研究要素实现"诱导式"调查研究和设计调查研究技术实现"诱导式"调查研究。调整调查研究要素实现"诱导式"调查研究的主要表现是根据需要的结论来选择调查研究对象。如，一些领导干部在调研农民工社会保障情况时，选择那些未改变农村户籍的高学历白领人群作为被调查对象，将这些人视为农民工代表，以印证自己预设的农民工社会保障情况非常好的结论。设计调查研究技术实现"诱导式"调查研究往往采用设计调查问卷问题和访谈问题，通过谈话技巧诱导被调查者说出自己需要的案例或者结论。

三、带着结论去开展调查研究的危害

（一）影响信息真实性

调查研究是领导干部获取信息的重要渠道。"信息问题自古以来就是国家治理的一个关键问题，也是一个治理难题。"[①] 为了更好地获取国家治理的信息，中国共产党始终将获取信息、了解情况作为领导干部调查研究的重要目标之一。在这一逻辑下，如何获取真实可靠的信息是领导干部开展调查研究首先需要关注的事情。但带着结论去开展调查研究就背离了这一逻辑，其为调查研究中的信息搜集工作框定了范围、限制了条件，导致调查研究只能按照预设的或者预定的结论去搜寻信息，其目的是获取能够支持已有结论的信息。带着结论去开展

---

① 《信息政治学：理解数字时代国家治理的新视角》，《中国社会科学报》2021 年 12 月 24 日。

理
论
篇

调查研究会对调查研究获得的信息进行筛选，符合自己结论的信息就会被保留甚至放大，不符合自己结论的信息就会被忽略甚至放弃，其最终直接影响了治理信息的真实性。

（二）影响决策科学性

中国共产党始终把问需于民、问计于民作为决策的重要方法。科学的决策离不开决策思维、决策价值和决策方式的共同作用。决策思维是领导干部认识客观事物的方式、方法，是系统性、程序性的抽象概括过程，而科学研究的调查研究也符合这样的特点，是将创新理论与具体实践相结合的重要过程。通过调查研究，掌握了实情、打开了思路、寻得了方法，是科学决策思维的重要体现。决策价值是决策所遵循的价值理念，也是衡量决策质量的重要标准。调查研究将人民群众和基层创新作为重要对象，把民之所需作为调查研究的关键，为决策提供了准备的参照系，避免了决策中拍脑袋和不切实际的问题。决策方式是领导干部进行决策时所采用的方式方法和工具，调查研究解决了决策的信息问题、沟通问题，提升了决策的科学性和可行性。但带着结论去调研违背了上述逻辑，将调查研究视为佐证自己结论的过程，使调查研究失去了为决策提供思维、价值和方式的作用，影响到了决策科学性。

第四节　调查研究切忌只见树木不见森林

调查研究是领导干部获取正确认识的基础，这就要求领导干部开展调查研究必须符合马克思主义认识论的基本原理，处理好普遍与特殊的关系、局部与整体的关系。在此逻辑下，调查研究是一个特殊——一般——特殊的认识过程。

一、调查研究是一个特殊——一般—特殊的认识过程

中国长期的革命、建设、改革实践告诉我们，实现好普遍与特殊的统一，处理好局部与整体的关系、一般与特殊的关系，事业就能够不断发展壮大。毛泽东在《矛盾论》中就明确提出："矛盾的普遍性和矛盾的特殊性的关系，就是矛盾的共性和个性的关系。"① 领导干部开展调查研究既要关注矛盾的普遍性，也要关注矛盾的特殊性；既从调查研究中发现共性的问题和个性的问题，也在处理共性和个性的关系中加深对事物的认识、推动问题的解决。作为分析事物并获得正确认识的过程，调查研究必然遵循特殊到一般、再由一般到特殊的人类认识过程。

调查研究的认识论特点要求领导干部在开展调查研究时也要遵循这一规律，通过研究各类具体的事物，发现事物内部的特殊性与普遍性之间的相互联系。从对个别事物和特殊事物的调查研究，逐步扩大到认识一般性的事物，进而认识诸种事物的本质，为我们发现问题、分析问题进而制定各类政策解决问题提供指导。正如毛泽东所述："这是两个认识的过程：一个是由特殊到一般，一个是由一般到特殊。人类的认识总是这样循环往复地进行的，而每一次的循环（只要是严格地按照科学的方法）都可能使人类的认识提高一步，使人类的认识不断地深化。"② 领导干部开展调查研究也是这样一个过程，从对具体对象的调查研究中进行深入了解，然后通过分析整理大量资料总结规律性和普遍性，进而根据普遍性和规律性形成整体性认识并制定解决问题的对策，达到既见树木又见森林的效果。

---

① 《毛泽东选集》第 1 卷，人民出版社 1991 年版，第 319 页。
② 《毛泽东选集》第 1 卷，人民出版社 1991 年版，第 310 页。

二、调查研究只见树木不见森林的典型表现

（一）"踩点式"调查研究

"踩点式"调查研究是在对调查研究内容和地方进行前期踩点、摸排的情况下进行的调查研究。因为经过了前期的踩点和摸排，最后呈现在领导干部面前的都是已经精心策划过的对象和内容，最终得到的结论自然也是片面的或者局部的，获得的各种资料也不足以支撑领导干部从中发现一般性规律和普遍性经验，最终停留在"只见树木"的阶段。一般情况下，领导干部为了向外界传达某些政策导向可以采取这种方式，而领导干部为了发现问题、分析问题、解决问题就应该努力避免这种方式。"踩点式"调查研究主要有以下两种方式。一是专挑"软柿子"，不碰真矛盾。调查研究毫无个性、调研提纲千篇一律，调研问题聚焦常识性问题或不可操作的虚拟化问题。二是效仿上级领导，依葫芦画瓢。上级领导干部去了哪里开展调查研究，下级随后就蜂拥而至；上级领导干部开展了什么内容的调查研究，下级随后就亦步亦趋。这种调研既突破不了上级领导调查研究得出的结论，也无法推进上级领导干部调查研究发现的问题。

（二）"一叶障目式"调查研究

"一叶障目式"调查研究主要是指领导干部开展调查研究时的心理存在盲目轻信、爱屋及乌、逃避困难和晕轮效应等以偏概全的行为。实践证明，领导干部想抓住机遇、发现问题、开展工作，必须从全局、整体去考虑，如果按照部门利益、地方视野去谋划，或按照个人喜好去推动，可能也会发现一些问题、解决一些问题，甚至推动地方的发展，但必然面临着"只见树木不见森林"、顾此失彼、不可持续、不能长久等问题。"一叶障目式"调查研究一般可以分为以下几种类型。一

是盲目轻信式调查研究。一些领导干部开展调查研究时不主动思考谋划，过度依赖下级机关报送的数据、资料，导致自己对事情的全貌无法有效掌握。二是爱屋及乌式调查研究。一些领导干部开展调查研究时，会因该地区做的一些事情符合自己的预期而主动放弃发现问题，以盲目乐观的态度看待调查研究中遇到的所有事物。三是逃避困难型调查研究。一些领导干部开展调查研究时，遇到难以处理的体制性问题、跨部门性问题时采取选择性无视，只关注自己马上能够解决的问题，美其名曰"务实"，最终导致无法从全局角度去分析问题、解决问题。

三、调查研究只见树木不见森林的危害

（一）无法"见微知著"发现问题

领导干部开展调查研究就是要通过细微之处的调查了解来发现问题并预判问题发展的趋势。调查研究只见树木不见森林往往过于聚焦具体的事物，无法从全局的视野、长远的角度、发展的眼光去把握事物的发展，最终也只能发现一些面上的问题，始终找不到真正的问题所在。早在1927年，毛泽东在湖南开展了为期32天的农村调查，写出了《湖南农民运动考察报告》，从几个县的具体案例中找到了中国革命的核心问题——农民问题，进而为中国革命发展指明了方向。

（二）无法"入木三分"分析问题

调查研究既要走马观花，更要下马看花。考虑到各类现实问题，领导干部开展调查研究多以下马看花、解剖麻雀为主。解剖麻雀是我们党在长期实践中形成的切实可行、行之有效的方法。解剖麻雀重在聚焦典型案例，从中总结经验、找到规律、举一反三，从而以点带面、入木三分地分析问题。但如果解剖麻雀的方法掌握不好，往往出现只见树木不见森林的问题，导致领导干部只能在典型案例中分析典型案

例，在具体问题中总结具体做法，最终导致浮于表面地分析问题。当问题出现在其他地方，或者问题改变了外在形态，往往就无法举一反三地进行分析，出现以偏概全、盲人摸象等问题。比如，某村庄通过"文艺＋民宿"的方式实现了乡村振兴，某领导干部去调研后发现该村庄做法非常好，就专门开会研究如何推广"文艺＋民宿"的发展模式，并未入木三分地分析内在的逻辑，而只是简单地复刻。

（三）无法"对症下药"解决问题

领导干部调查研究成效如何，一个重要指标就是能否通过调查研究成果推动这一类型现实问题的解决。但调查研究中只见树木不见森林的现象，导致在对症下药解决问题时往往是"刻舟求剑""闭门造车"，无法真正解决问题。2023年，"淄博烧烤"成为流量话题，很多地方都前去淄博开展调查研究，探究"淄博烧烤"火出圈的秘密，进而解决本地经济发展面临的问题。但一些地方虽然开展了调查研究，但始终围绕淄博烧烤进行，没有"跳出烧烤看发展"，没有关注淄博烧烤背后的便民举措、营商环境、政府服务态度等深层次的问题，见烧烤等表面问题而未见深层原因，导致回来后或者简单复刻淄博烧烤产业，或者无疾而终，没有对当前经济发展面临的问题对症下药。

第五节　调查研究切忌只报喜不报忧

"只报喜不报忧"是形式主义、官僚主义在调查研究领域的缩影，是党风不正在调查研究过程中的集中体现。一些领导干部在开展调查研究中，脱离群众，背离实事求是原则，善于总结经验而忽略发现问题，面对成绩过分夸大，面对问题遮遮掩掩，严重影响了领导干部调查研究的实效。

一、调查研究要善于聚焦突出矛盾和问题

领导干部调查研究不应该为了调查研究而调查研究，而应善于聚焦突出矛盾和问题、准确把握发展规律、精准了解事情全貌。因此，调查研究应是发现问题、分析问题、解决问题的过程。马克思主义认为，矛盾具有普遍性和客观性，这既说明了我们的世界是一个充满各种问题的世界，也说明我们要通过不断地解决问题来化解矛盾以推动事物的发展。这就决定了领导干部调查研究只有聚焦矛盾、直面问题，才能真正取得实效。一个领导干部，有没有问题意识，能不能始终坚持问题导向，是其能否高效开展调查研究的重要影响因素。正如习近平总书记所指出的："学习掌握事物矛盾运动的基本原理，不断强化问题意识，积极面对和化解前进中遇到的矛盾。问题是事物矛盾的表现形式，我们强调增强问题意识、坚持问题导向，就是承认矛盾的普遍性、客观性，就是要善于把认识和化解矛盾作为打开工作局面的突破口。"[1] 作为新时代领导干部，开展调查研究必须坚持马克思主义的精髓要义，善于发现问题，敢于直面问题，科学解决问题，在理论与实践的结合中推动事业的发展。

二、调查研究只报喜不报忧的典型表现

（一）"滤镜式"调查研究

滤镜是图像处理中广泛使用的技术手段，通过对原始图像进行算法处理，实现图像颜色、对比度、饱和度等属性的改变，进而达到美化、修饰、矫正、虚化图片的目的。应用到调查研究领域，"滤镜式"

---

① 《习近平在中共中央政治局第二十次集体学习时强调 坚持运用辩证唯物主义世界观方法论 提高解决我国改革发展基本问题本领》，《人民日报》2015 年 1 月 25 日。

调查研究是指在调查研究过程中，虚化、弱化、模糊化存在的问题，放大、强化取得的成果，进而对调查研究过程和结果进行"美化"的调查研究行为，这实质上违背了共产党员实事求是和求真务实的原则。"滤镜式"调查研究涉及调查研究的方方面面。在调查研究开始前，一些领导干部通过打招呼等方式联系被调研基层单位，要求或暗示这些基层单位对自身进行"美化"，确保"关键问题"得以隐藏，"重大问题"适当模糊，向调查研究人员"暴露"一些"小问题"、"突出"一些"大成就"。在调查研究过程中，一些领导干部专注于成功经验的总结和提炼，主动忽视问题的查找，遇到问题绕着行，看到问题躲着走，强调调查研究过程的"你好我好大家好"的一团和气。在撰写调查研究报告时，主要负责同志和执笔人专注经验总结，弱化问题和对策，将经验学习作为调查研究报告的主要内容。

（二）"作秀式"调查研究

作秀是指表演和演出者为销售和竞选而进行的宣传行为，亦指弄虚作假、装样子骗人的行为。"作秀式"调查研究采用了后面的含义，是指在调查研究过程中注重弄虚作假的表演行为，从外面看往往"精彩纷呈"，但干的都是虚事、谋的都是虚荣、求的都是虚名，实际上离基层党员干部和人民群众愈行愈远，违背了《关于在全党大兴调查研究的工作方案》要求的"扑下身子干实事、谋实招、求实效"的要求。一些领导干部把调查研究做成了自己的个人秀，热衷于打卡拍照、新闻报道，镜头前和镜头后两副面孔，问题前和成绩前两种态度。热衷于摆拍走过场，缺乏俯下身子向群众取经问道的耐性和决心。如，"坐着车子转、隔着玻璃看"、走规定路线、做给舆论宣传看的调查秀，只发现小问题、不解决大问题、追求标新立异等个人表现的问题秀，只总结已有规律、研究成果经验、好大喜功的成果秀。

三、调查研究只报喜不报忧的危害

（一）容易滋生自私自利的不良风气

调查研究只报喜不报忧的关键原因是少数领导干部存有私心，长此以往，就会滋生自私自利的不良风气。领导干部开展调查研究一般都与自己的工作相关，或者是自己直接负责的区域或者行业。在这种情况下，他们担心在调查研究中报忧、揭露问题会给上级部门和领导留下不好印象，既影响本单位、本地区的年度评价，也影响自身发展。此外，极个别领导干部害怕开展调查研究会给自己的主管部门和领导添麻烦，害怕自己的调查研究结果与领导看法不一致，影响自身发展。在上述自私心理的影响下，极个别领导干部在调查研究过程中不愿直面问题、解决问题，而是选择短期隐瞒、部分甚至全部遮掩的做法，在调查研究报告上专注优点、成绩和经验，忽略问题、教训和不足。只报喜不报忧之风在调查研究领域不断增长，就会导致越来越多的领导干部不敢讲真话、不敢谈问题，开展各项工作以明哲保身和个人利益为行动准则，既对党和人民的事业不负责任，也违反了党的纪律。

（二）破坏党的实事求是的思想路线

实事求是是我们党的思想路线，也是我们党的优良作风，是党的事业能够不断发展壮大的重要保证。坚持实事求是的思想路线就是要在工作中尊重客观规律、还原事物发展的本来面目。领导干部在调查研究中只报喜不报忧就无法真实反映问题，无法做到是非分明。极个别领导干部忽视了调查研究发现问题、解决问题的目的，忙于通过调查研究营造"形势一片大好"的假象，把本应该反映发展中面临问题的调查研究报告当作一份份夸奖领导和自己工作的宣传稿，把一些本应及时发现并解决的矛盾和问题隐藏起来。最后往往使一些地方和单

理
论
篇

位背离了实事求是的思想路线，迷失在自己营造的幻境中不能自拔，最终为党和国家事业发展和人民群众利益造成严重后果，损害了党和国家的形象。

（三）导致党委政府信息闭塞失真

党委政府开展各项工作离不开全面、系统和准确信息的支撑，而调查研究是领导干部获取各类信息的重要渠道，领导干部调查研究只报喜不报忧往往会导致党委政府的信息闭塞失真。领导干部向上级机关和领导汇报区域或行业发展情况，离不开系统全面的调查研究，如果在调查研究报告中只报喜不报忧，就会影响获取信息的质量，导致上级领导和机关信息闭塞、失真。比如，某地在推进城乡人居环境整治过程中，一些领导干部为了塑造有功无过的良好形象，在调查研究中片面夸大自己的成绩，忽略调查中暴露的问题。对于实际调研中发现的老旧小区人居环境不达标问题，选择在调研报告中通过修改数据或含糊其词来应付过去，这样做严重影响了上级党委部门对全市城乡人居环境整体状况的掌握，影响了后续政策的科学性。

第六节　调查研究切忌只见表象不见本质

领导干部调查研究的目的是通过表象见本质，是通过调查研究发现问题的关键要素，发现影响事物发展的根本矛盾，进而提出解决办法。但在领导干部调查研究实践中，常常存在着只见表象不见本质的现象，值得我们警惕。

一、透过表象看本质是领导干部调查研究的重要能力

客观事物是复杂的，包含了本质与表象。在我们认识世界的过程

中，只有认识了客观事物的本质才能真正理解这一事物，进而掌握事物发展的客观规律。而事物的本质不是直接表现出来的，而是通过表象表现出来。表象和本质之间的关系并不直接，二者之间存在着一定程度的偏离，正如马克思所说："如果事物的表现形式和事物的本质会直接合而为一，一切科学就都成为多余的了。"① 调查研究作为领导干部科学决策的有力保证，如何透过表象看本质就成为考验领导干部调查研究能力的重要标准。

当今时代发展迅速、日新月异，事物之间关系纷繁复杂，在这种情况下，只有善于透过表象看本质才能抓住客观事物的本质和关键，最终按照客观规律推进工作。毛泽东曾指出："我们看事情必须要看它的实质，而把它的现象只看作入门的向导，一进了门就要抓住它的实质，这才是可靠的科学的分析方法。"② 在长期的调查研究实践中，正是通过提升透过表象看本质的能力，我们才得以科学认识客观事物的内在规律，准确把握历史大势，正确指导实践。在调查研究中提升透过表象看本质的能力，就要对问题进行全面深入的调查和了解，将获得的丰富资料去粗取精、去伪存真，从而由此及彼、层层深入地认识本质，抓住事物发展的根本矛盾，把握关键要害，最终解决实际问题。

二、调查研究只见表象不见本质的典型表现

（一）"浮萍式"调查研究

"浮萍式"调查研究是指极个别领导干部在开展调查研究时永远浮在上面、随波逐流，不深入基层、不深入群众，喜欢跟着潮流或者热度去开展自己的调查研究，但又一直遵循从自己办公室到被调查研究单位办公室的模式。"浮萍式"调查研究一直围绕着表面做文章，经常

---

① 《马克思恩格斯全集》第 46 卷，人民出版社 2003 年版，第 925 页。
② 《毛泽东选集》第 1 卷，人民出版社 1991 年版，第 99 页。

是浮光掠影、走马观花、浅尝辄止，不注重对事物内部规律的挖掘，不注重对问题根源的剖析，只是从表面分析问题、治标式解决问题，甚至将自己调研发现的一些问题过度普遍化。如，某领导干部开展政务服务助力营商环境提升问题的调查研究，从不下到企业一线与企业家们谈心，而是从自己办公室到发展改革委、政务办等部门的办公室，听取他们的汇报；在总结调查研究结论时，只关注硬件设施、资金投入等表面问题，而对环境、效能等问题则不作深入思考。

（二）"坐而论道式"调查研究

"坐而论道式"调查研究是指领导干部开展调查研究时不深入群众实际生活，而是习惯性地在电脑上搜集一些资料、找一些人坐在一起讨论，依靠简单的思考来发现问题、分析问题，甚至提出解决方案。因为并没有真正设身处地地置于事情之前，没有到现场与利益相关方进行深入交谈，自然也只能是分析表象而看不到实质。"坐而论道式"调查研究不注重对问题根源的挖掘，出谋划策出解决方案也只能是想当然，高高在上而无法接触到实际，夸夸其谈而不考虑可行性。比如，某领导干部围绕乡村产业振兴开展调研，却只是到了乡镇政府的办公室，始终没有到村庄内部与农民进行交流，既没有真正了解农民在产业发展中面临的问题，更不了解该地区农村适合哪些产业的发展，而是仅仅依据搜集的网上资料和基层政府的汇报，就开始大谈特谈该地区乡村产业的出路，既不符合当地实际，又让基层干部无处落实，最终调查研究成了装模作样的走过场，更谈不上透过表象看到问题的本质。

（三）"囫囵吞枣式"调查研究

"囫囵吞枣式"调查研究是指领导干部在开展调查研究时，不求真正、彻底地了解问题，而只是笼统、含糊地了解问题来龙去脉，在未经深入思考、真正探究问题、找出解决问题的正确方案时就结束调查研究的一种行为，是一种不走心、不用心、无实效的调查研究。一些领导干部在调查研究过程中，对问题不求甚解、敷衍了事、得过且过，碰到比较复杂的问题就简单分析了事；在撰写调查研究报告中，又喜欢瞎指挥，未经深思熟虑、不进行可行性和科学性分析就提出各种具体的对策建议，往往为问题的解决产生一些负面的影响。"囫囵吞枣式"调查研究是领导干部沉不下心、缺乏问题意识、偏听偏信的典型表现，是对实事求是原则、问题导向和群众路线的背弃。

三、调查研究只见表象不见本质的危害

（一）无法抓住事物发展关键

调查研究只见表象不见本质就无法通过正确分析矛盾、抓住事物发展的关键。在实践中，事物的现象总是多种多样的，甚至是真假并存的，如果只是通过领导干部的直觉和简单的调查研究，是无法真正对事物的现象进行区分的，更无法认识事物的本质。因此，毛泽东明确指出："用直觉一看就看出本质来，还要科学干什么？还要研究干什么？"① 这足以看出通过表象看本质是需要深入调查研究的，这也符合透过表象看本质的曲折复杂的过程。

（二）无法真正推动事物发展

调查研究只见表象不见本质就无法抓住事物的主要矛盾，更无法真正推动事物的发展和问题的解决。事物发展的根本原因在于事物的矛盾性，唯物辩证法认为事物的发展是内外部诸多因素共同作用影响的，但这些因素在其中发挥的作用并不完全相同，有的是事物发展的

---

① 《毛泽东文集》第 6 卷，人民出版社 1999 年版，第 401 页。

根本原因，有的是第二位原因，有的是可以忽略不计的原因，而我们解决问题、开展工作就要抓住事物发展的根本矛盾，以主要矛盾的解决来带动其他矛盾的解决。但调查研究只见表象不见本质就无法真正发现导致问题发生的根本矛盾，自然也就无法让所有问题达到迎刃而解的效果。

第七节　调查研究切忌只见问题不见措施

事物的发展离不开问题的解决，应该说，正是在不断地发现问题和解决问题中，我们推动了工作的开展。中共中央办公厅印发的《关于在全党大兴调查研究的工作方案》明确提出"以解决问题为根本目的"[①]。但在实践中，极个别领导干部开展调查研究只注重发现问题、不注重解决问题，调查研究成果只见问题不见措施。

一、调查研究要发现问题更要解决问题

中共中央办公厅印发的《关于在全党大兴调查研究的工作方案》明确提出："必须坚持问题导向，增强问题意识，敢于正视问题、善于发现问题，以解决问题为根本目的，真正把情况摸清、把问题找准、把对策提实，不断提出真正解决问题的新思路新办法。必须坚持攻坚克难，发扬斗争精神，增强斗争本领，勇于涉险滩、破难题，知难而进、迎难而上，把调查研究成果转化为推进工作、战胜困难的实际成效。"[②] 将解决问题视为领导干部调查研究的根本目的，将坚持攻坚克难、发扬斗争精神作为领导干部调查研究的重点要求，足以看出提出解决问题的对策措施在领导干部调查研究中的地位和价值。

---

① 《中办印发〈关于在全党大兴调查研究的工作方案〉》，《人民日报》2023 年 3 月 20 日。
② 《中办印发〈关于在全党大兴调查研究的工作方案〉》，《人民日报》2023 年 3 月 20 日。

问题是时代的声音，在全面建设社会主义现代化国家新征程中，不论是制定宏观发展战略，还是解决群众身边的烦心事，都需要不断发现新问题、研究新情况、提出新举措，这些都离不开领导干部的调查研究。应该明确，领导干部开展调查研究的主要原因是发现问题、查找原因，而根本目的是围绕问题提出相应的解决方案和措施。这就要求领导干部在开展调查研究时要始终坚持发现问题、分析问题与解决问题、提出对策并重。在整个调查研究过程中，发现问题是为了解决问题。在调查研究实践中，真实情况往往有很多表象，影响了领导干部对情况的把握。因此，只有通过深入一线的调查研究才能掌握第一手资料，进而透过表象看本质，深刻把握问题实质和矛盾规律，为提出科学严谨可行的对策提供支撑。而调查研究提出的对策是否正确，关键要看其能不能真正解决问题、满足群众的需求。因此，从全过程角度看，衡量领导干部调查研究的效果和质量，不是看参加调查研究的人员有多少、时间有多长、范围有多大，更不是看调查研究报告用词怎么样，关键是要看是否提出了符合实际的、切实可行的措施，是否真正能够把问题解决好。

二、调查研究只见问题不见措施的典型表现

（一）"拼凑式"调查研究

"拼凑式"调查研究是指领导干部未经系统谋划，简单将单独的、联系性不强的一些地方、资料进行调查研究的现象。其主要可以分为调查研究人员拼凑、调查研究对象拼凑、调查研究报告拼凑。调查研究人员拼凑是指领导干部在调查研究前对参与人员未进行科学筛选，只是随机选了一些能够参加的人员，导致参加调查研究的工作人员的工作内容、知识结构、能力水平等存在较大差异，在调查研究中难以形成有效的认识，往往出现调查研究人员应付式、搭便车式参与的问

题。调查研究对象拼凑是指选择调查研究对象时，没有统一的标准，甚至与调查研究主题相差较远，严重影响调查研究成效。调查研究报告拼凑是指由多人共同执笔撰写调研报告，或者是将几个人写的内容简单拼凑，或是对搜集的材料简单拼凑。因为问题可以从个别案例中得出，而措施则需要基于对所有案例的深入分析、对问题本质的剖析，所以，无论是人员拼凑、对象拼凑，还是报告拼凑，其最终结果就是问题比较常见，但可行性措施很难见到。如某基层干部曾说："上级部门和领导开展调查研究，就是要材料，甚至还要按照他们的提纲进行撰写，而上级部门和领导的调查研究报告则只是把不同人的材料进行简单拼接。"

（二）"脱节式"调查研究

"脱节式"调查研究是领导干部调查研究中调而不研、回避矛盾、逃避落实的典型现象。"脱节式"调查研究故意模糊为何开展调查研究、为谁开展调查研究的问题，或是看到问题避而不谈，或是注重形式而非内容，是形式主义在领导干部调查研究领域的表现。"脱节式"调查研究一般包括与调查研究对象脱节和调查研究环节脱节两种现象。与调查研究对象脱节是指在调查研究中普遍采用问卷调查、访谈、网络调查、资料索要等方式，不直接去实地获取信息和数据，更不会主动与群众接触了解情况。调查研究环节脱节是指调查研究人员只做材料的搜集员、整理员，不做问题的分析员、研究员；调查研究从资料到资料、从现象到现象，整个调查研究过程围绕资料的搜集、整理进行，不进行深入的分析；对问题只是表面性描述，或不分析问题原因，或一笔带过；对调查研究措施则是能省略就省略。曾有企业反映，经常收到因为领导干部开展调查研究要交材料的通知，但各种问题反映了无数次，每次都没有后续，企业面临的问题依然如故，久久不能解决。

三、调查研究只见问题不见措施的危害

（一）滋生劳民伤财之风

领导干部开展调查研究既需要系统周密的安排，也需要基层单位的接待。领导干部调查研究就是想走进群众发现问题，找到问题的病症，为解决问题开出良方。但调查研究只见问题不见措施，往往造成来的时候兴师动众、浩浩荡荡，走的时候无声无息、稀里糊涂，既造成了基层单位接待调查研究团队的负担，也花费了大量的人力物力。一些领导干部开展调查研究时，为了显示自己亲民的形象和为民负责的态度，往往是大肆宣传，并对调查研究的对象、范围、流程等提出具体且细致的要求。在开展调查研究过程中，几辆甚至几十辆车的人员随行，还要求基层单位也要有相应人数的人员进行陪同，甚至对群众访谈的人数都做了要求，但最后结束后却没有任何下文，基层单位和人民群众生活工作中遇到的问题依然存在，白白浪费了大量的人力、物力和财力，造成劳民伤财。如一位镇长曾说道："来开展调查研究的领导接待了一批又一批，存在的问题反映了一遍又一遍，每周都要组织大量工作人员、花费大量的时间去接待、陪同领导干部开展调查研究，但往往回去后没有了后文，浪费了大量的金钱和精力。"

（二）伤害人民群众感情

领导干部调查研究是坚持党的群众路线的重要表现，人民群众对领导干部开展调查研究的期望非常高，有些群众甚至将领导干部下基层开展调查研究视为解决多年陈旧问题的重要渠道。一位群众听到领导干部要到所在村开展调查研究时曾动情地说："这次领导下来，自己多年来遇到的难题终于可以解决了，以前乡镇领导总说自己能力有限

理论篇

没办法解决，这次反映上去肯定能够解决。"但爱之深则责之切，如果领导干部调查研究只见问题不见措施，人民群众和基层单位遇到的问题迟迟得不到推进或者解决，那基层干部群众就会非常失望，严重伤害人民群众的感情，对我们党的形象造成非常不好的后果。因此，领导干部只有在调查研究中始终坚持人民至上、坚持问题导向，不仅通过谈心谈话找到问题的"病症"，而且通过分析研究提出解决问题的"药方"，才能真正能够赢得基层人民群众的信任，真正达到领导干部调查研究的目的。

案例篇

第八讲
数字赋能提升基层公权力监督效能

第一节　调研设计

一、调研背景

基层公权力监督是党和国家监督体系的重要组成部分，对推动实现基层治理体系和治理能力现代化具有基础性和关键性作用。完善基层公权力监督有利于肃清基层政治生态，更好地贯彻以人民为中心的监督原则，确保基层干部的先进性和纯洁性，从而提升基层治理效能。随着大数据和数字技术在基层治理的广泛应用，地方纪检监察组织运用数字技术监督公权力成为新的发展趋势。二十届中央纪委二次全会工作报告明确提出，构建基层公权力大数据监督平台，畅通群众监督渠道，健全基层监督网络。因此，有必要探索技术应用治理的作用范围、限制条件和潜在风险，尤其是数字技术如何提升基层公权力的监督效能，促进基层治理机制的整合，开展政府部门利用数字技术进行权力监督的内在机制研究。

二、调研依据

《中共中央　国务院关于实施乡村振兴战略的意见》
《促进大数据发展行动纲要》

《国务院关于积极推进"互联网＋"行动的指导意见》

《国家信息化发展战略纲要》

《Z省数字政府建设"十四五"规划》

《Z省数字化改革总体方案》

《N市数字化改革总体行动方案》

《N市政府信息资源共享管理办法》

《N市政务云计算中心服务指南》

《N市政务云计算中心管理办法的通知》

《Y区推进城乡基层公权力规范运行"三清单一流程"实施方案》

三、调研目的

目前，在全面推动数字化转型和改革的背景下，各地正在推行基层公权力大数据监督应用，通过数字技术实现权力监督创新，通过数据摸排推进监督精准化、通过廉情预警推进监督高效化、通过落实责任推进监督无缝化，可以实现权力运行过程规范化、权力轨迹可追溯和权力监督智能化。通过调查研究，为地方政府更好推动基层公权力监督的技术应用提供研究参考。

四、调研内容及方法

本次调研主要分为调研前期筹备、相关单位通知动员及内部调研、相关单位实地调研、资料整理及分析、调研成果初稿编撰、评审论证及成果修订6个步骤。本报告中的调研数据，未标注出处的均为本课题组调研过程中从相关单位获取、整理而得。调研对象为基层公权力监督大数据应用相关单位，主要包括：N市纪委、Y区纪委、Y区应用公权力大数据监督应用的各乡镇（街道）、S信息工程咨询有限公司（Y区公权力监督大数据应用合作建设企业）。本次调研采用问卷调查、现场调研、座谈交流、电话调研等相结合的方式，以获取相关资料。

第二节　报告范文

关于数字提升基层公权力监督效能的实践分析
——以 Y 区乡镇公权力大数据监督应用为例

习近平总书记在党的二十大报告中指出："健全党统一领导、全面覆盖、权威高效的监督体系，完善权力监督制约机制，以党内监督为主导，促进各类监督贯通协调，让权力在阳光下运行。"推进政治监督具体化、精准化、常态化，增强对"一把手"和领导班子监督实效，坚决惩治群众身边的"蝇贪"。基层是党风廉政基础所在，"微权力"失范，如涓涓细流穿蟆破岩。基层干部直接面对群众，是惠农政策的宣传者，也是涉农项目、资金在"最后一公里"落实的执行者，其权力的行使直接关系群众的切身利益。群众对权力行使中的不公平、不公正现象感受最深刻。而基层的贪腐具有复杂多样、反复易发、隐蔽性高等现实特征，乡镇公权力涉及面广、权力事项杂、基层自主权大、廉政风险隐患多、群众关注度高，传统监督机制存在监督信息单一、碎片，监督方式滞后，无法即时预警、快速处置等问题。在审查调查过程中，需要处理的数据多，人工核查难、核查慢、外围调查动静大。

基于基层公权力的这些特性，传统的监督方式和机制难以有效制约基层的贪腐和权力运行失范等问题。党的十八大以来，以习近平同志为核心的党中央，就基层权力监督等相关问题创造性地提出了一系列新思路，出台了一系列新举措新政策。随着 2019 年开始数字乡村战略全面实施，数字技术嵌入基层治理成为新的发展趋势。要把数字技术广泛应用于政府管理服务，推进政府数字化、智能化运行，为推进国家治理体系和治理能力现代化提供有力支撑。二十届中央纪委二次全会工作报告明确提出，构建基层公权力大数据监督平台，畅通群众监督渠道，健全基层监督网络。由此，数字赋能基层公权力监督成为新的研究议题，本文试图通过对 Y 区的治理实践进行分析，破解数字技术提升基层公权力监督效能提升的具体成效和存在问题。

一、基层公权力监督的主要困境和传统解决之道：Y 区的探索之路

Y 区，隶属 Z 省 N 市，是 N 市中心城区之一，N 市政府驻地，地处 N 市东部沿海，截至 2022 年末，Y 区常住人口 166.2 万人，户籍总人口 98.77 万人，下辖 15 个街道、10 个镇。2022 年，Y 区 GDP 达 2734.8 亿元，是全省第一经济强区，位列全国百强区第 13 位。由于经济发展好，基层权力运行也更为复杂多样，监督的任务更具有挑战性。

（一）Y 区基层公权力监督的主要困境

自监察体制改革以来，Y 区查处的案件中，涉及乡镇（含站所）公权力的达 263 个，占案件总体的 79%，其中 8 个领域违纪违法问题发生单位多、频率高、复发性特征明显，行政执法、重大决策、拆迁拆违 3 个领域位居前三，占比分别为 21%、21%、18%。部分违纪违法手段呈现智能化、隐蔽化、跨区域化特征，亟须进一步强化权力运行的监督制约。普遍来看，乡镇公权力具有以下特点：基层自主权"大"、廉政风险隐患"多"、涉及面"广"、权力事项"杂"、群众关注度"高"。工程项目中低于 50 万元的项目不经过立项，均为线下进行，缺少"留痕"操作，资料易丢失，监管难度大；公车管理使用登记维修、保养、更新、油卡充值均为纸质资料记录，监管难度大；乡镇公权力难以进行统一规范化管理，也不能及时进行监督预警，因此建设一个主动监督、事前事中监督、整体智能监督的智能化平台迫在眉睫。

通过实时、精准、智能的监督方式有效压缩权力任性、寻租空间，着力破解乡镇公权力运行中存在的决策不透明、行权不规范、管理不严格、监督不到位等问题。

（二）Y区基层公权力监督的传统探索

为加强基层公权力的监督效能，Y区在制度建设、技术应用等方面进行了持续探索。在制度建设方面，2018年9月以来，Y区探索推行基层公权力"三清单"运行法，根据建制村、社区、股份经济合作社不同特点，分别编制权力清单、责任清单、负面清单和权力运行流程图，涉及清单170条、流程图95个，让基层用权有了"固定路线"，群众监督可以"按图索骥"。2020年4月以来，Y区纪委监委先后出台了《深化清廉村居建设、着力推动全域治理专项工作方案》《Y区基层站所全面推行"三清单"运行法实施方案》等文件，对清廉村居建设和"三清单"运行法进行了全面部署。同时，Y区纪委区监委紧盯农村"三资"管理、征地拆迁等重点领域，持续开展涉纪信访"减存遏增"专项整治和"三多件"清零攻坚，开展村社问题线索大起底、"惩治基层腐败、推动基层治理"等行动，并探索建立以智慧监督为手段、群众监督为基础、部门监管为主体的监督制约机制，推动公权力监督向基层延伸，"让三张清单亮起来、制度笼子密起来、纪律规矩硬起来"，为经济社会发展提供坚强有力的保障。

在技术应用方面，为顺应"互联网＋"的新形势需要，充分发挥信息技术在党风廉政建设中的重要作用，以操作简单便捷、管理安全有效、分类清楚明晰为基本原则，Y区构建了党风廉政建设"两个责任"在线管理平台系统，不断加强党风廉政建设和反腐败工作的科技含量，提升反腐倡廉的科学化水平。在线管理平台通过任务在线下达、工作在线申报、进度在线督查、业绩在线考评，实现对"两个责任"

的痕迹化、动态化管理。

（三）Y区推动基层监督数字化转型的基础和优势

首先，Y区公权力监督基础扎实、经验丰富。Y区创新探索推行基层公权力"三清单"运行法。"三清单"运行法，是Y区着眼于规范城乡基层公权力而建立的基层社会治理体系，根据建制村、社区、股份经济合作社不同特点，分别编制权力清单、责任清单、负面清单和权力运行流程图，涉及清单170条、流程图95个，让基层用权有了"固定路线"，群众监督可以"按图索骥"，Y区基层公权力监督的生动实践为镇级公权力监督运行平台建设积累了深厚的基础经验。其次，数字监督设计理念先进，技术成熟。Y区镇级公权力监督运行平台以业务中心、流程中心、监管中心为主要功能载体，分别满足不同用户、不同领域的个性化需求，覆盖从审批监管到决策分析各个环节。本项目的研发可充分借鉴运用已有的平台建设理念，增加多部门横向联动渠道，支持升级拓展为村—镇—区三级贯通，纪委、组织部、科技、民政等多部门横向联动的有机载体，倒逼基层事务管理从粗放向精准、从碎片向系统、从被动向主动转变。最后，先行试点工作较为成熟。自乡镇公权力监督运行平台先行先试工作，以及省基层公权力全程在线审批应用以来，各地区基层权力监督系统建设案例丰富，各级干部群众数智化认知水平已有极大提升，在Y区建设镇级公权力智慧监管多跨场景应用时机成熟。

二、数字提升基层公权力监督效能的分析：Y区的数字治理实践

（一）环境建设与制度嵌入

1. Z省数字化改革的全面启动

2021年以来，Z省全面推进数字化改革工作，掀起了数字变革的

案例篇

浪潮。2021 年 6 月，省纪委向全省推广基层公权力大数据监督应用平台，旨在推动基层公权力运行。随着清廉 Z 省建设的深入推进，省市县各级职能部门从上至下的数字化平台正逐步完善，村级小微权力数字化监督初显成效，但乡镇公权力监督数字化应用还明显不足，阻碍了公权力数字化监督上下贯通。要推动清廉 Z 省建设在乡镇落地、全面从严治党向基层延伸、社会治理重心向基层下移，推动基层公权力空间最小化、公开透明化、监督标准化，不断提升基层监督科学性、精准性和协同水平。省委召开数字化改革推进会议以来，特别是省委要求"152"体系向乡镇以下延伸、与基层治理整体贯通，以及省纪委提出"探索推进公权力大数据监督应用向乡镇拓展延伸"后，如何以数字化改革赋能公权力监督，以数字化监督重大应用的"小切口"助推现代化建设的"大场景"，是基层亟待研究破解的重大课题，为各地探索基层公权力数字化转型提供了制度蓝图和架构范本。

2. N 市纪委数字监督的制度设计

2021 年，N 市各级纪检监察机关以基层监督数字化改革为抓手，将数字化手段与纪检监察工作深度融合，"盘活"大数据、赋能"智慧化"，以智能精准监督破解治理短板，促进监督更好地融入基层治理，推动监督方式迭代升级。N 市纪委监委机关认真贯彻省纪委监委总体部署和市委相关要求，结合 N 市实际，制定出台了《N 市基层监督数字化运行平台推广部署方案》《N 市基层监督数字化运行平台建设方案》，着力以数字化改革促进基层小微权力运行监督规范化、数字化、智能化、标准化、常态化，并成立工作专班，组织专门力量，督促推动各区（县、市）纪委监委倒排时间表、挂图作战，高质高效推进场景建设，以数字化改革助力监督下沉落地、融入基层治理。

3. Y 区基层公权力监督的迭代升级

Y 区在城乡公权力运行监督上探出了路子、闯出了特色、形成了经验，构建了村级小微权力的"体系化""闭环式"监督格局，但对乡镇公权力的监督还处于初始状态、传统阶段。因此，在谋划数字化改革过程中，Y区坚持问题导向、需求导向、改革导向，在省、市纪委的指导和帮助下，以乡镇公权力监督作为小切口，用数字化改革的理念来谋划权力监督、基层治理。区纪委区监委倒排时间表、挂图作战，及时扩充专班人员，安排专门场地，集中力量建设乡镇公权力大数据监督应用。

（二）实施过程与技术赋能

1. 调研梳理，发现监督高频事项

N市Y区纪委监委相关工作人员成立工作专班，全面启动应用建模，充分梳理监督核心业务、摸清需求。为此，该区纪委监委前期先后召开了33场调研会，联合22个镇（街道）和相关职能部门，共同梳理出包含12个方面80大项270小项的乡镇权力清单和相应的责任清单、负面清单及流程图。同时，对监察体制改革以来涉及乡镇（含站所）公权力的263个案件进行深入剖析。

基于对以往案例的深入分析，Y区纪委监委发现8个乡镇公权力领域违纪违法问题发生单位多、频率高、复发性特征明显，其中行政执法、重大决策、拆迁拆违3个领域位居前三，占比分别为21%、21%、18%。针对上述突出问题，该区纪委监委在监督应用中搭建了"重大决策""公车管理""工程项目""服务外包""惠农政策""经营性固定资产""拆迁拆违"等应用子场景，对乡镇公权力事前、事中、事后全流程在线监督。

2. 归结数据，破解条块分割难题

条块分割是乡镇公权力监督难的症结所在。乡镇对接政府部门各条线，每一条又有自己权力运行的规范，甚至一项工作也由多个部门

管理，这给监督增加了不少难度。据 Y 区纪委监委党风政风监督室有关负责人介绍，以工程建设为例，项目审批由发改局、项目施工由住建局、项目审计由审计局，各个部门之间信息存在孤岛，一些违纪违法问题就很难发现。为打破信息孤岛，推动信息资源协同共享，Y 区纪委监委积极努力争取各部门、各层级间的数据、组件等各类数字资源的共建共享，采集各层级各部门单位的相关数据，再通过后台校验程序及时排查异常数据，不断夯实"数据底座"。截至目前，该应用已先后对接数源系统 15 个、IRS 接口 22 个，横跨对接公共资源交易中心、国资中心及 IRS 公共主体信息、证件信息、信用信息、黑名单信息，定期采集政采云、补贴补助等各类业务数据，获取多源数据5553.93 万条。

得益于乡镇公权力大数据监督应用跨部门数据碰撞分析功能，原本隐藏的问题被"一键"暴露，大幅提升了监督质效。2022 年 4 月，通过应用红灯预警，区纪委监委很快发现某基层站所为规避采购项目进入"政采云"平台，将一个近 60 万元的采购项目，拆分成两个 30万元以下的项目进行招标，涉嫌违规拆分项目的问题。该项目具体经办人受到批评教育处理。"共享信息资源，形成监督合力，弥补了单打独斗的短板，节约了线索初核时间，也更有针对性，原来 2 到 3 天都无法全面收集的信息数据，现在 1 个多小时就能收集完成，极大提高了监督效率，节约了监督资源。"区纪委监委第三纪检监察室办案人员说。

3. 政企合作，开发监督应用场景

Y 区纪委在省市纪委部门的领导下，梳理相关业务重点内容和需求。通过政企合作的形式将项目建设外包给相关企业，该项目重点围绕镇级公权力监管以及基层治理问题，紧盯工程项目、惠企惠农等基层群众最为关注的公权力重点事项，对运行流程进行数字化改造，确定关键节点和监督要求，实现公权力运行全程在线、全面公开、动态预警、及时处置，贯彻 S0、S1 "一本账"，构筑起 "数据全面共享、部门全线联动、项目全程跟踪、预警及时生成、整改迅速到位" 动态监管闭环。

该项目的具体建设内容为 PC 端 "三端八场景" 体系，即决策端（数字驾驶舱）、运行端（运行中心）、监督端（监督中心）和八大应用场景内容。数字驾驶舱通过开发和设计预警分析主题和模型，建设区、镇以及八个场景的驾驶舱页面，为领导提供决策分析辅助。运行中心主要实现八大应用场景中的申报内容查看，并统一进行分配反馈解答；监督中心主要实现八大应用场景自动预警，根据对应的负面清单、预警规则建立模型库，同时根据具体需求建立自定义模型库。八大应用场景主要指重大决策、公车管理、服务外包、工程项目、惠企惠农、招商引资、经营性固定资产、拆迁拆违等。

通过对 Y 区现有情况的摸底调查、数据归集导入，建立完善的运行管理系统，补充完善项目建设的基础属性、附属属性、业务属性信息等。基于 "一库聚合，一屏掌控"，对基层权力监督运行做到心中有数。贯彻落实数字化改革综合集成的理念，加强部门间的相互沟通协调，共同监督，利用数据的综合查询、多维统计、智能比对、大数据分析、可视化展示，拓展创新监督管理的新思路、新模式。高质量推进乡镇（街道）纪检监察工作规范化建设，纵深推进监察职能向基层延伸，进一步织密基层公权力监督网络，压紧压实全面从严治党 "最后一公里"，为领导决策、廉政勤政提供了可视化全局视角，提升社会综合治理效率和水平。

三、Y 区数字提升基层公权力监督的运作机制与成效分析

一方面，基层公权力监督机制的数据归集不断加强。建立 "甲

方＋乙方"、"内畅＋外联"等数据池归集模式，推进监督对象数字化，对接6个人员信息库，收集整理监察对象的信息；坚持"标准统一、布局合理、管理协同、安全可靠"原则，自建专题数据仓。另一方面，建立了乡镇公权力红黄预警处置制度，落实分发推送、分级核实、精准处置，完善红色预警和区域性领域性问题处置机制，通过对接IRS上的人员库，与区民政局、区残联提供的补贴发放数据进行比对，发现了多名不符合条件人员仍在领取残疾人生活补助补贴问题，及时挽回国家损失；聚焦区域性领域性问题整治，注重将大数据监督成果融入基层治理。已分析梳理"租金拖欠、收取不及时、租金较低"、"围标串标"、"违规领取高龄补贴"、"频繁加油可能存在私车公养"、"租赁车辆导致可能存在超编配备公车"等区域性领域性问题5个，并以纪检监察建议书、监督提醒书等方式，督促机关事务、审管、财政等单位举一反三、以点带面开展专项治理。

此外，充分发挥大数据监督海量、智能优势，为纪委日常监督、部门业务监管提供有力支撑，通过大数据监督发现某校行政人员入股企业参与该校采购业务、街道重点办主任配偶占股公司参与其分管工程等违规问题；加强大数据监督与巡察监督贯通，建立巡前信息共享机制，重点关注工程领域问题，在巡察审管办时，将围标串标的预警信息移交给巡察组，推动领域性问题综合治理。

通过以上作用机制，有力推动了基层公权力监督的精准化、智能化、标准化。一是实现对基层权力事务及时更新动态掌控，做到过程清、家底明，实现了"全天候、全流程、全覆盖"的跨部门多业务网上监督。二是数字监督智慧预警作用充分发挥，并通过层级组织架构协助镇村干部分层处理，提高系统预警处置效率。三是重点领域主动监管更加智慧高效，实现对工程建设和资产资源发包的规范化监管，严控违规空间。四是基层权力运行更加公开阳光透明，实现了基层小

案例篇

微权力公开内容的自动推送和实时公开。五是群众诉求渠道更加宽泛畅通，实现群众诉求办理、反馈全过程在线流转。

四、数字技术提升基层公权力监督效能的现实问题

（一）基层公权力监督的绩效内卷化问题

数字技术应用基层公权力监督的首要目的是规范基层公权力运行，同时也是为了提升基层治理的效能，充分降低基层公权力监督的成本。但在具体实践中，基层存在绩效内卷的风险，具体表现在两方面：一是给基层纪检监察组织增加绩效考核负担。其根源在于，压力型体制的任务考核呈现量化特点，在目标管理体制下，纪检监察组织的内部考核压力向数字监督机制转移，监督考核任务通过量化指标层层传导到基层单位，提高了基层纪检监察组织的监督任务考核要求。二是市级纪检监察组织通过数字技术的流程和标准化，大大压缩了基层权力监督流程的运作空间，导致基层权力不断向上级集中，考核任务完成难度大幅提升。

（二）基层公权力监督的数字形式主义问题

随着基层治理过程中数字技术的嵌入，基层治理效能不断提升的同时，也衍生出了新的数字形式主义等问题。一是数字的形式主义化。在基层公权力监督应用过程中，工作人员需要采集、处理和上传的数据日益庞杂化，且很多核心数据涉及部门多，阻力较大，特别是招投标相关的招标文件、评标文件、工程合同，财政相关核心业务数据，缺乏一个实时、稳定的数据采集机制。且采集的数据质量不高，实时更新机制并不健全，导致模型预警的误报率高，加大了预警核查的工作量。二是形式主义的数字化。监督任务下达到基层后，目标导向发生了从权力监督到完成数字考核的偏离，"应付性心理""走过场"等

案例篇

问题逐渐变多。此外，数字赋能公权力监督强调部门协同治理和整体推进，但目前各部门间的信息共享机制仍不健全，很多监督事项流转不顺畅，基层公权力的监督仍处于各自为战的状态。

（三）基层公权力监督的数据安全性问题

数字技术对于信息的采集势必会涉及公权力人员的隐私等问题，而相关的法律规范还不健全，且大量数据集中运营，也易引发外部攻击和泄露等问题，其整体性风险难以保障。Y区基层公权力监督平台目前已依照专家评审要求完成二级等保测评，但伴随的业务场景不断拓展，数据安全需求不断增长，细致化的治理产生的新数据较为敏感，在政务外网运行存在安全隐患，亟须结合业务场景建立大数据中心的数据安全规范。

五、以数字技术提升基层公权力监督的优化策略

（一）全面完善数字监督的考核机制

在压力型体制下，上级政府组织对下级政府组织的绩效考核是保障组织目标实现的必要手段，同时也是变相引发数字形式主义、增加基层负担的核心因素。因此，上级纪检监察组织应该充分优化对基层监督机制的考核体系，重点考核基层纪检监察组织应用数字技术监督的实际绩效。一是细化基层监督效能指标，明确数字技术应用的核心目标。应以提升基层监督业务办理效率，最终实现基层公权力监督效能的提升、实现基层公权力的运行规范为目标，而非监督平台建设完善性和程序精细程度等形式内容。二是建立外部评价机制，拓展对基层公权力监督数字化应用的考评维度。公民等基层治理主体是基层治理效果的直接感受者，在应用数字技术监督体系时，应构建以社区居民和村民为导向的评价机制，定期了解民意反馈。

（二）持续优化数字监督的信息机制

公权力监督实际上是解决内外部信息不对称的过程，而数字技术在很好地解决这一问题的同时也带来了信息冗余等问题。因此，优化数字监督信息的组织机制是增强基层监督效能的重要策略，其核心在于利用数字筛选技术提高监督信息数据的规范性和可信性。一是完善基层监督信息采集标准。数据标准是乡镇纪检监察组织筛选有效监督信息的重要依据，有助于降低后期监督问题的筛选成本。基层纪检监察组织应建立严格的监督信息采集标准，明确基层监督信息采集的范围、流程和内容等要素，确保基层监督问题信息采集的可操作性和规范性。二是优化大数据技术分析研判能力。数字技术对于基层监督数据的分析研判是检测基层监督数据可信度的重要手段。应充分发挥大数据技术对各类数据信息的整合能力，克服数据可信度偏弱的问题，通过对各类数据库的分析研判，充分发现和解决各类监督信息的漏洞。

（三）不断健全技术监督的安全机制

数据安全是保障整个数字监督机制有效运行的根本前提，因此有必要构建长效的监督信息机制。一是从制度的层面保障数据的安全性。在相关法律法规和国家标准的基础上，结合业务需求制定相应的数据安全规范，出台数据管理相关条例和从业人员守则，充分健全基层公权力技术监督机制的制度机制。二是从技术的角度提升数据的安全性。基层公权力监督应用平台本身的技术搭建和设计仍需进一步完善，如进一步明晰各项信息的权限责任人，构建应对信息技术紧急停摆的应急方案，加强应对外部信息攻击的防护能力，充分避免隐私性数据等信息的泄露问题。

第九讲

L市营商环境优化提升调查研究

第一节　调研设计

一、调研背景

营商环境是指企业等市场主体在市场经济活动中所涉及的体制机制性因素和条件，主要是指市场主体在准入开设、生产经营、贸易活动、执行合约、纳税及法定责任、关闭退出等过程中涉及的政务环境、法治环境、市场环境、人文环境等外部环境和条件。习近平总书记就优化营商环境作出过一系列重要论述，特别是在党的二十大报告中明确提出，要营造市场化、法治化、国际化一流营商环境。Z省将营商环境优化提升列为"一号改革工程"，L市第十四次党代会报告明确打造营商环境最优城市的目标。以营商环境优化提升为牵引撬动区域综合发展能力整体跃升，对正处于奋力建设现代化滨海大都市的L市而言，具有牵一发而动全身的紧迫意义。

好的营商环境就像阳光、水和空气，对市场主体而言须臾不可缺少。L市委、市政府历来高度重视营商环境建设，全力推进、持续攻坚，推动营商环境走在全国前列。全国工商联发布的《2022年万家民营企业评价营商环境报告》显示，L市营商环境排全国城市第五，已连续四年稳居全国第一方阵。营商环境只有更好，没有最好，对比先进城市，对标世行和国家营商环境评价、全国工商联万家民营企业评价，对焦企业反映诉求，L市的营商环境仍有不少短板弱项。L市市委书记指出，营商环境优化提升作为"一号改革工程"，贯通着创新深化、改革攻坚、开放提升，是固本之举、浚源之策。要以更高站位把握其大逻辑，以思想提升引领环境跃升，以认识突破带动发展突围。要坚持整体考虑、系统谋划、统筹推进、协同攻坚，放大坐标系、树牢系统观、用好改革招、找准着力点，形成由点及面、点面结合的综合效应。

在L市全力实施营商环境优化提升"一号改革工程"的过程中，深化政务环境、法治环境、市场环境、经济生态环境、人文环境等五大领域改革，打造"一流标准、一流示范、一流口碑"的市场化、法治化、国际化营商环境最优市的现实状况、成效进展、问题短板等，就成为本调研报告的研究背景。

二、调研依据

《中共中央　国务院关于促进民营经济发展壮大的意见》

《国务院办公厅关于复制推广营商环境创新试点改革举措的通知》

《国务院办公厅关于规范营商环境评价有关工作的通知》

《Z省实施优化营商环境"10＋N"便利化行动方案（2.0版）》

《Z省营商环境优化提升行动方案》

《Z省营商环境"无感监测"体系S3版》

《深入推进营商环境优化提升"一号改革工程"助力企业高质量发展的若干举措》

《L市营商环境优化提升"一号改革工程"行动方案》

《L市打造国际一流营商环境实施方案》

世界银行发布营商环境新版评价体系（2021年—BEE体系）

全国、全省工商联"万家民营企业评营商环境"评价体系

三、调研目的

为深入学习贯彻习近平总书记关于全面深化改革和优化营商环境的重要论述精神，认真落实省委、省政府"一号改革工程"决策部署，本调研组以调查研究的形式，初步收集梳理出L市营商环境优化提升的现阶段工作形态、推进成效，同时查找探析出营商环境优化工作尚存的一些不足，为L市奋发有为推进"一号改革工程"，奋力争先打造营商环境最优市的工作贡献绵薄咨政支持。

四、调研内容及方法

本次调研主要分为调研前期准备、调研对象联络动员、内部（学员）调研、相关单位实地调研、资料整理及分析、调研成果初稿编撰、成果修订等几个步骤。

调研对象为营商环境相关市场主体和相应党政部门。市场主体主要包括：国企、民企（包括小微民企和个体经商户）、混改企业、外资企业等。党政部门主要包括市和区县两级发改委（改革办）、政务服务中心、市场监管局、经信局、法制办、综合行政执法局、自然资源和规划局、住房和城乡建设局、公安局、大数据局（管理服务中心）等，还包括已在一些区县率先设立的营商环境改革局。

本次调研采用现场调研、座谈交流、个别访谈、电话调研等相结合的方式。

第二节　报告范文

L市营商环境优化提升的调研报告

营商环境是一个地区执政理念、治理水平、基础设施、要素资源的综合体现。当前，营商环境正成为地区、城市构筑核心竞争力的主赛道。党的十八大以来，习近平总书记高度重视优化营商环境，作出一系列重要指示，强调"营商环境只有更好，没有最好"①。在党的二十大报告中，习近平总书记更是提出了"完善产权保护、市场准入、公平竞争、社会信用等市场经济基础制度，优化营商环境"②的明确要求。

2023 年初，营商环境优化提升成为 Z 省省委、省政府提出的"一号改革工程"，贯通着创新深化、改革攻坚、开放提升，具有引领性、突破性、关键性的战略地位。L 市第十四次党代会报告明确提出打造营商环境最优城市的目标。以营商环境优化提升为牵引撬动区域综合发展能力整体跃升，对正处于奋力建设现代化滨海大都市的 L 市而言，具有牵一发而动全身的紧迫意义。

一、L 市营商环境优化提升的现状与成效

据不完全统计，国内至少有 10 家第三方在开展营商环境评价。其中，全国工商联组织的万家民营企业评营商环境、CCTV 的城市营商环境评价影响较大。全国工商联围绕"要素、政务、法治、市场、创新"等五大环境开展企业调查，公布 31 个省（区、市）和 355 个城市的评价排名；CCTV 围绕"基础设施、人力资源、金融服务、政务环境、法治环境、创新环境、社会环境"等 7 项一级、18 项二级指标开展评价，数据以统计年鉴为准，公布全国 136 个城市排名。在国家层面的这两项营商环境评价中，L 市近年一直稳居第一梯队，且保持着稳步前移的良好态势。

通过调研走访和资料梳理，L 市营商环境的整体状况比较优秀，

---

① 《习近平著作选读》第 2 卷，人民出版社 2023 年版，第 216 页。
② 习近平：《高举中国特色社会主义伟大旗帜 为全面建设社会主义现代化国家而团结奋斗——在中国共产党第二十次全国代表大会上的报告》，人民出版社 2022 年版，第 29 页。

现实状况和新进成效具体体现在以下几个方面。

（一）政务环境服务高效便捷，市场主体满意度较高

企业办事从"可办"向"好办""易办"转变。围绕"企业办事无忧、政府无事不扰"，持续深化"放管服"改革，创新开发运用数字化赋能企业服务和监管平台，企业对政务环境的总体满意度较高。

1. 深化"一网通办"改革，打造本地服务主引擎

持续推进"一件事"集成改革，让企业群众办事跑一窗向零跑跃升。依托"浙里办"推动企业办事全过程智能预填、智能预审、智能审批，实现"智能秒办""无感智办"。推进民商政服务迭代升级，进一步构建"投资便利、风险可控、退市自由"的市场准入退出机制。以本次调研到的 B 区为例，2023 年上半年整体"一网通办"达99.62％，政务服务整体满意度达 99.98％。建立优化重大项目"1244"统筹推进机制、"拿地即开工"等系列改革举措，实现项目从签约到开工"最多80天"保持率100％。优化改革低风险小型项目审批流程，平均审批时限从15个工作日缩短至5个工作日，平均节省小型项目建造成本15万元以上。深化不动产登记、交易和税费缴纳"一网通办"改革，探索试点商品房二手房"在押过户"，同步探索工业用地"在押过户"操作细则。启动实施"一站式"国际贸易综合服务窗口、投资项目审批服务中心等专区建设。依托跨境贸易投资高水平开放试点、新型离岸贸易试点，深化跨境支付领域双向开放改革。

2. 创新建设"无证件（证明）办事之城"，营造高效政务服务环境

针对证件种类繁多、实体证件携带不便、重复证明较多等普遍性问题，L市利用大数据等技术研发运行跨域联通平台，构建了全市域、全领域、全事项的无证件办事服务体系，以"L市电子证明共享核查

平台"为依托,协调对接省、市各相关部门数据接口166个,制作电子证明模板127个,实现电子证明共享出具84种、核查出具43种,形成以数据共享为基础、人工核查为补充,覆盖市、县、乡镇街道政务服务窗口的证明材料网上出具体系。

3. 深耕"甬易办"惠企兑付平台,建设亲清政商关系

依托L市大数据中心,"甬易办"平台汇聚政府相关部门政策资源,整合协同涉企涉民数据资源,构建起政府与企业"端对端"一键通、一站式的在线互动政商服务系统,搭建"易兑付""易申报""易审批""易沟通""易服务"等功能模块,集中解决以往各类惠企惠民政策提交资料多、审核速度慢、操作流程繁等问题,重塑了惠企惠民政策兑付办事流程,企业可以全程参与政策互动交流,实现政策、财政资金直达基层、直接惠企利民。"企业找政策"走向"政策找企业",实现企业群众无需递交任何材料即可在线"一键确认"享受政策。目前已实现资金兑付289亿元,惠及141万企业和个人。2022年,全市为企业减负585.7亿元,目标完成率119.5%,完成率居全省第一。

4. 推行"无感监测",政务服务走向"无事不扰、有求必应"

以"有感服务、无感监管"为目标,通过整合互联网资源和相关数据实现"无感监管、无处不在、无事不扰"和"无事不扰、有求必应"的"店小二"式服务。"无感监测"作为营商环境数字化改革的重要切入口,以市场主体和基层政府部门"无感"方式重塑制度体系。横向打通市场监管、自然资源等30多个市级部门业务系统,纵向归集区县全业务数据,形成了18个一级指标、42个二级指标、249个靶点的全量实时在线的无感监测体系。建立了监测—预警—整改—提升闭环治理机制,构建线上全量实时"无感监测"体系。不仅实现了监管和服务模式创新,更优化了执法策略,大大降低了企业的制度性交易成本。

5. 探索"异地通办"改革，推进政务服务"跨省通办""全省通办"

打破办事区域限制，实现百项政务"跨省通办"。全国162项"跨省通办"事项，L市已实现131项，签订"跨省通办""全省通办"合作协议单位达129家。充分依托"互联网＋政务服务"技术革新，L市主动对接长沙等长江经济带8个城市的政务服务和数据管理部门，实现了与企业群众生产生活密切相关的司法、人社、医保等多个热点民生领域事项的"跨省通办"。

6. 深入实施"一件事一次办"，追求市场主体办事便利度最大化

挖掘推出企业上市发展合法合规证明"一件事"、涉港口执行"一件事"、市场主体歇业备案"一件事"等具有L市特色的"一件事"多跨应用场景。平均每件"一件事"精简材料6.8份，办理时间缩短6.5天。如调研到的B区，上市合法合规"一件事"证明，就全面打通了法院、公安、税务、海关等部门，实现各条线开具合规证明"全覆盖"，最大程度降低了企业上市前合规证明开具的时间成本。同时，L市开发"一键上门帮办"综合应用，改变传统上门办以收件为主的服务模式，实现了政务事项上门可办、现场办结。

（二）法治环境公开透明，市场主体获得感强

近年来，L市不断强化"法治是最好的营商环境"理念，充分发挥法治固根本、稳预期、利长远的保障作用，全面推进各领域法治化改革，持续以一流法治化营商环境助推经济高质量发展。

1. 积极推进重点领域立法，护航经济高质量发展

在产权保护、市场准入、公平竞争、社会信用等重点和新兴领域开展特色立法和精细立法，深化"小快灵""小切口"等立法模式创新。制定及修订《公共资源交易管理条例》《外商投资企业投诉处理办

案例篇

法》《L市社会信用条例》《L市企业技术秘密保护条例》等地方性法规规章28件，以立法高质量保障发展高质量。

2. 严格规范执法，公正文明执法成效显著

一是创新执法方式。全市实行行政执法公示、执法全过程记录、重大执法决定法制审核"三项制度"，进一步规范行政执法自由裁量权。推出"首违免罚"，发布涉企轻微违法行为"首违免罚"清单，涵盖交通安全、道路运输、渔业安全、生态环境、农业生产等26个领域191个事项，实现"事项名称、法律依据、豁免情形"三统一。二是创新监管模式。推行市场主体分级分类"信用＋监管"模式，编制《城市管理领域审慎执法监管事项清单》。全面整合原工商、食品药品、质量技术监督、知识产权、价格监管等领域监管职能，建立并完善权责一致、运转高效的市场监管工作机制。

3. 强化司法服务保障，司法环境更加优化

一是加强重点领域知识产权司法保护。在全国首创"局、队联合办案"机制，加大对新兴产业、重点领域、关键技术的知识产权司法保护力度。创新开辟行政裁决案件特有快速通道，最多可节省法定办案时间29个工作日，实现专利侵权行政裁决案件20个工作日内审理办结。在全国率先实现专利假冒侵权线索在线识别功能，成为国家首批知识产权侵权纠纷检验鉴定支撑体系建设试点城市。

二是创新推进诉讼机制改革。在全国先行先试"移动微法院"改革，推行全流程无纸化网上办案，使涉诉人在微信终端与法院互联互通，实现诉讼服务事项跨区域远程办理、跨层级联动办理、跨部门协同办理，促使打官司从"让当事人跑"向"让数据跑"转变。L市两级法院开展跨省跨市调解或开庭，为省外、境外的当事人节约了大量时间和成本。同时线下线上同步推进诉讼程序，有力破解了长期困扰办案人员的送达难、诉讼成本高等痛点。全国首推审判领域"当事人

案例篇

一件事"集成改革，首创自动履行正向激励和信用修复机制，积极运用活查活扣措施，减少涉诉给企业正常生产经营带来的不利影响。上线全国首个司法拍卖不动产登记"一件事"办理平台，不动产转移登记、办理权证时间降为最快1天。

三是注重对民营企业和中小企业的司法服务保障。统筹两级法院挂牌设立"民营企业司法服务联络站"，上线"L市法院服务企业在线平台"，实现涉企服务的线上线下全覆盖。

四是打造更加合规的经营环境。在省内率先建立涉案企业合规第三方机制，制定《关于建立涉案企业合规第三方监督评估机制的实施办法（试行）》，督促企业严守依法合规经营底线。深入推进执行一件事综合集成改革，企业运营法治保障有力。首推审判领域"当事人一件事"集成改革，首创自动履行正向激励和信用修复机制。全面推进"大综合一体化"行政执法，率先探索PDA数字化移动执法终端一体化应用，案件办结时间由3天压缩至10分钟左右。全面实施公平竞争审查制度，清理取消企业在资格资质获取、招投标、权益保护等方面的差异化标准。

（三）市场环境公平有序，市场主体认可度高

近年来，L市聚焦公平竞争，完善市场经济基础制度，更好地发挥市场在资源配置中的决定性作用，市场主体预期更稳、信心更足、活力更强，企业对公平有序的市场环境认可度较高。

1. 建立健全公平竞争审查和监管制度

L市出台了《关于在市场体系建设中建立公平竞争审查制度的实施意见》，规范政府有关行为，保障各类市场主体平等使用生产要素、公平参与市场竞争、同等受到法律保护，激发市场活力，积极打造公平高效的监管环境。全面推广"互联网＋监管"，加大对高风险低信用

案例篇

企业的抽取力度，建立完善以"双随机、一公开"抽查为基本手段，重点监管为补充，信用监管为基础的新型监管模式。

2. 市场准入壁垒破除成效显著

全面落实市场准入负面清单制度，深入贯彻落实市场准入负面清单，切实推动"非禁即入"普遍落实。全市"证照分离"改革持续深化，实施涉企经营许可事项全覆盖清单管理，全面复制市场准入负面清单，有序做好清单信息公开、推进清单事项全流程网上办理，排查清理市场准入壁垒，基本做到了准入即准营。继上海后，全国第二个城市实现企业电子营业执照与电子印章同步发放，将社保、医保、公积金登记等环节纳入企业开办平台，试行三方代扣代缴协议在线签约服务。

3. 企业要素获取更加便捷高效

获取经营场所指标方面，创新实施即办即走、分段审批、审查豁免、"极简式"审批、"隔空式"服务等审批方式；全面推进建筑师负责制试点；创新推出"竣工即发证"和"带押过户"模式。获得金融服务指标方面，加大金融稳企纾困、帮扶小微力度，开展金融助力小微企业和个体工商户纾困发展暨信用融资破难行动。劳动力指标方面，开展企业用工风险监测，健全完善劳动人事争议处理多元化解机制。开展住所承诺制改革，进一步释放区域地址登记资源。针对个体户部分行业，创新提出以"流动地址"登记，减轻个体户登记负担。强化"标准地＋承诺制"，聚焦"招大助优扶强培新"，深化要素资源市场化配置。

4. 企业生产经营服务更加完善

进一步简化申请材料，减材料比例超过 50%。以"以数治税"征管改革为例，涉税业务的综合网办率达到 97%，123 项涉税业务"零证明"受理办结，累计精简报送证明材料等 700 余项，出口退（免）

税平均退税时限缩短至 3 个工作日。率先开通拓市场商务往返国际包机，助力企业在非常时期"稳订单""抢市场"。

5. 企业培育帮扶配套机制更健全

深入实施一流企业培育工程，健全优质企业梯度培育体系，促进中小企业梯级培育发展。全市首创"公职律师服务直通车"，配置公职律师咨询团队，助力当事人"一站式"解决企业破产重组、吸收合并、上市扶持、法律适用等困惑。

（四）经济生态环境健康，助推企业发展效果好

1. 创立一体化数字平台，助力企业"引进来""走出去"

建成"甬 e 通"数字化平台，融合通关执法、口岸物流、贸易服务三大服务领域，集成通关、监管、贸易服务、数据分析、平台对接等方面 1000 余项功能，打通与单一窗口、世贸通等外部平台的壁垒，企业只需一次登录，即可直接办理相关业务。

2. 创新金融服务供给机制，破解企业"融资难""融资贵"

首创"易跨保"金融服务方案。以订单、物流、仓储等全流程数据佐证真实贸易，扩大保险承保范围至产业链上下游和物流、仓储等服务商，让跨境电商企业"敢于接单"、工厂"敢于赊账"、物流企业"敢于垫资"、海外仓企业"敢于投资"，累计保额超过 6 亿美元。创新打造平台引擎，着力推进小微企业园"伙伴银行"，依托小微企业园资源汇聚优势，搭建"政园银企"对接平台。联合搭建"甬智贷"知识产权质押融资平台，为企业申请知识产权质押提供"一站式"服务。

3. 立足企业生存发展视角，优化企业全生命周期生态环境

从企业选址投资阶段开始，L 市就运用"营商导航"利用互联网和大数据思维，挖掘匹配产业、空间、政策、招商、配套等要素资源，提供最佳投资选址地供企业参考，可以让企业"像网购一样"快速找

到符合自身投资需求的平台、资源和项目。如所有企业生产运营所不能缺少的基础设施配套供给方面，L市推进水电气网联合报装"一件事"改革，出台《L市级电力接入工程费用分担机制实施办法》，减免项目建筑区划红线外电力工程建设费用，对低压用户全面实现"零上门、零审批、零投资"的"三零"服务，打造用水"三全"服务体系等。

（五）人文环境开放包容，政商关系融洽

L市大力弘扬新时代企业家精神、浙（甬）商精神，探索构建亲清政商关系制度和机制，对企业家在情感上做到真心，在交往上做到公心，在制度上做到安心，企业对开放包容的人文环境予以充分肯定。

1. 主动聚焦企业痛点难点堵点，设立高规格优化营商环境工作制度

2022年，L市印发了优化营商环境重点任务清单，从一体推进全链条优化审批、全过程公正监管、全周期提升服务等方面提出108条重要改革举措，在跨境贸易便利化、获得电力、招标投标、信用立法等方面政策密集出台，形成优化营商环境5.0政策体系。

2. 体系化创建、整体化推进、实效化运作，升级亲清新型政商关系

开展"1+3+1"亲清政商关系体系建设，让政商互动活动在阳光下进行，取得了阶段性成效。定期发布18项指标的"亲清健康指数"，从"亲""清"两个维度出发，设计了系统化、可量化的评价体系，每半年发布1次，列入对L市各区县（市）和功能园区的目标考核。这推动政商双方真正将构建亲清政商关系落到实处，营造重商、亲商、安商、富商的良好环境和浓厚氛围。出台《践行亲清新型政商关系的实施意见》《关于调整市领导联系非公有制经济代表人士名单的通知》《关于建立非公有制经济代表人士列席重要会议（活动）的制度》，政

商联系沟通机制更加健全;积极开展"三服务"活动,企业在政商互动中的温暖感得到进一步体现。

3. 创建清廉民企和"亲清家园",确保"清而有为""亲清有道"

L市把建设清廉民营企业纳入亲清政商关系的构建体系,以党建为引领,以健全组织、完善制度、强化监督、防控风险等为主要内容,引导企业守法诚信、守牢底线。制定出台了《推进清廉民营企业建设的实施意见》,向全市民营企业发出加强清廉民营企业建设的倡议书,举办清廉民营企业建设工作培训会,开展清廉示范企业创建活动,制定清廉民营企业评价体系。在清廉民企建设的实践中,越来越多的L市民营企业坚持党建把舵,将"红色基因"植入企业发展的"肌理",脚踏实地稳步发展,心无旁骛创新创造,依法合规诚信经营,认真履行社会责任,积极参与光彩事业。在此基础上,还依托各级商会服务中心、经济服务中心等平台,整合政府资源和社会资源,对接企业的发展需求,高起点规划建设"亲清家园",进一步疏通联系政与商的"神经末梢",打通服务民营企业的"最后一公里"。"亲清家园"以"政府引导、多方参与、社会化运作"为原则,不仅为政商交流提供了规范化、标准化的互动场所,还具备了政情恳谈、政策宣讲、信息收集、矛盾协调、廉情监督等服务功能。目前,L市已在区县(市)、乡镇(街道)、工业社区等三个层级全面推广"亲清家园"工作模式。

4. 以企业群众感受度为指向,启动营商环境体验员制度、营商环境政企座谈会

L市一些区县(市),积极探索将企业群众感受度作为营商环境改革的方向,启动营商环境体验员制度。如在B区,首批体验员由党代表、人大代表、政协委员及社会各界人士等31人组成,通过专程政务体验活动、专业部门走访活动、专项意见收集活动和专门营商研讨活

案例篇

动等形式，收集意见和改进建议，在营商环境改革局设置营商专线，建立体验员钉钉群。负责问题对接、问题流转和反馈等，为营商环境做"全面体检"。该区还成功举办营商环境政企座谈会暨自贸区法治保障中心开馆活动。区人大、区政协、团区委及区贸促会等区直单位积极组织专题民生夜询会、银企对接活动、"青联思享汇"、服务企业"走出去引进来"政企座谈会等营商环境主题系列活动，通过听企意、汇企智、解企忧，凝聚改革共识，共谋发展良策，共同助推"一号改革工程"。

二、L市营商环境有待进一步优化提升的事项

目前，市场主体对营商环境的需求和期盼，已经不仅仅停留在政务办事高效便利等方面。从我们的调研和与企业的座谈来看，企业目前更关注人才招引、产业发展环境优化、公益化的科研公共支持、市场预期调控稳定、金融等市场要素普惠公平等方面。这无疑对营商环境优化提升提出了更高的要求，也成了下阶段深入推进"一号改革工程"的工作重点。

（一）政务环境服务，与企业新需求相比有迭代升级的迫切性

前置条件审批、许可类的政务服务有待完善，监察执法更需注重实效。从座谈企业反馈看，对政务环境不满意的主要事项是"存在各种办理前置条件限制""容缺受理不到位"等。如有建筑施工公司反映：资质升级太难，希望降低审批前置资质要求。某健康管理有限公司反映：期待取消一些不必要的审批手续，跨职能部门信息可以共享，减少资源重复投入。某公司反映：期待政府在出台政策性法规前要提前做好调查研究，使其能切实有效地服务于企业，对已实施的政策性法规要进行有效的检查评估，而不是走过场的形式主义。

涉企政策实施效能有待提高、市场主体全生命周期服务体系有待健全。部分中小微企业对涉企政策制定的参与度不足，导致企业对相关政策也不敏感不了解。部分政策的获益度相对较低，特别是财税、金融、人才政策等，也容易在不知情的情况下发生轻微违法活动。同时，政策执行不匹配也导致惠企政策的获取成本加大。虽然部分产业园区管理部门会不定期对企业进行政策宣讲和推介，但在实施细则上无法给企业准确指导，使得企业对政策无法深刻了解。而"企业一件事""甬易办"等相关 App 虽然也有惠企政策推送，但一些企业表示推送的很多内容与企业不匹配，加大了企业甄别和匹配的工作量。另外，政务服务部门和产业园区对企业的国内一般业务较为熟悉，能够提供较为完善的全周期服务。但随着近年来企业走出去的步伐日益加快，海外运营、海外仓、跨境购等新兴业态需要的涉外司法服务、产权保护等还未得到配套跟进。企业全生命周期中的跨境服务和海外权益保障，目前存在大量空白需要填补。

部门和窗口服务态度和作风建设需要常抓不懈，防止波动反弹。近年来，L市不断创新举措以优化窗口服务，不断提升服务效能以优化营商环境，取得良好效果。但对基层服务态度的投诉事件仍有发生，仍存在一线服务水平待提升的问题。例如，2022 年以来，L市民生 e 点通平台上群众相继反映窗口服务态度差、执法态度差等问题；同时，一些地方群众对窗口服务的满意度水平数据近年来表现得并不算特别优异。群众纷纷期盼有关部门积极关注基层服务态度、及时整改，提高为群众服务的暖心程度与满意度，而不是以高姿态对待办事群众。

政务服务便利化对企业来说获得感已不强，政务增值性服务更被企业期盼。政务服务增值化改革旨在推动从传统的便捷服务向增值服务全面升级，整合公共服务、社会服务和市场服务功能，构建为企服务新生态。如果说传统的便利服务是做"减法"，以简材料、减环节提升服务效率；那么增值服务就是做"乘法"，通过集成提供人才、金融、科创等服务，为企业赋能倍增。这与多年来 L 市全面深化改革的主线一脉相承，其关键仍在于探索"有效市场"和"有为政府"更好地结合。

但现实中，各地各部门优化提升营商环境的创新意识、创新能力不足。大多职能部门对营商环境相关工作还停留在按照上级部署做好落实阶段，虽然有权限有限的问题，但更多是因为主动求变、积极创新改革的意识还不够，没有认真调研企业需求，没有充分认识到营商环境是区域未来能级提升和增强竞争力的核心抓手，缺少对营商环境优化的整体谋划。从共性问题方面看，全国上下制约市场主体生长发育的体制机制障碍仍未完全破除：比如中小微企业融资难、融资贵的问题一直没有得到有效解决；中小微企业在要素获取、准入许可、经营运行、政府采购和招投标等方面所遭受的市场不公现象没有得到根本改善；在服务企业、便利企业的基础上如何更好地为企业"增值"服务的能力急需提升；懂项目、懂经济、懂政策的高素质、复合型人才较少，干部的专业素质和专业能力有待提升。诸如此类，都反映和暴露了营商环境优化提升的深层次制约因素，也直接影响到广大市场主体投资创业的积极性。再比如，"数字产业化、产业数字化"是 L 市未来经济高质量发展的主要突破方向。但现有政务服务体系和相应部门，对数字经济新业态总体上还不了解，因此相关的服务效能、产业引导、监管制度、治理措施等自然就相对欠缺。

营商环境系统性的优化提升，需要上级部门的大力支持。Z 省营商环境优化提升在全国走在前列，尤其 L 市营商环境工作在市委、市政府的有力领导下，营商环境排名连续几年位列全国第一方阵。这从另一个方向上，导致可改革提升的方向越来越需要依靠顶层设计的改革，需要上级的支持和权限的下放。以《国务院办公厅关于复制推广营商环境创新试点改革举措的通知》为例，全国复制推广的50条，经过全面排摸，调研的某区22条举措已落实到位；10条举措已基本落实；18条举措正在推进落实中。这18条基本上都是需要上级部门协调或审批的事项，比如水铁空公多式联运信息共享，实现运力信息可查、货物全程实时追踪等，单靠市区两级层面很难推进。

（二）法治环境服务，还有一些"硬骨头"要啃

司法执行难的问题亟待解决，行政执法需更加规范。从座谈走访的企业反映看，对法治环境不满意的主要方面是"商业纠纷和民事诉讼存在执行难""行政执法不规范"等，导致企业合法权益未得到有效保障。如某贸易公司反映：法院执行力度不强，不作为，导致应收回的货款一直石沉大海。L市司法执行合同指标距离最优城市仍有差距。执行合同主要问题在于案件审批、执行时间偏长，集约执行工作机制和多元解纷联动衔接机制不够完善。另外，由于政府内部绩效考核的问题，针对部分难以短期结案的案件，为了更好地完成指标考核任务，部门可能利用网上立案、诉前调解的"优势"，在正式立案前将案件拦下不进入考核范围，导致企业立案难。行政执法的合法性、规范性、必要性方面的问题，也受到不少企业的关注。某纺织公司反映：希望尊重企业经营自主权和企业家合法权益；依法行政，取消不合理保证金和费用；减少对企业的各项行政执法事项，少折腾企业就是最好的营商环境。某船务有限公司反映：保障民营企业的合法权益，减少以安全、环保为由的各种形式主义检查。

知识产权侵权事件多发，知识产权保护亟须强化。在调查座谈走访中发现，知识产权遭侵权现象时有发生，而维权面临取证难、举证难等问题。目前，部分知识产权案件需要被侵权企业自行举证，如没

有公安部门强力介入，侵权案件举证难度极大。除部分具有法务等专职部门的大型企业，许多企业受制于调查取证手段欠缺、维权成本高昂等原因，难以有效维护自身权益。一些技术类知识产权案件，由于专业性较强，往往需要技术调查官来查明事实，而法院现有的技术调查官明显不足。部分企业面临技术团队被竞争对手撬挖现象，但是目前对该类行为的惩罚举措十分有限。还有部分知识产权案件赔偿额度很低，如某信息科技有限公司的商标权受到侵犯，却仅仅被赔偿 4 万元，导致企业维权动力不足。

法律服务公益与市场机制不健全，涉企法律服务需提质。近年来，随着外部环境的变化，金融、证券、涉外等商事领域引发的新类型和疑难复杂案件明显增多，不少中小企业反映对法律服务有较大需求。但 L 市在科技创新、用工税收、公司股权等方面仍存在普法宣传精准度不高、高端涉外法律服务水平低、对企业"走出去"的指导支持力度不足等问题。同时，L 市本地法律服务收费水平偏高，同类服务其他城市为 2 万～3 万元，L 市约为 5 万元，远高于普遍水平。此外，L市律师人才队伍建设相对薄弱，涉外法律服务方面存在明显短板，比如几乎 100% 的反倾销案件由外地律师包揽。

（三）市场环境服务，民营企业和民生热点需重点关注

市场环境公平有序，但民营企业在一些领域仍需要重点扶持。从企业反映看，企业对市场环境的不满主要集中在对民营经济和中小微企业扶持力度不够，以及存在恶性竞争方面。如装修装饰材料公司反映：要进一步满足对高新技术和"专精特新"中小微企业的用地需求，确保企业留得住、能发展。将大专院校及职业技术学院毕业生的实习招聘下沉到各县级市，解决小微企业招人难、留人难问题。减少对企业的干预、检查和任务摊派。某新材料科技股份有限公司反映：要进

一步营造公平竞争的市场环境，降低融资成本，建立民营企业参与涉企政策制定的工作机制。

消费是市场环境的重要组成部分，消费者权益应得到更好维护。通过调研还发现，在市场环境服务方面，除了面对市场主体端存在一些短板外，面向人民群众和消费者这一边，也存在部分市场监管执法有效性偏弱的情况。市场监管部门一头连着企业、一头连着消费者，既要服务市场主体以激发活力，还要保障消费者权益，对社会市场秩序的管理起着重要作用。两头都要做到位，一头重，一头轻，市场环境的优化就还没有到位。如L市民生e点通平台上，诸多网民投诉多家店铺产品的质量问题、食品安全问题等，特别是"蟹绳超重"问题反复引发社会不满情绪，希望市场监管部门切实强化事中事后监管，加大打击违法违规行为力度，增强执法有效性，维护市场运行的良好秩序。这无疑也是未来工作中特别需要加强的。

（四）经济生态环境服务，要素获取难度与成本需引起高度关注

部分生产要素获得成本有待降低，"隐性成本"有待消除。部分受访企业认为，生产要素获得成本和难度仍有较大优化空间，突出体现在生产物流成本、人力资源获取和资金获取等三个方面。近年来，能源、土地和物流成本有了较大提高（如2022年电费增长了10％～30％，2023年厂房房租贵了3～5元/平方米等），涉及生产空间、厂房空间改造的制度法规不够健全，加大了企业的生产成本。在人力资源方面，制造业企业招工用工成本高昂，招工薪资有了较大提高，但仍存在招工难、人员流动大、产业工人年龄结构不合理等问题。在资金方面，虽然一些产业园区引入银行、投资机构等，部分园区也提供产业引导基金或激励基金，为企业提供资金服务，但主要面向大型企业或有望培育成为"专精特新"的企业服务。小微企业获得正式金融

案例篇

的资金支持难度较大，通过非正式制度如民间借贷等方式获得资金的案例仍较多。总体而言，一般中小微企业和初创企业资金获得渠道较少，股权融资、风险投资、企业发债、证券市场等渠道有待补充。另外，部分产业园区准入门槛较高，且在当地政府部门招投标和国企转包等项目中，存在民企中标难、本地保护、垫资严重、钱款回收慢等问题，进一步加大了民营企业经营的"隐性成本"。

科创支持力度有待进一步加强，人才培引尤为需要重点攻关。科技研发和创新是最活跃和高贡献率的经济要素。科技研发投入绝对和相对量不高，一直是困扰 L 市长期经济高质量发展的头疼问题。这从调研座谈中也可以得出同样的体会。从企业反映看，企业对科技环境不满意的主要原因集中在人才领域。很多受访单位表示，"中高端人才吸引力不足，资源匮乏"，希望政府部门完善人才引进配套政策，既能吸引人，也能留住人。对于更广大的生产制造企业来说，其突出反映的问题则是"职业教育发展缓慢，缺乏技术工人"。这类企业一致希望政府能够重视蓝领人才培养，让社会多一些实用型的职业教育毕业生。对于郊区或山区县的企业来说，这一问题则更为严重。由于教育资源有限，再加上地区吸引力较弱、人才引进的相关政策和享受待遇与大城市或市区相比较低，导致引才、留才相对困难，使得一些工程技术难题无法解决，制约了企业的创新能力和发展动力。

（五）人文环境服务，改进提升仍有空间

营商人文环境的提升优化，需要机关和干部真正担当作为。从企业反映看，政务监管和服务部门，形式上的态度作风比较到位了，但也存在"怕出错，不出头""热情客气但不办事"的情况。某智能制造有限公司反映：审批部门工作人员的作风建设有待提升。这都反映了营商环境的深层次问题：一些公职人员不能准确认识和把握亲清政商

关系的内涵实质，将所谓"洁身自好"当作了廉洁干净，却把担当作为扔到了九霄云外。另外，一些民营企业还反映：政府机关工作人员发自内心的"亲商友商"意识还没有完全形成。如某设备工程有限公司反映：希望政企一家亲，观念上不要觉得企业低人一等，尤其是私营企业，更需要政府的鼓励、帮助和支持。这从侧面体现出，在政务监管和服务活动中，工作人员多多少少还存在"高低眼"的问题，不能对所有性质、规模的市场主体和从业人员做到真正的一视同仁。

城市文卫教综合条件尚显滞后，宜居宜业城市环境需加快构建。对标"争创市域样板、打造一流城市、跻身第一方阵"的高定位高期望，L市在人文软硬件方面依然存在不少短板。一是硬件设施配置"高低不平"。大型公共文体设施数量不足、标准不高，缺乏具有强辨识度的标志性文化场所，高等院校（16所）和三甲医院（8家）等"硬核"力量与同类城市杭州（40所/26家）、青岛（29所/21家）相比差距较大；"家门口"的养老、托幼等设施配备不完善，基层服务网建设滞后于居民对便利共享服务的需求。二是软件服务配套"冷热不均"。医疗服务有"高原"缺"高峰"，"一流"高校和"拳头"文旅产品等相对缺乏，市外就医就学和文旅消费等现象较为普遍；公共服务空间配置不均衡，特别是基层服务人员存在明显短缺，涉企助企便企服务在一定程度上还存在"最后一公里"障碍。

三、进一步优化L市营商环境的对策建议

营商环境优化提升，是一项重大改革工程，重点在于以进一步全面深化改革的办法，破解一批深层次体制机制问题，打造一流营商环境。这就需要以鲜明的目标导向和问题意识，紧紧锚定市场主体的新兴需求和增值服务需求，以提升市场主体获得感、满意度为目标导向，以主体生产经营过程中遇到的难点堵点痛点为攻坚点，有针对有重点

地推出一批营商环境优化提升改革举措。

（一）聚焦便捷高效重增值，打造更优政务环境

紧扣"便捷、高效、优质"目标，更好做好企业全生命周期全链条服务。纵深推进政务服务规范化、集成化、数字化、增值化建设，不断提升企业群众办事体验感、获得感和满意度。

一是深化"放管服"改革，以现代化治理替代前置式规制。深化行政许可事项清单制度和行政备案规范管理改革。依法进一步优化和精简行政审批许可事项，争取更多改革试点和上级支持，适当降低审批前置资质要求。前置审批许可、资质认定等，能够转化为"市场主体承诺＋信用达标＋事中（后）监管"的，可探索在低风险领域进行转化，最大程度解除对企业自主创业创新的不必要约束，同时鼓励企业珍惜呵护自身信用。

二是优化扩充政务服务内容，从便捷服务向增值服务迭代升级。推动政务服务从分散服务向多元协同、从一件事向一类事、从一个环节向全链条进行创新重塑。推动政务服务从已经较好达成的便捷高效，走向更具实质内涵的增值性服务。除了在开办、经营、审批中提供便捷的政务服务外，还应集中破解企业在人才紧缺、技术支撑、资金供给等方面的难题来提供增值服务。创造"全链条、全天候、全过程"的政务服务新生态，为企业提供更广范围、更深层次的政策、人才、金融、科创、法律、税收等集成服务。推动政务服务理念深层变革，从过去的政府"有什么、给什么"，变为市场主体"要什么、给什么"。

三是优化惠企政策供给模式，推动政务服务精准对接产业类别。围绕涉企政策酝酿、起草、实施、宣传、评估、修订、清理等全过程，建立健全政策供给落实体系，强化服务集成。参照国际国内通行标准，

结合 L 市主要产业类型特点，以精准化的产业行业分类规则，对 L 市全部经营主体作精细划定分类，推进惠企政策精准直达、高效兑现。

四是优化投资和项目建设服务，整体协同推进"一件事"。推进工程项目建设全生命周期"一件事"集成改革，强化多跨协同项目建设统筹协调机制，更好实现从政府部门眼中的"一件事"切换为市场主体眼中的"一件事"，促进有效投资高效落地，降低市场主体的制度性交易成本。

五是推进一线政务服务能力再提高，确保办事人满意度稳定提高。强化服务理念，增强服务自觉，采取多种举措帮助相关工作人员树牢为民服务价值观。在"用心服务"上狠下功夫，打造办事群众"带着问题进门，携着满意而归"的良好氛围。真正实现办事人满意度始终高水平运行。

（二）聚焦公平公正可预期，打造更优法治环境

落实"法治是最好的营商环境"理念，保障自主创新的"源头活水"充分释放。在立法、执法、监管、保护等领域推进结构性、体制性、集成性改革，构建完善政策制度稳定透明可预期的营商环境法治体系。

一是完善市场主体权益保护体系。重点从产权保护、民事"执行难"治理、破产处置和重组、行政合同签订和履行监管、投诉监督等方面，通过地方立法等方式，构建更加完善合法权益保护体系。动态调整营商环境制度规范，定期组织开展涉营商环境法规、规章及规范性文件清理，推进合法性审查全覆盖质效提升，遏制以邻为壑、地方保护式的"优化营商环境土政策"和恶性竞争式的"招商引资"行为。

二是健全知识产权保护体系。重点从知识产权保护规则创新研制、侵权风险预警防范、"快保护"能力建设、商业秘密保护等方面健全机

制制度。完善知识产权保护协作平台，加快"法护知产""知识产权智保"等应用贯通落地，加强数字化智能防侵权平台载体建设，推进知识产权保护全链条集成。着力推进知识产权纠纷快速处理，推进全国知识产权纠纷快速处理工作试点，探索专利行政裁决案件简案快办，推进知识产权保护中心、快速维权中心建设。建立新产业、新业态、新模式知识产权保护规则，加快数据知识产权制度改革，建立完善数据知识产权登记、保护和运用制度规范，创新探索数据知识产权保险。建立全市制造业商业秘密刑事风险预警感知平台，提升全国商业秘密保护创新试点成效。

三是完善公共法律服务供给体系。增强法律人才和援助力量，加强法律顾问、公司律师建设，实现市场主体法律顾问网格化全覆盖。推广法律援助申请前置告知制，推广提高基层站点直接申请量。重点强化对中小微企业、个体户的法律服务能力以及跨国跨境商事纠纷化解、贸易摩擦应对等涉外法律服务能力建设。通过相关部门和行业协会，加强对司法诉讼代理费用的规范和引导，降低企业涉法事务的经济负担。

四是构建涉企诉讼高效服务体系。依托全域数字法院应用，推进案件繁简分流、轻重分离、快慢分道。探索立审执一体化机制，健全"立审合一"制度，深化审判领域"当事人一件事"集成改革，构建整体智治、高效协同的工作模式。完善涉企纠纷解决机制，构建"党委领导、政法委协调、人大监督、政府支持、法院主办、部门联动、社会参与"的执行工作新格局，切实防止"程序空转"，以更强的制度刚性和更具体到人的责任制，推动破解执行难问题。

五是深化新型监管执法改革。深入推进"大综合一体化"行政执法改革。构建权责统一的行政执法职责体系，完善"金字塔型"行政执法队伍体系，实行基层"一支队伍管执法"。全面推行"综合查一次"制度和推广应用"行政行为码",开展远程监管、非现场执法等智慧执法监管。推进包容审慎柔性执法。强化事前风险提示,推进企业合规体系建设,引导企业依法合规诚信生产经营。推广实施轻微违法行为告知承诺制,建立健全轻微违法行为依法不予以行政处罚清单制度体系。创新事中事后监管,健全行政裁量权基准制度,完善涉企轻罚免罚清单,有效防止"重事后查处、轻事前预防""以罚代缴、以罚代管"。全方位执行落实好省市两级"无感监测"工作要求,以评促改,规范对企业的行政执法和检查,真正做到"无事不扰、有求必应",将执法检查对企业正常生产经营的影响降到最低限度。

(三)聚焦普惠包容有信心,打造更优市场环境

完善市场经济基础制度,让市场主体预期更稳、信心更足、活力更强。聚力更好发挥市场在资源配置中的决定性作用,大力破除妨碍各种生产要素市场化配置和商品服务流通的体制机制障碍。

一是助力各级各类市场主体发展壮大。实施企业"上规上市,上云上榜"的分层分级培育,鼓励大中小企业携手融通发展,更好发挥好党委政府的产业规划和引领服务功能,切实推动各大"产业大脑"进入实战阶段,形成"公益性基础产业数据可获取、市场性高精尖产业数据可交易"的数据要素协作形态,构建完善中小企业服务体系。

二是促进市场竞争公平规范有序。依法平等保护各类所有制企业产权和自主经营权,健全信用体系,推动《L市社会信用条例》出台实施,探索企业信用报告替代无违法违规证明、信用+行业监管、信用+基层治理等场景建设。全面排查并清理政府及国有企业拖欠民营企业的账款,并通过立法的形式消除民企参与政府采购和招投标壁垒,防止国央企和大型企业对配套合作、分包代工的中小微企业的账款拖

欠。加强反垄断和反不正当竞争，运用大数据监测、碰撞、比对功能，探索建立主流商品服务的价格监测预警机制，构建更健康可持续的市场竞争协作新格局。

三是同步优化营商与消费环境，更深入到位地保护消费者合法权益。终端消费是所有市场主体生存发展的根本依靠，更好地保护好消费者合法权益，就是在维护公平市场秩序，也是优化提升营商环境的重要内涵。可以探索设置建制职责更高的消费者权益保护机构，以更大效能营造最佳消费环境，形成本市居民在家乡放心消费、市外居民乐于在 L 市消费的良好城市形象和优质市场口碑。

四是深化要素市场化配置改革，破除阻碍要素自由流动的体制机制障碍，扩大要素市场化配置范围，健全要素市场体系，推进要素市场制度建设，实现要素价格市场决定、流动自主有序、配置高效公平，推进国家要素市场化配置综合改革试点，率先构建协同一体的要素市场规则体系。预防和破除非政策性的要素垄断，加强对行业协会和中介机构的"价格联盟"监管，降低各种要素成本"隐形"上涨的趋势和预期。

（四）聚焦优质高效可持续，打造更优经济生态环境

进一步优化产业生态、金融生态、物流生态、贸易生态、投资生态，强化人才、用地、用能、融资等保障，实现基础设施畅通联通、产业环境优质高效、资源要素保障有力、贸易投资自由便利。

一是高水平建设基础设施。健全重大项目"1244"统筹推进机制，实施现代化基础设施体系建设专项行动。加快新基建建设，推进电源、电网、储能、天然气管网等现代能源基础设施建设，构建综合立体大交通体系，提升物流通达能力。支持民间投资发展，鼓励民营企业参与重大基础设施、重大产业项目。

二是融合发展创新链产业链。常态化开展产业链风险摸排，完善产业链备份系统，开展产业链关键核心技术攻关，组织实施产业链协同创新项目。实施强链补链固链行动，持续壮大标志性产业链。完善"链长＋链主＋专精特新企业"协同机制，加快产业链治理现代化，持续推进产业链协同创新，深化科技创新体制机制改革，推进科技成果转化、科技评价等改革，破解"卡脖子"问题，维护产业链稳定。深入实施产业基础再造和产业链提升工程，引导企业积极"融链"、协同"强链"、精准"补链"、全力"稳链"。

三是构建产教融合新模式。创新产教融合共建模式，拓展第三方产业学院模式，破解L市中高端研发人才和制造业技术工人队伍匮乏难题。创新人才政策举措，完善人才落户机制及教育、医疗等方面公共服务体系，吸引各类产业发展急需人才。加强人才、专家公寓等安居房建设，提升L市对外来人才的吸引力。打造"全谱系人才招引＋全周期人才管理"综合系统，做优"人才码""金凤凰"线上服务平台。

四是强化资源要素供给保障。优化空间用地资源供给，提高"双碳"资源保障能力，推动数据要素激活供给，提升金融服务能力，实施普惠金融改革提级工程。执行实施"科创甬江2035"等重点研发计划，提高自主研发、自主创新对L市经济高质量发展的要素贡献率。探索基于全国和全球同行专家的L市科研进步评价机制，定期定量化检验科研投入的实际积累、进步、效益和贡献。

（五）聚焦安心舒心有温度，打造更优人文环境

大力弘扬新时代浙商甬商创业创新精神，培育发扬体现社会主义核心价值观的企业家精神，构建亲而有度、清而有为的政商关系，进一步营造尊商亲商安商的浓厚氛围。

一是提升新型政商关系的温度。发扬浙商精神，增强企业家社会责任感。通过多种渠道向企业家传递正确理念，挖掘和推广优秀企业家精神特质和典型案例。深化亲清新型政商关系构建，完善党政领导与非公经济代表人士联系沟通交流机制，落实涉企法规规章和政策征询商会、企业家意见机制。完善企业家正向激励机制，推进高素质创新型现代化民营经济人士队伍建设，探索新生代企业家培育机制，营造良好创业创新生态。

二是提升干部促发展、优环境的改革创新热度。完善改革容错纠错机制，深化"1+3+1"亲清政商关系体系建设，以制度规范更细致更清醒地刻画好"亲而有度、清而有为"的标准，明确好容错纠错的具体情形、适用办法、处置程序，让改革者吃下"定心丸"。

三是建设宜居宜业的城市环境，打造亲清政商关系升级版。按照宜居宜业、包容共享原则，提出提升生活环境的制度方案。重点对促进消费环境、改善生态环境、提升人居环境、补齐公共服务短板、优化文化软环境、打造安全L市环境底线等方面进行谋划，打造具有国际竞争力、人才吸引力、文化软实力、创业创新驱动力的城市人文底蕴，让越来越多的市场主体看好L市、投资L市、扎根L市。

第十讲

Y市"大综合一体化"行政执法改革调研

第一节　调研设计

一、调研背景

2022年1月30日，Z省成为全国唯一的"大综合一体化"行政执法改革国家试点。一年多来，在综合行政执法改革中坚持整体政府理念，Y市不断推进"一张清单管职责""一支队伍管执法""一个中心管指挥""一个平台管运行""一套制度管规范"。这一系列改革的意义不仅限于其内容本身，更是从服务、政策、制度、环境多方面优化政府供给。调研组对Y市综合行政执法改革的实践进行深入调研和分析，指出整体性治理中存在的系统整合与专业分工、改革创新与依法行政等方面存在的价值冲突问题，以及目前改革实践中忽略的多元治理主体协同参与问题，并提出下一步改革的方案，这一研究有助于厘清我国综合行政执法改革从"碎片化"到"整体性"的改革再深化，为下一步践行"八八战略"、建设法治政府指明方向。

二、调研依据

《中华人民共和国行政处罚法》

《中华人民共和国行政强制法》

《Z省综合行政执法条例》

《Z省加快推进"大综合一体化"行政执法改革试点工作方案》

《关于印发法治Z省建设六大抓手实施方案的通知》

《Z省"大综合一体化"行政执法改革行动计划（2021—2022年）》

《Y市"大综合一体化"行政执法改革"五大攻坚行动"实施方案》

《"大综合一体化"行政执法改革2023年重点任务清单》

三、调研目的

通过文献研究、案例分析、问卷调查等方法，全面收集整理"大综合一体化"行政执法改革的文献资料，了解综合行政执法制度的改革历程以及现阶段"大综合一体化"的实践情况。将在Y市的调研情况进行梳理总结。初步调研发现"大综合一体化"行政执法改革的成效，对走访调研取得的素材进行整理分析，将调研情况进行梳理总结，尤其是各地探索出来的好做法。通过梳理经验和分析内生动力，发现"大综合一体化"行政执法改革中值得注意的问题，进而推演及整个综合行政执法改革中应当关注的内容，引导改革的正确趋势，引领改革的正确方向。

四、调研内容及方法

本次调研主要分为调研前期筹备、相关单位通知动员及内部调研、相关单位实地调研、资料整理及分析、调研成果初稿编撰、评审论证及成果修订6个步骤。

调研对象及范围：涉及"大综合一体化"行政执法改革的相关单位，主要包括：市纪委监委、市检察院、司法局、市委编、综合执法局等委办局及区县综合执法局和乡镇街道等前期试点单位。本次调研范围涵盖综合执法相关领域。

方法：一是文献研究。收集我国综合行政执法改革相关文件、文献，对已有的研究成果和主要观点有较全面的认识，并进行分类梳理，在此基础上确定本文研究基本框架。二是问卷调查和访谈。在相关试点单位利用深度访谈、焦点会议等方式进行典型案例实证调查，从而获取丰富的一手资料。通过问卷方式收集相关数据。三是比较研究。通过对不同地区、部门的比较研究，总结几个地方的特色创新，进而归纳总结做法和经验。

第二节　报告范文

"大综合一体化"行政执法改革的 Y 市探索和实践

行政执法是政府贯彻落实国家政策方针、将纸面上的法律变为行动中的法律，对社会进行有效治理的重要行动。综合行政执法是指通过整合执法职能和力量、相对集中行政处罚权、实施联合执法等整体协同措施，一体化开展行政执法的活动和方式。综合行政执法改革是法治政府建设的重点，是构建结构性协同和程序性协同整体政府的必然路径。党的十九届四中全会将深化综合行政执法改革置于新时代治国理政布局中更加突出的位置，明确指出"深化行政执法体制改革，最大限度减少不必要的行政执法事项。进一步整合行政执法队伍，继续探索实行跨领域跨部门综合执法，推动执法重心下移，提高行政执法能力水平"①。

开展"大综合一体化"行政执法改革目标是完善行政执法体制机制，全面构建分工合理、职责清晰、协同高效的"综合行政执法＋部门专业执法＋联合执法"执法体系，加快形成权责统一、权威高效的

---

① 中共中央党史和文献研究院编：《十九大以来重要文献选编》（中），中央文献出版社 2021 年版，第 16 页。

行政执法体制机制。2022 年 1 月，Z 省成为全国唯一的"大综合一体化"行政执法改革国家试点。Z 省将健全完善全覆盖的整体政府监管体系和全闭环的行政执法体系，加快构建全方位的监管执法协同体系，打造权责统一、权威高效的"大综合一体化"行政执法新格局，形成在全国具有示范引领作用的改革成果。

本课题调研组实地走访 Y 市相关单位以及试点乡镇，现场了解《Z 省综合行政执法条例》落实和改革推进情况，掌握第一手资料；召开座谈会广泛听取基层单位部门和意见建议；还开展网络调研，了解线上基层群众呼声和改革具体成效。通过对 Y 市"大综合一体化"行政执法改革取得成果，总结出"大综合一体化"行政执法改革中存在的突出问题，提出有针对性的对策建议，为提高"大综合一体化"行政执法改革提供科学依据。

一、主要做法和成效

（一）提高站位，合力推进执法变革

强化"一把手"推进，高规格成立由市党政主要领导任"双组长"的领导小组，高要求细化 Y 市实施意见，高频率深入基层调研督导。强化一体推进，优化充实 Y 市改革工作专班力量，把"大综合一体化"改革作为基层治理核心内容，一起部署、一体推进。强化一揽子推进，坚持以构建协同高效的事中事后监管体系为核心，稳步搭建改革"四梁八柱"，全面打造全覆盖整体政府监管体系和全闭环行政执法体系。

（二）重塑体制，整体推进管理变革

按照整体政府和整体智治的理念，加强顶层设计，加快行政执法权限下放、力量下沉和资源下移。一是构建全覆盖监管执法事项体系。

全面认领省级下达监管事项，编制完成三级事项目录，形成"1＋3"全覆盖执法事项管理体系。二是有序拓展综合执法事项范围。全市执法事项纳入综合执法，做到应纳尽纳，高标准保证"三高"事项纳入综合执法范围，执法办件量由综合执法部门承担。三是统筹推进执法层级下移。将以市为主的执法体制调整为以区为主，并按照"应放尽放"的原则，将行政执法事项下放到区级。同时，进一步理顺市区执法职责，市级主要负责统筹协调、监督指导、跨区域案件和重大复杂案件执法，区（县、市）负责日常执法检查和一般违法案件的查处。四是打造"金字塔"形执法结构。市级构建"1＋8"（综合行政执法＋部门专业执法）行政执法体系，全市精简执法队伍；区（县、市）全部挂牌成立综合执法中心，"1＋8"执法队伍实行集中办公。街镇实施"一支队伍管执法"，下沉人员，全市一半以上街镇已赋权，其他采取派驻模式的街镇以部门常驻、随叫随驻方式推行合署办公。五是强化资源统筹优化。推进部门派驻机构与镇街内设机构合署办公，下沉的编制实行县属乡用、专管专用，人、财、物由镇街统一管理。开展下沉人员分类考核激励试点，推动下沉人员下得去、干得好、留得住，有效提升基层资源统筹能力。六是提升基层治理能力。探索推进"1＋8＋N"党建联盟建设，推进执法力量同步下沉村社网格，全市调整划分网格1万多个，配备专兼职网格员。

（三）重建机制，创新推进机制变革

一是重塑指挥机制。全省率先构建三级执法指挥体系，并依托执法监管数字应用体系，与基层治理四平台141体系横向贯通，实施服务、监管、执法一体化运行，实现"五级联动"。二是重塑协同机制。建立综合执法协作配合制度，试行执法协同和证据共享互认制度。三是重塑案审机制。创新实施普通程序案件"1＋3"法制审核制（街镇

法制员审核，部门审核＋司法所审核＋会商审核），率先创新"法检领域"共助"大综合一体化"改革。四是重塑联动机制。联合设立水利水务综合执法办公室，与教育、气象、水利、民宗等部门制定综合执法协作配合细则，实现一体化联动。五是重塑处置机制。加强跨平台信息资源整合，完善多跨协同闭环处置，通过信息化手段发现问题、处置问题，问题派遣精准率不断提高。六是重塑对接机制。构建"审批—监管—处罚—监督评价"的全流程闭环，完善"镇街吹哨、部门报到"制度，目前，执法监管事项覆盖率100％。七是重塑共治机制。建立常态化保障机制，全面落实行刑衔接工作。建成全省首个"共享法庭"、全省首个驻点检察官办公室。建立健全共享法庭、检察官联络点。八是重塑办公机制。建立健全集中办公相关制度和工作机制，在总结各地集中办公经验的基础上，以"12条职责、8项制度、5大中心"为体系，在所有区（县、市）推广实行"大综合一体化"集中办公"1285"新模式，进一步整合执法力量、强化执法协同、优化资源配置、提升执法效能。

（四）数字赋能，全面推进技术变革

坚持以数字化改革为牵引，推动"大综合一体化"行政执法改革提质增效。一是全面推广省"大综合一体化"执法监管数字应用。主动承接省级数字监管执法"三级一体贯通"应用试点，在全省率先举办"大综合一体化"执法监管数字应用线下培训。"大综合一体化"执法监管数字应用监管检查模块和处罚办案模块在 Y 市实现省—市—区—镇四级贯通。二是打造城乡服务监管执法一体化数字化应用系统。搭建区级指挥中心，街镇指挥中心和社区联络站，辐射全市 500 多个协同部门单位，执法线索月采集量不断提高，问题按期处置率达到99％以上。三是全面推广非现场执法。推进智慧停车、智慧治超、智

慧分类、智慧治渣等建设，推进非现场执法法治化、标准化、规范化、数字化"四化联动"。"智慧治渣"获得省亚运配套工程专项督查组高度肯定，省建设厅推广。四是全域推行 PDA 移动执法。实现简易程序执法案件"掌上办""当场办""码上办"，在行政处罚领域实现"最多跑一次"。五是全国率先探索执法证据共享互认。实现监管数据采集数字化、监管主体来源多样化、共享证据规范化，极大地提高了执法办案效能。六是推进"监管一件事"场景应用。揭榜挂帅省级、市级试点项目实现建筑渣土"统一监管"、燃气安全"智能预警"、桥梁安全"实时监测"、环卫垃圾"数字管控"、违法停车"智能感知"等应用场景，在校外违规培训、噪声扰民、犬类管理、道路停车、餐饮油烟等"一件事"上破难题、解民忧。七是全面建立执法办案"繁简分流"新机制。通过执法信息化流转、高效化处置、数字化监督，显著提升执法能力，获全省推广。

（五）聚焦问题，精准推进效能变革

坚持执法为民，以问题为导向，聚焦群众关心的疑难问题，推进执法效能提升，用更有温度的方式实现社会公平正义。一是实施"服务＋执法"。强化新经济、新业态、新模式包容审慎监管，制定不予处罚事项清单，推广轻微违法行为告知承诺制，让执法既有力度又有温度。二是加强重点监管。加大疫苗、食品药品、特种设备、危化品、交通运输、生态环境、教育培训等重点领域监管执法力度，实行严格监管。连续 17 年获省"平安市"称号，率先夺得省"一星平安金鼎"。三是强化"监管＋执法"。深化安全生产百日攻坚、市场监管亮剑行动等重点领域专项执法，持续擦亮全国文明城市金字招牌。四是拓展"信用＋执法"。健全以信用为基础的新型监管机制，拓展"信用＋执法监管"应用场景，全市应用信用规则率接近 100%。依托"互联网＋监管"平台，常态化开展"综合查一次"，实现进一次门、查多项事、一次到位，减少执法扰民。五是强化队伍建设。坚持党建统领、政治建队、从严治队，全面加强党风廉政建设，打造一支高素质的执法铁军队伍。组建"1＋8"业务培训讲师团，打造"五个一"培训体系，实战化锤炼"全科型"综合执法队伍。加强执法成效和队伍建设考核评价，全市 155 个综合执法基层中队创建省文明规范公正基层队所 100％达标。

（六）全面监督，协同推进执法规范

加强行政执法制约监督，全面落实行政执法公示、执法全过程记录、重大执法决定法制审核"三项制度"，完善案件办理监督制度，建立协调配合机制，开展全方位评议，加强清廉执法建设，促进行政执法更加严格规范公正文明。一是加强制度建设。聚焦执法关键环节，制定《Y 市综合行政执法行政处罚程序规定》《Y 市综合行政执法文书参考样式》《Y 市首问负责即问即办"吹哨报到"联合执法办法》等配套制度，实现以制度管人管事。二是加强司法监督。有序推进基层服务点建设，建立行政复议与行政执法、争议调解、上下贯通"三大协同"改革体系。全面落实行政执法责任制和问责制，构建"检查—调查—处罚决定—权利救济（复议诉讼）"的全流程闭环。三是实施全面监督。市人大开展《Z 省综合行政执法条例》贯彻实施情况执法检查，市政协加强民主监督，市纪委、市委改革办组织专项督查，市委政法委、市委组织部全面跟进，市检察院、市中级人民法院积极探索多元共治机制，"检执联动联络点""共享法庭"实现区（县、市）基本覆盖。

二、面临的困难和主要问题

综合行政执法改革是一项全新的系统工程，涉及制度重塑、流程再造，具有全局性、复杂性的特点。从Y市改革实践来看，综合行政执法改革仍存在一定困难和问题，主要有以下四个方面。

（一）执法改革的认识与共识仍有待继续提升

一是有的区（县、市）和部门没有充分认识到行政执法改革对法治Z省建设、法治政府建设的重要意义，尤其是以行政执法改革为切入点，统筹推进法治Z省建设实现更高水平。二是整体政府的理念还没有完全树立起来，有的地方综合执法指导办公室对改革工作的统筹协调，以及对基层的实践指导不足，存在等待和观望的想法，在事项划转、人员下沉、执法保障等工作上不够积极主动。三是有的乡镇街道对执法改革的学习宣传做得不够，结合自身实际研究谋划不够深入，简单照搬上级文件和其他地区做法，改革配套工作跟进不够。

（二）执法人员的下沉与融合仍有待继续深入

一是部分专业执法部门存在下沉人员未全部通知到位，仅完成名单上报，个别人员有不愿意下沉到乡镇街道的情况。二是部分镇街执法队伍的组织架构不够明确，很多地方由下沉综合行政执法局中队长实际负责，同时由于队伍管理、绩效考核、后勤保障以属地乡镇街道为主，容易出现乡镇街道让执法队伍承担过多与职责无关的工作，不利于下沉执法人员的全面融合。三是专职的法制审核员缺乏，有法律资格证的执法人员不多，执法人员对部分专业领域执法事项不熟悉、业务不精通，不利于执法工作的开展。

（三）执法事项的划转与承接仍有待继续完善

一是执法事项的划转有待精准框定，由于各乡镇街道客观需求和承接能力的不同，执法事项的划转需要在实践中探索磨合，比如自然资源规划、卫生健康、生态环境等专业性强的部分执法事项，乡镇街道因专业技术能力缺乏难以开展，但在考核上未作区分。二是监管与执法职责边界有待厘清，部分执法事项划转后，各方认识存在争议，"争着管"和"争着推"的现象时有发生，监管职能部门没有认真落实"谁审批、谁监管"原则，对执法事项的日常监管、巡查不到位。三是执法部门和乡镇街道的协同机制有待完善，部分赋权乡镇街道和区（县、市）部门在办案过程中的职责有待进一步细化明确，特别是在案件移送、事实认定、法律适用等方面存在标准不统一、程序不明确等问题。

（四）执法改革的配套与保障仍有待继续加强

一是区（县、市）综合行政执法队伍的车辆、装备等不统一，规范化程度不够，除了部分乡镇街道配备统一服装、标志外，大部分乡镇街道综合执法队员仍是以各自原有职能部门服装、装备为主。二是各执法部门的办案系统尚未横向贯通，办案信息无法共享，导致综合执法部门难以获取执法相关的监管情况，综合执法部门的处罚信息也无法及时推送给监管部门。三是下沉人员的激励保障机制有待完善，比如职务职级管理、待遇保障、职业发展激励、纵横向交流的措施还未明确，特别是由于考核主体的不同，不同的乡镇街道待遇不统一，影响下沉人员的工作积极性。

三、调研意见和建议

调研组在进行充分的调研后，针对上述困难和问题，提出以下几点意见和建议。Y市要以数字化改革为引领，以构建高效协同的事中事后执法监管体系为重点，整体推进"大综合一体化"行政执法体系建设，着力打造"大综合一体化"执法监管数字应用，构建职责清晰、队伍精简、协同高效、机制健全、行为规范、监督有效的行政执法体制机制。

（一）着力完善权责明确的"大综合一体化"行政执法体制架构体系

按照Z省改革目标任务和走在前列要求，进一步理顺行政执法体制机制，着力完善权责明确的"大综合一体化"行政执法体制架构体系。

1. 进一步完善"大综合一体化"行政执法主体架构体系

建设权责明确的"大综合一体化"行政执法主体架构体系是推进"大综合一体化"行政执法体系建设的前提条件。要坚持问题导向，着力解决"多头管""三不管"等突出问题。除中央明确设置执法主体外，市、区（县、市）保留执法能力强、执法量大的市场监管、生态环境等8个专业领域执法主体及队伍，实行"局队合一"执法体制，对执法量不大的执法领域，如网信、财政等领域的行政执法，由行政主管部门行使，实行"监管与执法一体"的执法主体，其他领域的行政执法原则上都应纳入综合执法范围，不再保留专业执法队伍及执法机构，真正形成"大综合一体化"行政执法主体架构体系。

同时，将乡镇（街道）迫切需要的县级人民政府部门的行政处罚权直接赋权给能够有效承接的乡镇人民政府、街道办事处行使；对暂不具备承接能力的，且乡镇（街道）需要的执法事项，区（县、市）行政执法部门可以通过派驻执法队伍等方式开展行政执法工作，在乡镇（街道）综合执法队挂派驻执法单位牌子，由乡镇人民政府、街道办事处统筹协调指挥，以派驻单位的名义执法，真正实现"一支队伍管执法"。另外，明确市本级和市辖区只保留一个执法层级，除生态环境、交通123运输领域外，其他领域原则上实行以区为主执法。

2. 进一步完善行政执法权责目录架构

梳理明确完善的行政执法权责目录架构是建立权责对应"大综合一体化"行政执法体制的基础性工作。Y市在Z省综合执法事项"基础数据库"基础上，科学编制《综合行政执法地方扩展目录》（以下简称《扩展目录》），将档案、发改、教育等部门无专业执法队伍的行政执法事项，以及市县两级均不再保留专业执法队伍的行政执法事项，原则上统一纳入《扩展目录》。同时，构建"三张清单"：即执法目录总清单＋综合执法清单＋专业执法清单。

3. 进一步完善行政执法队伍架构

行政执法队伍架构完善与否将直接关系到行政执法工作的成效，直接关系人民群众生产生活，是"大综合一体化"行政执法体系建设的重点难点。市、区（县、市）除可保留的市场监管、生态环境等8个专业领域执法队伍，其他领域均不再保留专业执法队伍，对涉及整合的执法机构及内设科室职能设置同步调整并向乡镇（街道）倾斜。同时，通过市、区（县、市）行政执法部门执法力量下沉或将乡镇（街道）在职在编人员依法赋予行政执法资格等，加强基层执法力量的优化配置。另外，还可以依据《Z省综合行政执法条例》第29条规定，对有行政执法证件的行政执法人员，可以根据执法协同工作需要，参加本市行政区域内跨部门、跨区域、跨层级的行政执法活动。

加强对行政执法人员教育培训和精准服务指导，完善选人用人和考核奖惩制度，建设一支政治素质过硬、担当作为、协同高效、有质有量的行政执法队伍。按照市委组织部、市委编委办、市人力社保局联合印发《关于推动执法力量下沉基层并纳入属地管理的实施意见》的通知，从推动编制下沉、保证人员到位、规范干部管理、完善考核激励、组织实施等方面进行明确和强化，为乡镇（街道）"一支队伍管执法"提供有力保障。

（二）着力构建全覆盖整体政府执法监管体系

"放管服"改革（即简政放权、放管结合、优化服务），是新时代中央和地方各级政府大力推行的政府改革。通过"放管服"改革释放市场活力，激发社会创造力，扩大就业，促进对外开放，推动政府管理创新。"大综合一体化"行政执法体系建设要融入"放管服"改革中去，让有效监管成为简政放权、优化服务的必要保障。

1. 实现执法监管无缝衔接

"放管服"是一项系统工程，"放"是前提，"管"是关键，"服"是落脚点，"放管服"中"管"起到承上启下作用。为做好"管"的工作，一方面，行政主管部门要按照"谁审批、谁监管，谁主管、谁监管"原则，全面梳理编制并认领覆盖本领域监管事项总目录清单和检查实施清单；制定监管规则和监管标准，严格落实审批监管、备案核查和特定监管对象的定向检查和行政指导等工作，并为Y市各级行政执法部门开展执法活动提供业务支撑。另一方面，行政执法部门要加强日常巡查，加大行政执法力度，强化与行政监管的协同，防止部门推诿扯皮，出现管理真空、执法监管不到位等问题，两者相辅相成，相得益彰。

2. 实现执法监管全覆盖

将该放给市场的就要放足放到位，该政府管的就要管好管到位，这是"放管服"的灵魂，也是"大综合一体化"行政执法体系建设不可或缺的环节。行政主管部门要完善"双随机、一公开"监管、信用监管、跨部门协同执法监管等方式，实行行政监管有效覆盖。同时，加大对危化品、安全生产、交通运输、环境保护、食品药品、公共卫生等重点领域执法监管力度，守牢质量和安全底线。

3. 实现执法监管"一件事"集成

聚焦社会关注、群众关切的民生领域，以执法监管"一件事"为载体，综合集成多部门跨领域执法、监管事项。如：校外培训机构监管一件事，涉及教育、人力社保、文化旅游、体育、综合执法等部门，对照事前事中事后监管流程，细化监管职责和任务，制定执法、监管计划，实施"综合查一次"组团式执法，减少重复执法和执法扰企扰民，优化法治化营商环境。

（三）着力构建协同高效的行政执法监管工作机制

行政执法监管工作面广、量大，且相互联系、相互影响、相互作用。除深化行政执法体制改革外，更重要的是建立协同高效的行政执法工作机制，这是"大综合一体化"行政执法体系建设的重要环节。

1. 健全行政执法协调指挥机制

市、区（县、市）政府统一领导本行政区域行政执法工作，建立健全统一协调指挥、统一考核监督机制，协调解决行政执法工作中的重大问题。市、区（县、市）政府确定的综合行政执法指导机构，具体承担本行政区域综合行政执法的统筹协调指挥、规范指导等工作。机构编制、公务员管理、财政、人力资源和社会保障等部门，应当在各自职责范围内做好综合行政执法有关工作，实行"同向发力"。

2. 建立协同高效统一的日常指挥平台

按照"扁平化"管理原则，通过执法监管力量集中办公，明确综合执法部门和各派驻部门的职责，形成执法监管共同体。同时，加强市县乡一体化"Y市综合行政执法指挥平台"建设。通过整体并入、归集并行和在区（县、市）设分中心等方法，迭代集成省行政执法监管平台、省综合执法办案系统等现有平台实时信息数据，并与"基层治理四平台"贯通，打造线上指挥调度、智能巡查、执法办案等模块，形成信息共享、数据互通的智慧执法监管运行体系，不断提高执法监管工作的效能。

3. 健全行政执法协同工作机制

建立健全跨部门、跨区域、跨层级的行政执法协同工作机制，推进违法线索证据材料、执法标准、处理结果的互通、互认。涉及专业性、技术性较强或者复杂、疑难执法事项的，上级行政执法机关和业务主管部门全力给予指导和支持，强化工作的协同力。同时，市、区（县、市）政府应当建立行政执法职责争议处理机制。

4. 深化行刑"两法"衔接

强化执法司法部门协同，进一步明确和统一行政执法、司法裁判标准。加快Z省行政刑事执法衔接平台建设，健全行政执法与刑事司法双向衔接机制。同时，加强与立法、监察等机关的工作衔接，形成立法、执法、司法和监察的合力。

（四）着力规范行政执法行为

规范行政执法行为，落实行政执法责任，是严格规范公正文明执法的必然要求，也是"大综合一体化"行政执法体系建设的出发点。

1. 严格规范行政执法行为

认真贯彻落实《中华人民共和国行政处罚法》《Z省综合行政执法条例》，全面清理行政执法主体和执法证件等，严格执行行政执法公示、行政执法全过程记录、重大行政执法决定法制审核等基本制度，细化、量化裁量范围、种类和幅度，完善各类行政执法规则指引，推行"教科书"式执法监管，从源头上规范行政执法行为。

2. 推广实施轻微违法行为告知承诺制

加强行政指导和服务。对新经济、新业态、新模式采取包容审慎监管。对要求当场改正或限期改正的不予处罚情形，依法下达责令改正违法行为决定书，当事人承诺并完成改正的，经执法人员核实后，不予处罚。当事人拒不改正、逾期不改正或者改正后仍不符合要求的，应当依法处理，坚决杜绝运动式、"一刀切"执法，让执法既有力度又有温度。

3. 全面落实行政执法责任

积极构建市县乡三级执法协调监督工作体系，充分发挥行政复议纠错、行政诉讼监督功能，倒逼促进严格规范公正文明执法。加大人大、政协、监委等单位的执法监督协作。探索开展行政执法"公述民评"等做法，接受全社会监督。建立完善行政执法尽职免责和容错纠错机制，激励行政执法人员担当作为。

（五）着力推进"大综合一体化"执法监管数字化改革工作

执法监管数字化是深化"大综合一体化"行政执法改革的关键抓手和重要支撑。

1. 构建执法监管一体化数字平台

要依托和运用Z省"大综合一体化"执法监管数字应用平台，通过执法监管大脑，将协同指挥、执法监管、处罚办案、执法监督以及N个执法要素支撑模块和规范标准体系协同起来，实现执法监管事项全上平台，执法协调指挥全屏掌控，行政执法效能全面画像，着力解决"各自为战""分散执法""三不管""执法不规范"以及执法监管"不全面""不到位"等突出问题，不断提高行政执法监管数字化、智能化水平。

2. 构建多跨协同的行政执法监督平台

行政执法监督上可以对行政许可、行政检查、行政处罚、行政强制等行为进行规范和监督，下联行政复议、行政诉讼、行政监察等，工作战线很长，且数据相互关联、相互作用、互为前提条件，迫切需要全量归集各类行政执法监督及相关的信息数据，实现行政执法监督多跨协同。要依托省行政执法监督信息系统平台全量归集省"互联网＋监管"平台、省统一处罚办案系统、省自建处罚办案系统、"12345"平台、"民生e点通"等平台数据以及行政复议、行政诉讼、司法建议等业务数据，厘清相关数据关联性和融合度，然后利用大数据算法，着力探索构建行政不作为、乱作为等全闭环业务数据分析模型，实现对行政执法的全方位、全流程、全闭环监督。

3. 拓展行政执法监督深度和广度

任何事物都在不断发展和变化，信息系统研发和运用也是如此，在实践中迭代升级。针对线下检查中发现的问题或可能出现问题的特殊性和不确定性，系统应给执法监督部门（人员）留有更加开放的接口和渠道，可以利用大数据挖掘技术，在现有归集的数据库中，按需多维度检索查找，并通过机器学习、模式识别、关联整合等，检索出满足需求和目标信息资源，进行分类、清洗和预处理，再进行分析确认，及时督促相关部门整改落实，不断拓展对行政执法行为的监督深度和广度，最大限度解决行政执法中存在的行政不作为、乱作为等现象及行政执法过错责任追究不力等问题。

案例篇

第十一讲

Z市城市安全风险常态化监测预警体系建设

第一节　调研设计

一、调研背景

党中央、国务院高度重视城市安全工作，习近平总书记多次对城市安全作出重要指示。2021年9月，国务院安委会办公室先后印发了《关于推广城市生命线安全工程经验做法　切实加强城市安全风险防范工作的通知》《城市安全风险综合监测预警平台建设指南（试行）》，并组织召开"城市安全风险监测预警工作现场推进会"，要求各省、自治区、直辖市认真贯彻落实习近平总书记关于城市安全重要指示精神，按照党中央、国务院关于推进城市安全发展的有关决策部署，推动城市安全风险监测预警工作体系试点建设，切实提升全国城市防范化解安全风险的能力和水平。当前，各省、自治区、直辖市试点城市和部分重点城市，均已着手开展城市安全风险监测预警平台方案设计和试点建设工作。开展城市安全风险监测预警平台建设，是各地提高政治站位，切实担负起城市安全发展的政治责任和属地责任，立足新发展阶段、贯彻新发展理念、构建新发展格局，统筹发展和安全两件大事的重要实践。

二、调研依据

《关于推进城市安全发展的意见》

《国家安全发展示范城市建设指导手册》

《关于推广城市生命线安全工程经验做法　切实加强城市安全风险防范工作的通知》

《城市安全风险综合监测预警平台建设指南（试行）》

《关于深入推进城市安全发展的实施意见》

《Z市国民经济和社会发展第十四个五年规划和 2035 年远景目标纲要》

《Z市应急管理"十四五"规划》

《Z市突发公共事件总体应急预案》

三、调研目的

梳理 Z 市城市安全的整体现状，了解相关各企业单位的基本情况，剖析问题需求。进一步健全 Z 市城市安全风险监测预警防控体系建设，统筹全市综合风险管控，创新城市安全运行管理理念，采用精细化治理，使用数字化、网络化、智能化、互动化的建设模式，构建安全管理和风险主动防控新模式，打造全方位、立体化的城市公共安全网，形成良好的公共安全管理和服务运营模式，助力提升 Z 市城市安全发展与安全管理的科学化水平。

四、调研内容及方法

本次调研主要分为调研前期筹备、相关单位通知动员及内部调研、相关单位实地调研、资料整理及分析、调研成果初稿编撰、评审论证及成果修订 6 个步骤。

本报告中的调研数据，未标注出处的均为本课题组调研过程中从相关单位获取、整理而得。

调研对象及范围：调研对象为城市安全风险监测预警相关单位。本次调研范围涵盖城市生命线工程安全、城市公共安全、生产安全、自然灾害防治四大领域。

方法：本次调研采用问卷调查、现场调研、座谈交流、电话调研等相结合的方式。

第二节　报告范文

Z市城市安全风险常态化监测预警体系建设的现状、成效、问题及对策分析

Z市是长江三角洲南翼经济中心和化工基地，是中国华东地区的工商业城市，也是Z省经济中心之一。Z市有五大对城市运行安全较为关键的突出风险因素。一是城市经济发展迅猛，生产经营活动频繁。2020年，全市实现地区生产总值12408.7亿元，实现争先进位，总量位居全国第12位。近年来，港口、交通、工业等主要指标随着经济发展也呈现了逐年增长的态势。从整体上看，Z市城市安全与经济社会发展特征密切相关，在全市经济快速发展过程中，各类企业的生产经营活动、"人、机、物、环"的交互频繁。二是石化产业规模庞大，运行安全风险偏高。2014年，Z市石化产业基地被国务院《石化产业规划布局方案》列为七大国家级石化产业基地之一，现已位居全国七大石化产业基地第二。2020年，Z市共有规模以上石化企业326家，实现工业总产值3142.1亿元；行业规模以上石化企业的工业总产值占全市规上工业企业比重为21.3%。三是阶段性灾害天气多发，城市生产生活挑战严峻。近年来，突发的阶段性灾害性天气也给城市生产生活

带来很大影响，甚至导致严重的生命财产损失。四是涉海涉渔问题突出，风险管控困难较大。随着航运业的发展，各类运输船舶数量明显增多，沿海海上交通越来越拥挤，客观上增加了船舶驾驶人员对来船动态和会遇局面的判断难度。五是高风险工贸企业多，组成结构不理想。截至2021年8月，全市工贸领域共涉及有限空间作业企业3089家，涉及可燃爆粉尘作业企业1451家，涉及喷涂作业企业2810家，存在涉氨制冷作业企业281家，金属冶炼企业220家，船舶修造企业36家，涉及使用危险化学品企业4689家。

一、城市安全风险监测预警现状

（一）城市生命线安全

1. 燃气

（1）业务基本底数。Z市目前共有管道燃气企业14家，瓶装燃气企业公司51家，汽车加气企业17家；现有液化气钢瓶总数为4405944个，燃气场站22个，管道燃气阀门井8366个，燃气管线总长度9933千米（其中2000年以前为252千米），高压249.2千米，中压4865.9千米，低压4817.9千米。

（2）风险监测环节。Z市智慧燃气监管平台由市综合行政执法局牵头搭建并全市行业共享。该平台以燃气企业、设施设备、从业人员、用户等信息数据库为基础，构建集城镇燃气设施视频监控管理、设施设备运行动态监管、瓶装燃气流转全环节监督、双重预防机制建设、安全用气监测预警、燃气企业诚信公开公示、应急指挥处置等功能于一体的数字化监管体系，逐步实现对涉及燃气安全的人和物全覆盖、对城镇燃气管理全过程的数字化监管，提升燃气安全管理水平，维护城市"生命线"安全，保障城市安全发展。智慧燃气监管平台于2021年7月开始搭建，已完成驾驶舱界面等重点任务模块的开发和基础数据库的搭建。市各燃气管道企业均建有 SCADA 系统对燃气管道进行管理。

（3）分析预警环节。Z 市华润兴光等燃气企业建设的燃气管网安全监测系统 SCADA 系统，可实时、准确地了解场站的运行参数，实现现场阀门、调压器等设备的远程控制，为了城市燃气安全、有效的调度和输配提供辅助。对管网关键点的运行状况（如压力、温度、流量）进行实时监测，利用预置的报警值，可以实时地对监测设备及监控到的数据产生报警，预防或者提早发现安全隐患；根据系统保存的历史数据，编制统计报表、绘制统计曲线等，统计分析了解用户用气和管网运行规律。

（4）联动处置环节。目前主要由燃气企业负责响应处置，暂无完善的多部门联动机制，部分与市综合执法局信息互通，对第三方施工和老旧管网的隐患的发现、处置以人工巡线为主。

2. 供水

（1）业务基本底数。Z 市共有供水管网总长 11234 千米（不包含原水管），DN200 及以上（不包含原水管）4840 千米，原水管网及大口径出厂管、管网总长 395 千米。其中，2000 年以前的供水管网长度为 879 千米，现状供水管网的基础信息包含：管径、管材、管龄、埋设深度、接口形式、道路等级、土壤组分、地下水组分及地下水位、管道流量、压力、运行数据、维护抢修记录等。Z 市自来水公司下属 5 家制水厂，分别是鄞州水厂、北仑水厂、毛家坪水厂、东钱湖水厂、桃源水厂。日均供水量 139.89 万吨，最高日供水量 156.54 万吨。

（2）风险监测环节。Z 市智慧供水系统由市水利局牵头建设，用户方为水利局与市水务集团。智慧供水系统检测了各水厂、泵站、管网上的压力、流量、水质等仪表数据，通过智慧供水平台实时感知 1530 平方千米服务区域内 4500 多个各类重要供水设施、6476 千米供水主干管网变化情况，进行智能分析，优化运行服务。

（3）分析预警环节。Z市智慧供水是以云计算、物联网、大数据、移动互联网为代表的新一代信息技术与供水服务深度融合，在现有供水管网地理信息系统、DMA分区计量系统、营业收费系统、热线服务系统等信息系统基础上，整合生产调度系统、管网水力模型、商业智能、大用户系统、数据中心建设，构建智慧供水平台，实现跨部门、跨业务的数据共享和协同运行，全面、动态化管理供水设施，辅助处理爆管等供水突发事件，强化应急处置能力，提升城市供水运营效率、管理效率和服务效率。

（4）联动处置环节。目前主要由供水企业负责响应处置，暂无完善的多部门联动机制。

3. 排水

（1）业务基本底数。Z市共有排水管网687.396千米，其中雨水管网256.762千米，污水管网424.136千米，合流管网6.498千米。辖区老旧排水管网长度约为市管15千米（大于30年），建设时间为1985—1990年。全市共有5个污水处理厂，以污水厂为单位，划分5个排水分区，5家污水处理厂各自服务一个排水片区，相互独立、部分节点泵站实现污水不同分区的互联互通输送。全市共有市管排涝泵站10个，提升泵站41个，下穿桥泵站10个。

（2）风险监测环节。由市水利局牵头，各区（县、市）排水主管部门、Z市城市排水有限公司作为协作部门，在中心城区149个低洼路段、下穿式立交、老旧小区等易涝点位安装积水监测站点；在排水管网主干管配备有11套流量计；对于溢流风险较高的节点，部署56套液位计，采用压力、超声波方式进行监测。

（3）分析预警环节。分析预警主要通过智慧排水系统实现，通过采用先进的GIS、大数据、物联感知等技术，对Z市绕城高速范围内区域进行重点积水监测，涵盖低洼路段、老旧小区、下穿式立交等易涝点位。管网方面主要通过液位仪、流量计等物联网设备对管道内部水位、流量情况进行动态监测，从而实时将监测数据传递至数据库系统中，可以监控排水管道内的情况，达到预设的预警、报警值后系统会自动预警，为排水防涝提供实时数据基础，辅助制定对应的应急预案。

（4）联动处置环节。目前联动响应不足，主要在信息发布上实现多部门互通。在信息发布方面，通过台风积水监测系统，目前已实现实时数据互通和信息公开发布。在此基础上，充分利用相关 App 和微信公众号等平台，上线"台风积水地图"模块，在全省率先实现实时向市民提供积水信息查询服务。

4. 桥梁

（1）业务基本底数。市综合执法局承担全市桥梁安全监测管理工作，目前主要由 Z 市城市桥梁监测管理中心具体实施。截至 2020 年，市管大型桥梁已达 25 座，特大型桥梁 7 座，高架桥梁 88 千米，大市政桥梁超千座。这些桥梁桥型多样、结构复杂、分布广泛，使得当前的桥梁管理工作难度加大、任务加重。目前，Z 市城市桥梁监测管理中心已建立了 225 座市管桥梁和近百千米高架桥梁的电子化"健康档案"，以及 207 座桥梁检测评估，累计制定巡检计划 660 项，完成病害录入 11571 条，做好维修记录 1224 条，完善系统功能 70 余项。

（2）风险监测环节。桥梁风险监测具体由市城市桥梁监测管理中心负责，该中心于 2015 年 11 月建成并投入试运行，围绕健康监测系统、巡检养护系统、评估及管理系统、安全监控系统，实现以"集成高效、科学智慧、安全全面"为特点的实时监测、巡检养护、综合管理、安全监控四大子系统功能，相关的桥梁在线监测、数据分析、安全预警、综合评估、辅助决策及计划制定等工作流程较为完善。截至

2020年底，桥梁监测覆盖范围已达12座，视频监控已基本覆盖特殊结构重要桥梁和高架桥梁的重要路段。

（3）分析预警环节。建立城市大型桥梁集中监测平台，获取大桥代表性的监测数据，及时发出预警。对城市桥梁建立电子化"桥梁档案"，并将日常管理流程电子化，实现桥梁全寿命期的电子信息化管理。建立市管桥梁地理信息系统以及桥梁实体模型，实现桥梁构件及设备的可视化管理。建立综合评估模板，利用监测数据对桥梁开展钢结构疲劳、索力等专项评估以及综合评估。对桥梁交通荷载（超载超限）等进行实时监管，对特殊事件进行事中监管预警、事后安全评估。

（4）联动处置环节。该中心系统平台提高了各类车撞、船只撞击桥梁的应急事件处置时的效率和科学决策能力，强化了台风、雨雪冰冻等特殊气候下桥梁设施安全监管保障工作的指挥调度，同时也提高了智慧城管、应急案件的临时处置响应速度和工作效率。

5. 综合管廊

（1）业务基本底数。Z市在建、已建地下综合管廊项目12个，总长52.54千米，其中已建成9个项目，总长38.6千米。根据现行市区综合管廊专项规划，市区近远期共规划建设管廊102千米，至规划期末逐渐形成以世纪大道串联整个大东部区域、以东部新城片区、下应片区、庄桥机场片区、贵驷片区、城西北片区、中交片区及奉化城区片区为重点建设区域的"一纵七片"综合管廊系统布局。

（2）风险监测环节。主要通过通途路管廊一体化管理平台，目前建有结构健康监测系统、安防通信系统、可视化巡检测系统、高压细水雾消防系统等。在油气长输管道方面，当前各业主单位均采用管道智能化管理，但未建设全市统一监控平台。

（3）分析预警环节。（暂无）

案例篇

（4）联动处置环节。（暂无）

6. 电梯

（1）业务基本底数。Z市市场监管局承担全市电梯安全相关工作，负责电梯行业监督管理。目前，电梯公司共有133家、检验和检测单位共有11家，全市共有在用电梯112693台，其中使用年限达10—15年的有19819台，15年以上的有8903台。梯龄在10年以上的共有28722台，约占电梯总量的25%，主要分布于鄞州、慈溪、江北、海曙等区域。

（2）风险监测环节。目前，电梯安全风险监测通过物联网智慧电梯实现，全市在线电梯物联网20931台。部分电梯物联网在轿厢配备视频监控，电梯物联网主要监测电梯的运行及开关门状态等，具体每个物联网厂商设定不同。电梯物联网终端设备由电梯公司按照DB3302/T 1061—2020《电梯运行监测自动报警系统技术规范》的要求安装，并根据Z市电梯物联网平台的接口要求上传数据。

（3）分析预警环节。电梯物联网终端实时监测电梯运行状态，数据上报电梯公司企业物联网平台，无需上报至Z市电梯物联网平台。当出现故障时，发送告警信息至电梯公司企业物联网平台，由企业平台转发告警信息至Z市电梯物联网平台。同时发送消息至电梯维保人员和使用单位管理人员手机，由维保人员赶赴现场实施救援，使用单位管理人员配合处置。

（4）联动处置环节。在电梯应急处置方面，2017年12月，Z市市委编办批复同意在市特检院增挂Z市特种设备应急处置指挥中心牌子，主要承担全市电梯等特种设备综合应急处置指挥及特种设备公共安全统计、分析、信息化技术支撑等工作，并将96333作为Z市范围内统一的电梯应急救援热线，配置24小时座席人员8名，配置服务器1台、DLP大屏1个、呼叫座席8个、公共救援设备60套。

（二）公共安全

1. 消防

（1）业务基本底数。截至 2022 年 1 月 6 日，Z 市共有消防安全重点单位 3907 家，其中高层公共建筑 315 家，商场（市场）446 家。2020 年，全市各级火灾隐患举报投诉中心受理火灾隐患举报 1986 件，查处 1986 件，情况属实 902 件。从隐患类别看，消防通道类 1121 件，消防设施类 561 件，消防产品类 1 件，行政许可类 141 件，其他隐患类 162 件。从举报场所看，公众聚集场所 460 件，村居民宅 1135 件，企业仓库 143 件，居住出租房 1 件，其他 247 件。近年火灾形势上，住宅火灾数量占比最大。另外，大面积火灾有所增多。

（2）风险监测环节。在火灾消防风险监测方面，主要利用智慧消防建设，针对火灾隐患较大的场所、设施和企业推广安装相关设备。Z 市现有的消防监测环节主要是市场化运行，充分利用第三方技术机构对部分商场、小区等进行消防控制室的信号进行接入并提供预警服务。同时，各地针对火灾隐患大、电器线路安全状况差和电器事故频发的工业企业，有重点加以推广。目前，已完成市、县两级智慧防控平台建设，接入远程监控系统 2573 家，智慧用电 3169 家，智能预警 4815 家，智能充电桩 1908 家，远程监控点位数 25436 个，提升分析研判和靶向防范能力。

（3）分析预警环节。Z 市消防智能管控平台通过接入远程监控、基层治理等 5 类智能平台，累计对 2541 家单位重点部位实施动态监管和远程指导。针对消防车通道占用执法告知难的困局，开发消防车通道车辆违停非接触式执法系统，办理行政处罚 86 起。开发推广"码上安全"智慧监管平台，强化对沿街商铺监管。推广安装电梯智能电动自行车阻车系统 4000 余套。联合综合执法、应急、住建、经信发文部署推广城镇燃气用气安全数字化防控系统。

(4) 联动处置环节。(暂无)

2. 交通运输

(1) 业务基本底数。在"两客一危"方面，截至目前，Z市共有公交运输企业17家，涉及公交运输车辆9029辆。客运企业46家，涉及客运车辆1850辆。危险化学品运输企业124家，涉及危险化学品运输车辆共计9641辆（含带挂和不带挂）从业人员11015名。

(2) 风险监测环节。在"两客一危"方面，各运输企业在车辆上安装有卫星定位装置、视频监控等，对车辆行驶轨迹、超速、疲劳驾驶等行为进行解析、采集、提醒和管理。在危化品道路运输方面，Z市建设有危化品道路运输安全风险智控系统，依托"大数据＋""物联网＋"，对接省大数据平台、压力容器数据库、化工园区监控平台以及路口、车场、充装点人脸识别、车联识别等前端感知系统的信息，根据危化品车辆的北斗卫星定位信号和电子运单信息。在轨道交通方面，主要为综合监控系统、信号系统，覆盖1号线至4号线全线车站。

(3) 分析预警环节。在危化品运输方面，通过危化品道路运输安全风险智控系统实现了对危化品运输车辆在行驶过程中的行驶轨迹、超速、疲劳驾驶、异常停车等行为的监测预警和管理功能，如行驶轨迹定位、电子运单管理、疲劳驾驶提醒及执法管理等。在公共交通客运方面，目前各客车、公交车运营单位根据视频监控对驾驶员疲劳驾驶行为进行解析、采集和提醒等，实现了一定的监测预警。

(4) 联动处置环节。各运输企业进行日常监测预警及管理处置。在危化品运输方面，公安、交通、应急、市场监管等部门通过危化品道路运输安全风险智控系统实现信息的联动互通，并进行执法管理。当发生危化品道路运输事故时，应急、公安、交通、市场监管、生态环境、卫生等有关部门按照危化品道路运输事故应急救援预案实施救援。

3. 特种设备

（1）业务基本底数。截至目前，Z市登记在用的锅炉总量为1691台，压力容器总量为59293台，压力管道总量为97324条，起重机械总量为52465台，客运索道1条，大型游乐设施总量为124台，场（厂）内专用机动车辆总量为37614台。

（2）风险监测环节。目前，Z市登记在用的所有特种设备全部纳入监测预警，七大类设备数量为263885台（套），另压力管道为97324条。电梯主要通过96333应急处置平台进行24小时实时监测和及时处置，其他设备主要通过信息化系统对设备检验情况进行监测和到期预警提醒，物联网监测系统接入和应用工作正在探索推进。目前，有Z市特种设备综合管理MIS系统、Z省特种设备在线等2套监测预警相关信息系统。

（3）分析预警环节。目前，主要运用两套系统对特种设备进行分析预警。Z市特种设备综合管理MIS系统于2021年6月建设完成，建设地点为特检院机房，由福建创达公司负责运维。据当前统计数据，电梯物联网已安装设备数量为24885台，实时在线17822台。Z省特种设备在线系统由Z省市场监管局于2021年8月建设完成，建设地点为Z省省局机房，由某公司负责运维。

（4）联动处置环节。（暂无）

4. 人员密集场所

（1）业务基本底数。截至目前，Z市共有群艺馆及文化馆11个，独立建制的博物馆79家，公共图书馆12个，各类学校1981所，医院195所。

（2）风险监测环节。Z市于2016年起全面推进基层"雪亮工程"规划建设，以"源头可溯、去向可查"为目标，全力构建具有Z市特色的视频监控防控网络、应用体系和保障机制。

（3）分析预警环节。（暂无）

（4）联动处置环节。（暂无）

（三）生产安全

1. 危险化学品

（1）业务基本底数。截至 2020 年末，Z 市涉及重点监管危险化学品企业 99 家；涉及重点监管危险化工工艺企业 50 家；危险化学品企业中构成危险化学品重大危险源的共 80 家，重大危险源共 334 个，其中一级重大危险源 122 个、二级重大危险源 40 个、三级重大危险源 100 个、四级重大危险源 72 个。

（2）风险监测环节。目前，建有 Z 市应急管理综合应用平台、Z 市危化品全链条安全风险智控、Z 市危化道路运输风险智控系统等平台用于相关风险监测，已接入视频 694 路，感知设备 6 种，报警点位 4804 路，BDS 运营商 141 家，BDS 信号 15053 个。其中，Z 市危化道路运输风险智控系统已经上线运行，其余系统在建。待接入感知设备，包括厂区、大门、二道门、主要设备设施区域、危化作业区、库区、罐区、中控室、装卸点等，覆盖 160 家和危化品使用重点企业 140 家。

（3）分析预警环节。目前，Z 市危化品全链条安全风险智控已部分投入使用，依托平台对危险化学品的生产、运输、存储等环节实现信息化监管，危化品企业端传感器基本布局完成。通过开发风险智能管控平台，建立重大风险清单和"红橙黄蓝"风险电子图，对重大风险实行"一险一案"；开展企业"风险画像"研究，推进数字化全要素监管；推行重大危险源监测预警，构建"企业为主、监管异常、分级预警"机制，实现一级、二级重大危险源全覆盖；建立危化品道路运输智能化管控平台，在镇海等重点区域实现"专人＋专道＋专点"精准化管控，超速超载等违法行为大幅减少。

（4）联动处置环节。已与园区、企业和各级应急局联网，实现远程指导通信，在事故隐患阶段实现一定程度的联动监管、提前响应。

2. 非煤矿山

（1）业务基本底数。Z市现有非煤矿山企业32家，分布在全市7个区（县、市）。采矿行业的风险点主要为矿山运输道路、铲车、配电房、采装作业场所、露天矿山境界、挖掘机、破碎机等。

（2）风险监测环节。目前，由市公安局牵头的Z市民用爆炸物品智能末端管控平台已基本完成应用，正根据监管要求继续完善。

（3）分析预警环节。（暂无）

（4）联动处置环节。（暂无）

3. 烟花爆竹

（1）业务基本底数。Z市现有烟花爆竹批发单位15家，经营零售店357家，分布在全市11个区（县、市）和市直开发区。

（2）风险监测环节。目前使用公安部的烟花爆竹批发流向管理系统进行监管。

（3）分析预警环节。（暂无）

（4）联动处置环节。（暂无）

4. 建筑施工

（1）业务基本底数。Z市重大风险管理企业18家，较大风险管理企业476家，一般风险管理企业117家，低风险管理企业172家。建筑施工领域的风险点主要为塔吊、落地式脚手架、普通模板工程支撑体系、施工升降机、起重机械安装和拆卸工程、土方开挖、起重吊装工程、卸料平台、操作平台、基坑支护、悬挑式脚手架工程、汽车吊和桩机等。

（2）风险监测环节。在建筑施工方面，目前Z市建设有建筑工地远程视频监控系统和建筑起重机械数字化管理系统。在轨交施工方面，具体由 Z 市轨道交通建设分公司安全质量部负责，当前建有 Z 市轨道交通工程基坑、盾构监测系统。

（3）分析预警环节。（暂无）

（4）联动处置环节。（暂无）

5. 涉海涉渔

（1）业务基本底数。Z 市以渔业安全生产为核心，全面推进渔业各项工作，全力加强渔业安全监管。积极推进渔业安全信息化建设，加快推进渔船 AIS 设备配备、渔船救生筏双向无线电话配装等项目建设。

（2）风险监测环节。Z 省渔船安全精密智控系统由省农业农村厅统建，2021 年 9 月 16 日启动试运行，平台接入船载卫星终端、AIS、北斗、视频监控和岸基雷达等感知设备，基本满足渔船动态管控、轨迹查询、区域统计和警示提醒等功能，新增了船员培训、渔船分级管控、防灾减灾等一些新功能模块，基本实现了渔船可视化管理。

（3）分析预警环节。主要通过 AIS、北斗卫星定位等分析预警，实现一定程度的风险分析研判。

（4）联动处置环节。（暂无）

（四）自然灾害防治

1. 地震

（1）业务基本底数。Z 市属于省内地震易发区，也是全国地震重点监视防御区之一，存在着发生中强地震的构造背景。Z 市共有 15 条地震断裂带风险隐患，带来的潜在次生灾害主要为地震次生火灾与爆炸，另外有次生水灾、有毒物品泄漏、放射性污染等。

（2）风险监测环节。目前，Z 市建有市地震监测预报中心等 15 个地震台站。2021 年 9 月，市境内的预警台新建和改造工程全部建设完成。

（3）分析预警环节。Z市当前的地震烈度速报与预警平台建设项目，将在破坏性地震发生时提供预警信息服务，为震源特征研究、地震动特征研究、地震构造探测、结构抗震分析等研究提供丰富的基础数据。

（4）联动处置环节。根据《Z市地震应急预案》进行联动处置。市应急管理局负责本市地震监测信息及前兆信息的分析研判。各相关成员单位及震区所在区（县、市）政府按照职责分工、各负其责，密切配合，共同做好抗震救灾工作。

2. 地质灾害

（1）业务基本底数。Z市境内地貌类型多样，受不同时期地质构造运动和海侵、海退影响，地质环境条件总体较为复杂。梅汛期雨量丰沛，台风影响频繁，易发生滑坡、崩塌、泥石流地质灾害。原基本为厚层软土所覆盖，易发生地面沉降。有效防范化解重大地质安全风险的任务依然艰巨，形势严峻复杂。

（2）风险监测环节。2020年，Z市建立了全市地质灾害风险"一张图"，群测群防网络覆盖全部地质灾害隐患点和风险防范区825处。在信息化方面，一是开发"地灾智防"App用于地质灾害监测、预报预警信息实现向全社会实时发布；二是利用省级统建的Z省地质灾害专业检测系统进行地质灾害分析；三是开发了Z市地质环境监测与管理信息化平台。

（3）分析预警环节。2022年，Z市自然资源和规划局推进升级Web版本的Z市地质灾害气象风险预警系统，该PC软件用于地质分析预警决策辅助已超过10年。大力推广"地灾智防"App一线使用，及时发布地质灾害气象风险等级"五色图"和预警提示单。同时依托Z省统一搭建的"省市县一体化"地质灾害风险实时预警系统，完成

案例篇

市级地质灾害气象风险预报系统升级。

（4）联动处置环节。Z市应急管理局与自然资源、气象、水利、农业农村等部门建立预警联动机制、汛期地质灾害险情会商预判机制，制定《地质灾害技术会商规则》，强化灾害预警预判，及时采取落实防范措施。升级改造"Z市地质灾害气象风险预警系统"，及时发布地质灾害会商报告、预警（提醒）信息。

3. 气象灾害

（1）业务基本底数。Z市主要灾害性天气有低温连阴雨、高温、干旱、台风、暴雨、洪涝、冰雹、雷雨、大风、霜冻、寒潮等，尤其是台风灾害主要发生在高程低、河网多、林地分布少的地方。

（2）风险监测环节。Z市气象观测系统进一步优化，双偏振多普勒天气雷达、毫米波雷达、激光能见度雷达、风廓线雷达和微波辐射计等一批气象设备投入使用。全市自动气象站达到327套，平均站间距5.48千米。

（3）分析预警环节。Z市气象局依托省级政务平台，开展决策服务要素信息的自动监测、统计、分析，提升重大灾害性天气过程决策气象服务能力。一是提升智能预报业务系统，开展智能预报业务提升系统建设，加强对人工智能技术的综合应用。二是建设气象数字化基础支撑平台，通过硬件提升、软件系统改造集约等方式，升级现有气象信息网络。三是升级决策气象服务系统。

（4）联动处置环节。修订《Z市防汛防台抗旱预案》，出台《Z市短时极端天气应急响应方案》。《Z市防汛防台抗旱应急预案》明确Z市防汛防台抗旱组织指挥体系由市防汛防台抗旱指挥部、区（县、市）防汛防台抗旱指挥机构和基层防汛防台抗旱组织构成。市防汛防台抗旱指挥部负责组织指挥、统筹协调、督查指导全市防汛防台抗旱和抢险救灾工作，明确30个成员单位的职责。根据事件分级，启动相应应急响应工作。建立汛期汛情周报告制度。

4. 水旱灾害

（1）业务基本底数。Z市水旱灾害多发，尤以梅雨、台风造成的洪涝灾害及夏秋伏旱最为严重。水旱灾害的发生过程具有明显的季节性、连年性和交替性规律。

（2）风险监测环节。通过采用先进的GIS、大数据、物联感知等技术，Z市建成积水监测点位149个、雨量站点14个等，对Z市绕城高速范围内区域进行重点积水监测，涵盖低洼路段、老旧小区、下穿式立交等易涝点位。同时利用相关App和微信公众号等平台，上线"台风积水地图"模块，在全省率先实现实时向市民提供积水信息查询服务。

（3）分析预警环节。Z市水利系统推出"13＋N"个应用场景［N为区（县、市）应用场景］。其中"动态洪水风险图应用""山洪灾害预报预警""区域水利设施联合调度运行"3项重点业务领域应用场景建设列入水利部试点，"区域旱情预警及调度""数字水库""流域、区域预报调度一体化"3项应用场景成功入选省水利厅第一批"揭榜挂帅"试点项目。在原自建山洪监测预警的基础上，全省率先打造"山洪灾害预警"应用场景，将"监测预警"提升到"预报预警"，覆盖全市山洪危险村，结合气象雷达、遥感、动态预警分析等先进技术，提前1~3小时预判山洪灾害风险。

（4）联动处置环节。根据《Z市防汛防台抗旱应急预案》进行联动处置。预案中明确Z市防汛防台抗旱组织指挥体系由市防汛防台抗旱指挥部、区（县、市）防汛防台抗旱指挥机构和基层防汛防台抗旱组织构成。

5. 海洋灾害

（1）业务基本底数。Z市海洋灾害以风暴潮、海浪和赤潮等灾害为主，海平面变化、海水低温、海水入侵、海岸侵蚀等灾害也有不同程度发生。此外，还存在海啸灾害的潜在威胁。

（2）风险监测环节。截至2020年5月，Z市已建成1艘海洋调查船、2个岸基站、3套波浪浮标、25套近海志愿船、6个海洋简易观测站等观测系统，同时，还可实时获取东海区54个海洋观测站、25个波浪浮标和浙北海域3部地波雷达的实时观测数据，基本实现了对Z市海洋灾害的实时、全天候观测。此外，还配有1艘海洋监测船，8台无人机，1台海洋灾害移动监测车，3套VSAT卫星小站等。由海事部门牵头的海上智控平台，于2021年10月上线运行，实现省市县三级贯通。达成对大风等恶劣气象、重要区域、重点时段的智能预警，在公布的三纵六横航路对渔船碍航进行智能侦测，对Z省沿海船舶进行远程点验。

（3）分析预警环节。当前，Z市海洋预报台拥有1套计算能力达每秒15万亿次的高性能计算机集群系统，建立了较为完备的海洋环境预报体系，研发了三维海流、风暴潮、海浪、海上搜救漂移和海洋污染物扩散等多种预测系统，每年向各级政府和涉海部门发布发送各类预报、警报传真2500余份，预报、警报短信发送3万余人次。

（4）联动处置环节。市海洋灾害应急组织指挥体系由市级指挥机构、县级指挥机构和基层应急组织组成。市海洋灾害应急指挥部负责统一指挥和全面协调全市风暴潮、海浪等海洋灾害的应急处置和抢险救灾工作。市海洋灾害应急指挥部包含25家成员单位，按照职责分工，做好应对工作。

6. 森林火灾

（1）业务基本底数。Z市森林防火主要面临以下新态势。一是森林资源总量增长，防火任务加重。二是野外火源管控难度大。三是气候异常，森林火灾等级居高不下。面对严峻的森林防火形势，全市各县区普遍加大了森林防火工作力度，始终保持警钟长鸣，坚持"预防为主、积极消灭、防消结合、强化管理、落实责任、依法治火"的方针，坚持"以人为本、科学防火、依法治火"的工作原则，坚持政府全面负责、部门齐抓共管、群众广泛参与的工作机制，坚持专群结合的火灾扑救方式，做到预防措施到位，扑救工作有效，森林防火工作取得了较为显著的成绩。

（2）风险监测环节。在森林消防瞭望监控体系方面，建成9个森林火险监测站和火险因子采集站、19台火险监测仪、9个森林消防瞭望台、232个视频监控摄像头，基本构建了Z市森林火灾预警监测体系。建设有"Z市森林消防指挥信息系统"，该系统采用3S技术，形成矢量数据。

（3）分析预警环节。通过森林防火监控体系，利用红外热成像监控或黑光级监控加AI视频分析等，加强AI分析疑似烟雾算法应用，进行林火早期发现预警和危险人员行为发现干预。目前，建设有"森林防火智能监测系统平台"，并在Z市林场完成6处点位建设。

（4）联动处置环节。根据《Z市森林火灾应急预案》，Z市森林防灭火指挥部负责组织、协调和指导全市森林防灭火工作。市森防指办根据全市防火形势，组织有关单位加强会商，研判火险形势，制作森林火灾预警信息，视情发送到各区（县、市）森防指和市森防指各成员单位并提出工作要求。预警地区县级以上人民政府及有关部门根据预警级别作出相应的预警响应。各级森林防灭火指挥机构按照"有火必报"原则，及时、准确、逐级、规范报告森林火灾信息。

（五）信息化平台建设

1."Z市城市大脑"平台

目前，"Z市城市大脑"已拥有党政甬领、政府甬效、经济甬强、民生甬惠、法治甬先、数字甬智等六大板块及下辖众多的子板块，集聚了"甬易办"、智慧健康、基层治理四平台、公共交通等一批智慧应用，动态反映着Z市实时的运行情况。截至目前，"Z市城市大脑"已汇集25个委办局应用系统，汇聚了102亿条数据。其中，共享数据65亿条以上，开放数据3亿多条。"Z市城市大脑"建设应用的主要内容和特色包括：构建八大数字应用支撑体系、五大功能中心，一体化建设"城市大脑"和大数据中心，实现"一网通办""一脑通治""一屏通览""一码通服"；突出集成共享，将政务云纳入"城市大脑"统一建设管理，实现省市"一朵云"互联互通；注重跨部门协同，重点开展政务服务、执法监管、社会治理、民生服务等领域的数字化应用；加固安全防护体系，确保网络、系统、专有云和数据安全；发挥大数据赋能作用，发展壮大数字经济。

2. 政务云平台

政务云平台用户方为Z市大数据发展管理局。Z市政务云计算中心是智慧城市和电子政务建设的重要基础设施，是实现城市经济、社会、文化、自然环境等各种信息资源融合、共享和应用的重要支撑平台。加快推进市政务云计算中心建设是创立以大数据为驱动、以大业务应用为导向的新型政务信息化发展模式的核心，是转变政府职能、提高服务能力、解决部门间"信息孤岛"问题的重要举措。

3. 市/县全域治理中心、基层治理四平台

市/县全域治理中心目前已在Z市江北区等地运行上线。该平台通过共享、整合、优化、拓展、提升等手段，做优"城市大脑"，做强实战网格，打造集常态运行与应急管理于一体的"一网统管、整体智治"平台，实现城市管理资源高度整合、监控信息系统高度集成、部门联勤联动高度协同、上下贯通指挥高度统一。

4. 应急管理综合应用平台

Z市应急管理综合应用平台由市安委办与应急局使用。平台综合运用大数据、物联网、人工智能等先进信息化技术，紧紧依托市大数据中心平台资源，搭建应急管理综合应用平台，接入和汇聚现有应急感知数据，整合存量应用系统并归集数据资源，统筹推进自然灾害、安全生产领域风险防控和应急救援数字技术应用，加强风险监测识别和研判预警力度；初步实现应急管理全面感知、动态监测、智能预案、扁平指挥、快速处置、精准监管，提升风险识别能力、风险智控能力和应急救援能力，构建"统一指挥、专常兼备、反应灵敏、上下联动、平战结合"应急管理体系；支撑全市应急管理工作数字化转型。

二、工作成效

（一）门类全：开展了门类齐全的城市安全风险评估工作

通过委托专业的咨询研究机构开展了门类齐全的城市安全风险评估基础工作，Z市共完成八大领域95433个单位的安全生产风险普查，范围涵盖城市工业风险、城市人员密集场所、城市公共设施和其他风险，包括道路交通、涉海涉渔、消防、危险化学品、建设施工、工矿、城市运行、旅游等8个"过重大"重点领域。

（二）手法精：利用信息系统对风险行业进行精细化监管

利用信息系统对各风险行业进行全周期精细化监管，实现到企业端的全链条监测管控。包括目前在用的Z市危化品全链条安全风险智控系统，依托信息平台对危险化学品的生产、运输、存储等环节实现信息化监管，危化品企业端传感器基本布局完成。通过开发风险智能管控平台，建立重大风险清单和"红橙黄蓝"风险电子图，对重大风险实行"一险一案"；开展企业"风险画像"研究，推进数字化全要素监管；推行重大危险源监测预警，构建"企业为主、监管异常、分级预警"机制，实现一级、二级重大危险源全覆盖；建立危化品道路运输智能化管控平台，在镇海等重点区域实现"专人＋专道＋专点"精准化管控。

（三）技术新：借助高校力量和技术在桥梁监测建成示范

借力高校科研力量和新技术运用，率先在全省和全国建成示范的城市桥梁监测管理中心，实现以"集成高效、科学智慧、安全全面"为特点的实时监测、巡检养护、综合管理、安全监控四大子系统功能，相关的桥梁在线监测、数据分析、安全预警、综合评估、辅助决策和计划制定等工作流程较为完善。截至2020年底，监测大桥覆盖范围已达12座。同时，通过采用先进的GIS、大数据、物联感知等技术，在全市建成积水监测点位149个、雨量站点14个等点位，对Z市绕城高速范围内区域进行重点积水监测，涵盖低洼路段、老旧小区、下穿式立交等易涝点位。

（四）布局早：结合全国自然灾害综合风险普查工作提前奠定监测预警基础

结合全国自然灾害综合风险普查工作的开展，提升自然灾害防治能力的基础性工作，提前奠定相关领域监测预警基础。通过摸清自然灾害风险隐患底数，查明重点地区抗灾能力，客观认识自然灾害综合风险水平。这些工作契合国务院安委办自然灾害防治监测预警的要求，有助于同时做好监测预警建设的前期布局。

三、主要问题和挑战

尽管Z市当前城市安全风险管控取得不少成效，但在部分重点薄弱环节仍存在问题，特别是安全生产、自然灾害等方面短板仍突出，具体包括如下几方面。

（一）颗粒粗

当前，安全风险监管主要在表面，精度较低，许多监测预警措施仅解决有无问题，无法实现深入细致管控。

例如：按城市供水规模和供水量的要求，对于城市生命线系统中管网检测需控制在不少于 1 个/平方千米，现有监测系统覆盖点密度还不够，需进一步加大对该城区管网系统监测，同时在现有监测基础上针对重点区域设备管道结构安全监测，以确保可获得系统安全实时信息。

针对目前全市高架桥、其他单柱桥梁安全评估和加固情况，需进一步加强对超载超限车辆过桥监测、桥梁结构形变监测等环节重点提升，围绕超载车辆监控对桥梁倾覆风险、垮塌隐患进行排查和实时监测，目前这方面工作仍需完善。

监管部门所了解到的主要是企业固有风险，缺乏对企业安全运行状态的整体把控，企业安全生产的动火数量、危化品实时存量、特殊作业、有毒有害气体泄漏情况等信息无法第一时间获得，缺乏纪实留痕和监督预警功能，无法对企业进行实时动态监管。

（二）嗅探弱

预警分析手段滞后，事前感知嗅探技术待优化，部分预警感知技术对隐患嗅探不足，或无法快速预判分析。

如地铁交通感知预判分析不足，轨道交通企业对交通安全的管控主要针对在事后或事故已发生的报警，对潜在隐患风险嗅探不足，暂未构建起事前风险评估分析动态模型，对如出入段水位等感知依赖人工定时测量，无法做到常态化事前分析预判。

目前有通过采集野外监测数据，通过数字模拟方法，根据气象条件、地形地貌、岩性、风化程度等指标建立灾害预报系统，但省级与市级的分析模型存在一定差异，故模拟分析结果需协商，汇总出最后结果，事前预警嗅探弱。

（三）联动少

各行业管理部门缺少有效联动，未能形成综合风险监控体系，联动处置职能不足，实时响应流程机制待健全。

如渔业和海事航运主管部门对于海上运输和渔业安全生产联动应急处置方面依旧基于传统通信和人工协调方式，对于应急处置对象的实时信息更新滞后，多部门间应急联动机制缺乏智能化的统一调度指挥中枢，难以满足多业务部门的协同响应处置要求。

埋地燃气管道风险是否会对地上危化品运输车辆产生影响等城市灾害的级联失效进行有效管控等方面考虑不足。多环节和机制设计上缺乏智能化运用，监测预警精确度、误报率等方面待优化，信息化协同处置流程待健全。

（四）协作浅

调研中有部分单位对该工作重视程度不足，建设定位认识不到位、缺乏配合和主动性，保障支持力度欠缺。

城市安全管理工作需各部门协作，尽管从国家到地方各级均多次要求做好城市安全风险监测预警相关工作，调研中仍有部分单位对该工作重视程度不足、对监测预警建设定位认识不到位，缺乏主动性和支持措施。Z市监测预警建设相关政策指标和支持保障举措应尽快到位，确保体系建设工作推进顺利。

如调研中市住建局表示，其当前主要使用的监管系统，以及未来监测需求均考虑通过省厅住建部门条线实现，对市级综合性的监测预警平台建设兴趣不足，认为其必要性不突出，领域互通并非关键。

类似地，市场监管局表示电梯特种设备的监测预警由相关企业负责，通过对已有"智慧电梯"项目的实施，实现数据传输至相关维保单位监测处置，并无统筹至市级综合监测预警平台的迫切性。

四、对策建议

基于Z市城市安全风险现状和现代化城市治理需求，结合国务院、Z省及Z市相关要求，提出建设"1—4—3—4"城市安全风险常态化监测预警体系，即：一套总体方案、四大业务领域、三级传导机制、四大重点环节。

"1"即一套总体方案：围绕城市安全风险监测预警大平台综合统筹，以信息化、智能化、数字化为导向，建设从硬件到软件全面融合的一套常态化城市风险管控系统平台。通过大数据融合实现多源数据互联与共享，与省厅级平台及企业行业数据同步，实现高效、实时的监测预警工作提升。

"4"即四大业务领域：以国家监测预警指南为基准，结合Z省八大安全生产重点领域要求，做到"城市生命线安全、公共安全、生产安全、自然灾害防治"四大城市安全风险业务域的22个场景的全覆盖、常态化监测预警，实现底数清、情况明，提高对各类风险动态监测、实时预警能力。

"3"即三级传导机制：参照"市—县区—街镇"三级国土空间治理体系，实现监测预警分级管理，在业务指导和平台建设上由市级统筹，日常管理和处置上遵循分级分类、属地管理，市级联动协调各部门各基层单位、县区及乡镇就地就近处置风险隐患和上报，以平台为统一渠道做好三级主体的信息传导、沟通和反馈工作。即：市级总平台—统建平台；县区级分平台—综合监管运营；街镇级微平台—属地

案
例
篇

化监测运营。

"4"即四大重点环节：以"能监测、会预警、快处置、精治理"四环节建设要求和全周期风险治理为核心，在监测设备布局、分析预警技术、联动处置机制三方面全面提升。

城市安全风险综合监测预警体系建设试点是创建国家安全发展示范城市的必要前提和先决条件，应按照"统筹安排、分步实施、试点先行、协同联动"的原则，从时间和空间两个维度探索实施、有序推进，以三年行动计划和分层建立区（县、市）试点示范为两大抓手，逐步提升城市安全监测预警水平。

（一）制定三年行动计划，分四个阶段有序推进相关工作

制定 2022—2025 三年行动计划，分四个阶段推进相关工作，有序实施、稳步推进。与 Z 市应急管理"十四五"相关工作同步推进、协同提升、互助互促。

第一阶段：摸清底数、规划先行（2024 年 6 月底前）——基于本次调研总体情况，进一步明确 Z 市常态化监测预警体系的建设定位，相关部门应重视监测预警的建设规划工作，尽快启动项目底数评估、工作方案编制规划、可行性研究等工作。确保监测预警体系建设的顶层规划设计，引领城市安全风险常态化监管各环节有效落实。

第二阶段：网络覆盖、模块搭建（2024 年 7 月—10 月）——依托 Z 市应急管理局应急指挥中心场所，借力市大数据局"Z 市城市大脑"平台，搭建覆盖各大重点领域的信息平台，各个重点领域形成相关模块，重点提升城市安全风险大数据汇聚能力和风险评估能力，初步实现 Z 市城市安全风险辅助决策信息化与智能化。

第三阶段：健全机制、拓展应用（2024 年 11 月—12 月）——结合前阶段建设经验，健全与相关部门互联互通对接机制及 7×24 小时

值班值守机制等，持续拓展覆盖范围。持续推进建成高危行业安全风险监测预警系统、自然灾害风险监测预警系统提升工程、重点工贸安全风险监测预警系统应用及 Z 市主城区消防、交通、特种设备、人员密集场所等公共安全监测感知网络覆盖。

第四阶段：总结评估、规范运行（2025 年）——持续完善城市安全感知网络和平台建设，健全综合监测预警体系，制定城市安全风险监测预警重点行业规范并发布实施，提炼总结试点工作经验和典型做法，形成 Z 市特色的工作成果。做好迎接国务院安委会办公室试点城市评估相关工作。

（二）从上至下、分层实施、逐步探索，以试点区县推进先期工作

以三级传导机制为基础，依据"市—县区—街镇"三级监测预警分级管理方案，可逐步推动各区、县先行试点示范，形成"分层实施、联动协同"的整体框架。市级搭建总平台，统筹总体系统构建、标准规范制定等工作，横向到边、系统集成，同时与"城市大脑"进行有效衔接；区县级平台重点关注典型风险场景监测，可集中精力选取某一重点领域纵向到底开展深入探索研究，并根据试点完成情况，逐步推广在全市的应用推广。

市级总平台：统筹建设，同时结合专项平台整合集成，融入"城市大脑"，以实时监控、综合展示、预测预警、风险分析、热线服务、隐患排查等模块为重点的综合性平台。

区级综合平台试点，可分为两个层面：市区可以江北区全域治理运行中心为基础，搭载综合监管运营模块，选取生命线安全试点为重点工作抓手；外围郊县则可根据各自的城市风险特点，设定特定场景监测试点任务。

第十二讲

社会治理数字化转型的成效、问题及对策

——以 S 市为例

第一节 调研设计

一、调研背景

2015 年 8 月，国务院印发的《促进大数据发展行动纲要》提出运用大数据完善社会治理。党的十八届五中全会将数据确定为国家的基础性战略资源予以高度重视，并在全国范围内实施国家大数据战略。尤为重要的是，党的十九大首次提出智慧社会成为未来我国社会治理的愿景，这为数字与智能技术嵌入社会治理体系提供了顶层设计和理论依据。2017 年 12 月，习近平总书记在十九届中央政治局第二次集体学习时的讲话中指出，"要运用大数据促进保障和改善民生"①，为大数据创新社会治理指明了应用场景和创新方向。诸多地方政府纷纷启动了利用社交媒体数据、经济数据、交通大数据、气象大数据、健康医疗大数据、生态环境大数据等驱动智慧城市、互联网＋政务服务等政策创新。《中共中央关于坚持和完善中国特色社会主义制度　推进

---

① 中共中央党史和文献研究院编：《习近平关于网络强国论述摘编》，中央文献出版社 2021 年版，第 23 页。

国家治理体系和治理能力现代化若干重大问题的决定》指出：必须加强和创新社会治理，完善党委领导、政府负责、民主协商、社会协同、公众参与、法治保障、科技支撑的社会治理体系。科技支撑成为社会治理的基本理念之一，是以数字技术为代表的科学技术蓬勃发展背景下的必然趋势。近年来，我国先后提出"互联网＋政务服务""大数据战略""数字乡村战略"等重要方针。各地深入贯彻社会治理的新理念，一些地区在社会治理数字化方面取得了一定的成效基础。

2021 年 3 月 1 日，Z 省委全面深化改革委员会印发《Z 省数字化改革总体方案》的通知，其中包括 Z 省数字社会系统建设方案。Z 省数字化改革进程，大体可分为四个阶段：第一个阶段是搭建"四梁八柱"，提出了"152"体系整体架构；第二个阶段是完善架构，推动门户建设和业务梳理；第三个阶段是打造典型应用，谋划形成重大需求、场景应用、制度改革等"三张清单"，实行"一本账"管理、"一盘棋"推动；第四个阶段是展现改革成果，包括实践成果、理论成果和制度成果。S 市响应 Z 省的总体部署，推进了一系列的改革场景创新，在社会治理的科学性、精准性、协同性方面取得较大的成功，但其在推进过程中也出现了一系列的问题。本次调研就是在详细了解 S 市社会治理数字化转型推进的基础上，总结经验，发现问题，同时借鉴其他国家和地区的做法，提出有针对性的调研依据。

二、调研依据

《促进大数据发展行动纲要》

《中共中央关于坚持和完善中国特色社会主义制度　推进国家治理体系和治理能力现代化若干重大问题的决定》

《Z 省数字化改革总体方案》

《S 市数字化改革总体行动方案》

《S市推进一流智慧善治建设行动纲要（2022—2026年）》

《S市基层支持系统建设规划纲要》

三、调研目的

通过文献研究、案例分析、问卷调查等方法，全面收集现阶段S市社会治理数字化转型的整体文献资料，了解各种社会治理数字化转型的典型场景应用，寻找当前S市在推进数字化转型中存在的问题。例如，低频使用的应用场景有待迭代升级，数据共享等方面存在的问题以及根源，并且结合实际寻找应对之策。

四、调研内容及方法

本次调研主要分为调研前期筹备、相关单位通知动员及内部调研、相关单位实地调研、资料整理及分析、调研成果初稿编撰、评审论证及成果修订6个步骤。

本报告中的调研数据，未标注出处的均为本课题组调研过程中从相关单位获取、整理而得。

调研对象及范围：市改革办、市经信局、市大数据、市应急管理局等相关单位及工作人员。

方法：本次调研采用文献资料收集查询、问卷调查、现场调研、座谈交流、电话调研等相结合的方式，以获取相关资料。

第二节　报告范文

社会治理的数字化转型的成效、问题及对策

为响应习近平总书记关于数字中国的号召，Z省近几年一直在推进社会治理的数字化转型，数字化治理在操作层面取得了飞速的发展。

就Z省而言，"数字Z省"战略建设重点突出了统筹治理信息，借助于高效采集、汇总、编制和分析各类信息，为地方社会治理工作提供了充分的信息保障，促进了社会治理效能的提升，在民生服务和行政执法等多个领域也取得了骄人的成效。S市以数字化改革为契机，推进地方社会治理的数字化转型，带来了公共服务的高效化、信息统筹的强化、决策机制的数字化和源头治理的创新化等一系列的治理绩效。

一、推进现状

（一）平台治理卓有成效，数据归集比较多

一是打造数字社会大脑。依托城市大脑，建设数字社会大脑，汇集市级部门和单位的近百类数据，有效数据总量超亿。加大与城市大脑联动力度，将大脑能力和数字社会业务充分联通，利用大脑的知识库和能力集、根据设定的应用目标和任务，即可在短期内快速孵化出新的场景应用。

二是搭建社会管理综合信息平台，推进社会治理的基础性工作。全面推进以网格为基础的整个社会管理服务信息数字化，建设"数字网格"和"电子地图"，构建全地域统一、动态更新、联通共享、功能齐全的社会管理综合信息平台，从而建立一个数字社会，并在此基础上进行社会管理。这一数字平台具体包括人口、房屋两大基础信息系统和综合服务管理信息、专业服务管理信息两大应用系统。细分起来，实际上是建立起人口、法人、房屋、城市部件等基础信息系统。在数字化推进过程中，建设了涉及政府党政服务、矛盾调解、金融风险、流动人口、公共服务等上百个专题数据库，上线了上百个算法模型，包括基层治理高频事件预警、基层数据快速查看、政策集中找人等。推进基础信息采集规范管理，通过对46个业务系统241项关键数据的高效汇集，实现了各部门之间的数据互通。

(二) 基层智治平台迭代升级，完善基层治理体系

聚焦打造新时代基层治理现代化样板目标，强化整体谋划和系统推进，S市将基层智治系统建设与基层管理体制改革、城乡现代社区建设、"上统下分、强村优社"改革等重大改革、重点工作有机结合，统筹部署，一体推进，切实提升县域基层治理体系的系统性、整体性、协同性。一是打造基层数字化的治理平台。迭代升级"141体系"，构建"党建统领、经济生态、平安法治、公共服务"四大平台一模块，成为承接上级任务、统领基层网格、联动职能部门的中枢，依托基层智治综合应用，构建上下贯通、横向联通的治理格局。二是推进基层治理"一件事"改革，出台建设实施方案和市县统筹联动推进机制，完成全市基层智治大脑主体架构建设，并且上线多个智能特色应用。三是推进"大综合一体化"行政执法改革，率先在全省建立完善"四治融合"城乡基层治理体系。

(三) 社会治理应用场景多，覆盖面广泛

在Z省推进数字化改革的统一部署下，S市在安全生产、公共卫生各方面都谋划开发建设了一批场景应用，涉及数字社会系统的累计上架有75个场景应用，其中2022年新上架20个。目前，S市运用大数据来推进社会治理涉及面比较广，不仅包括健康医疗、公共交通、社会治安、政务服务等领域，而且还包括食药安全、就业创业、旅游服务、环境保护等领域，呈现出了广覆盖的特征。比如，基层食安动态分析系统、乡镇公权力大数据监督应用系统、文明城市创建管理系统、安全生产问题发现处置系统、退役军人全生命周期服务管理系统等。

(四) 数字化改革制度重塑力度大，制度体系健全

S市制定了一系列关于数字化社会治理的地方性法规，制定了《S

市推进一流智慧城市建设行动纲要》《S市基层支持系统建设规划纲要》，为今后数字化治理奠定了大致的政策方向。与此同时，在一些具体的应用场景建设过程中，各级各部门把握制度重塑的改革本质，把多跨场景开发与流程再造、制度变革、机制完善、职能优化协同起来，避免脱离问题，就场景而场景。S市在推进场景应用建设中，用制度重塑来巩固数字化成果，如S市A区在推进"新居民"一件事的场景应用中，制定出台了《S市流动人口量化积分管理办法》，构建了"省级共性分＋市级共性分＋区县个性"的流动人口量化积分管理指标体系，包括积分指标体系、积分应用标准、跨区（县、市）互认规范、"新居民"评审统一办法等。B区打造"鄞领健康"未来社区健康场景应用优化全民全程健康服务。该区在总结建设经验基础上，为省卫健委草拟《Z省卫生健康委关于进一步做好基层医疗卫生机构远程会诊服务的指导意见》，为全省出台相关规范贡献了经验。同时，还制定《未来社区智慧健康站建设标准》《B区自助微诊室设置标准与服务规范》等标准规范，因地制宜设置未来社区智慧健康服务站，针对不同社区类型，健全个性化分类推广模式。诸如此类的制度重塑为各领域的治理带来了稳定的预期。

从2022年的总体来看，S市紧紧围绕着数字化改革"1612"体系架构，持续深化在党建、政府、经济、社会、文化、法治、基层治理等各领域的理论和制度创新，完成法律法规、标准、制度规范和重大体制机制和部门职能调整等。经梳理，目前已经形成了125项数字化改革重要制度规范，其中涉及法律法规方面的有24项，占总数的19％，比如涉及国家和省级层面的立法或修法建议的有《中华人民共和国物权法》《中华人民共和国土地管理法》；涉及地方性法规立改废的主要有推进一体化智能化公共数据平台、数字社会、数字政府、数字法治等四大系统建设领域的立法需求，立法调研等；涉及标准体系

案例篇

和制度规范方面的有 54 项，占 43%；涉及重大体制机制和部门职能调整的有 47 项，占 38%。随着一批批制度规范、法规规章相继出台，数字化改革的制度建设持续加强，与之相适应的话语体系加快成熟，更好地指导着 S 市数字化改革实践的拓展提升。

二、治理成效

数字化改革总体应用场景的有效推进，呈现出一系列的治理成效，尤其是在整体性政府建构、化解社会安全风险等呈现出一定的治理绩效，诸多地方政府出台了一系列新政策，开启多样化地方创新，通过发现社会治理需求、预测社会风险、发现治理规律、提供解决方案，以破解治理难题。S 市尝试以互联网、大数据技术为代表的数字技术用于基层社会治理和公共服务的各个领域以及社会生活的方方面面，从数据共享、细分服务、智能决策、创新驱动等方面改变了基层社会治理的体制、结构、职能、流程和方式，进一步推动了组织管理与决策体制的变革，不断创新管理服务机制，转变了基层社会组织发现和解决问题的途径和方式，使数字化转型这个"最大变量"变为促进基层社会治理现代化的"最大增量"，为拓展和深化基层社会治理实践提供了全新的视角。

（一）消解了部门间行政壁垒，实现了从碎片化治理向整体性治理的跨越

大数据技术对于优化政府内部运作与政府自身治理具有重要意义，大数据可以优化政府内部信息流和业务流，改善决策流程，提升决策质量，从而使原来的碎片化的政府治理走向整体性政府治理。一方面，在 S 市推进社会治理数字化转型过程中，数字技术改革了传统的政府运作体制，试图用技术手段去解决传统运作模式中存在的条块分割、

行政壁垒。S市在社会治理中的经典场景应用，"僵尸车的治理"就是以"僵尸车"停放区域为依据，划分了交警、综合行政执法、镇（街道）相应处置权责，从而实现了多部门协同处置，提升了综合整治效能。通过线上的流转程序和数字化的办理方式解决了部门间的行政壁垒问题，而且厘清了镇（街道）、城管和交警在"僵尸车治理"过程中的职能边界和协同流程。

又如，S市C区的"先进制造业和现代服务业'两业融合'场景应用"改革就是一个借助数字化手段走向治理的典型。该区作为全省制造业强区，"两业融合"的应用场景建设就是通过"1＋4＋X"的场景应用体系架构，"1"指的是1个"两业融合"综合应用场景，重点建设"一库一舱一图一指数"，即一个数据库、一个驾驶舱、一张热力地图、一套融合指数。"4"指的是围绕融合路径模式、融合主体培育、融合综合保障、融合智能分析等工作任务。"X"指的是在此基础上聚焦装备制造业、模具行业、工业互联网、消费品、现代物流、油气全产业链等领域，通过建设模具产业大脑、"六六云链"等应用场景，推动先进制造业和现代服务业相融相长、耦合共生，打造了具有区域特色的"两业融合"路径模式。此模式成功解决了政府不同层级、不同部门不协同的问题，实现"聚心、聚力"突破关键领域，提高政府的整体智治能力；缓解了产业融合发展中市场信息、要素保障、政策保障等方面的信息不对称的问题，实现了产业协同发展。

另一方面，作为参与主体的社会力量经由数字赋能，能够强化与政府间的沟通、协同与合作，实现政策设计目标与政策执行目标在各参与主体间能够保持一致，进而提升整体治理的有效性。

（二）加大对治理中难点堵点的监管，把安全隐患消除在萌芽状态

目前，社会治理中普遍存在着一系列的堵点、痛点问题。比如说，

对于危化品、港口安全的管理是社会治理中出现的痛点与难点问题。针对这些问题，各个部门借助数字化改革方式不断创新了管理方式，开发具有实战实效性的场景应用，比如应急管理部门的应急管理系统分析图。应急管理部门的应急管理系统分析图，其中有一个功能模块叫"港口安全网"，于2022年开始进一步试行，这个港口安全网集成的主要业务是港口作业，包括船舶停靠、货物仓储、灌区重装及施工作业等。在施工作业中，比如说修理船只破损的管子，行规就叫动火，这是受到高度关注的危险事项，港口安全网也把这项服务设计进去了。

D区打造"综合治理执行难"E键联办应用，就是为了针对拘留所这一特殊管教场所的风险化解需求开发的。在实际工作中，拘押场所的矛盾纠纷调处工作存在一个治理风险。一是矛盾源头化解难。被拘人员受到拘留处罚的矛盾纠纷成因复杂，难以在被拘留期间得到有效化解，被拘人员出所后存在负面情绪，原先普通的矛盾纠纷极可能转化为蓄意报复的重大刑事案件。二是部门协作配合少。被拘人员入所执行后，原处罚机关即不再进行后续跟踪，且部门之间缺乏及时有效的信息沟通渠道，多部门联合调处的工作机制缺失，往往导致化解矛盾纠纷、消除治安隐患的"最后一次机会"错失。三是拘所安全隐患多。被拘人员在执行期间存在不服法、不认罚等对抗管教的现象，容易对正常的管教秩序造成冲击，拘留所的安全性也难以保障。针对这些治理风险，D区打造"综合治理执行难"E键联办应用，聚焦被拘留人员"处罚背后"的深层次矛盾，采取"法治＋感化""拘押＋调解"双向发力的工作策略，整合公安、法院、司法、卫健、镇（街）等部门力量，着力构建"线上协同、线下联调"多元化和解联调联处机制，坚决守住矛盾风险化解的"最后一道关口"，严防被拘押人员在释放后继续实施报复他人或危害社会的行为。

（三）平台式治理实现了社会治理服务项目的集成式治理

所谓"平台式治理"，就是把原来由单个部门开发的应用场景按照一定的逻辑或者相关性整合在一个平台之上，即形成集成式治理。这种集成式治理呈现出以下几个方面的特征。

一是以平台为依托。比如，"基层治理四平台"，就是以平台为依托，从而呈现出更大更广更深的治理效能。通过大数据平台的建设，整合社会治安、安全生产、社会矛盾等领域的数据库，真正发挥大数据在动态监测、风险研判、智能决策等方面的作用。

二是以"任务"为中心。治理从以部门"职能"为中心转向以"任务"为中心，倒逼政府部门间"一项任务"达成相容的政策目标，并配置协调的政策工具，最终实现更为有效的治理。比如，基层治理"一件事"场景就是实现了平台式治理，涉及全市 38 个业务相关部门、上线应用 11 个。2022 年完成处置事项 857 件，平均处置率约为99.98%。平台式治理在数智化技术的支持下，利用平台更顺畅地支持政府组织内部协同，并在此基础上推动政府开放式创新，以更有效的资源整合来做更多的事情，最终促进共建共治共享。

三、存在问题

当前，在社会治理数字化转型给全域的社会治理带来一系列治理效能的同时，社会治理各个领域的数字资源呈现分散、孤立和互不相通的状态，社会治理数据集成化程度不深；数字化社会治理处于起步阶段，需要通过立法等手段加以规范和约束，以避免引发各类风险；数字化社会治理体系所依赖的数字产业人才和数字应用公民数量匮乏等，但 S 市在推进社会治理的数字化转型中到底存在什么问题？课题组一行走访了市大数据局、市经信局、市应急管理局等一些部门，通过深度访谈以及座谈等形式，提炼出当前数字化转型过程中存在的一系列问题。

（一）低频使用的应用场景有待迭代升级

从当前应用场景建设的使用情况来看，有些社会治理应用场景真正意义上体现了实战实效，但也有些应用场景则处于一种低频使用状态，S市大数据对场景应用的月度使用情况进行评估与汇总，本文以"浙里办"S市频道8月份月度服务情况为例。

表1 "浙里办"S市频道月度高频优质服务情况（市级单位）

序号	单位名称	服务名称	8月总访问次数	8月每百万人口日均活跃用户数（人）
1	市退役军人事务局	崇军在线	864078	2959
2	市卫生健康委	健康S市	591088	2024
3	市教育局	甬有优学	176570	605
4	市地方金融监管局	甬金通	163600	560
5	市住建局	甬建工人保障	144998	496
6	市教育局	课后服务	125746	431
7	市综合执法局	违停处理	70752	242
8	市人力社保局	人社	50112	190
9	市公安局	交警	50629	173
10	市卫生健康委	母子健康手册	48626	167
11	市医保局	S市医保通	46613	160

表2 "浙里办"S市频道月度高频优质服务情况（区县市）

序号	地区名称	服务名称	8月总访问次数	8月每百万人口日均活跃用户数（人）
1	A区	仑享健康	60075	2332
2	B区	领优学	35222	705
3	C区	乐业C区	10705	705

续表

序号	地区名称	服务名称	8月总访问次数	8月每百万人口日均活跃用户数（人）
4	D区	党群同心圆	12558	581
5	E区	青年E区	14495	563
6	F区	新思想教育	8403	553

表3 "浙里办"S市频道低频服务情况（市级单位）

序号	单位名称	服务名称	累计访问人数
1	海关	食品标签通	79
2	市场监督管理局	S市品牌管家	38
3	市委宣传部	数智文化金融	19

表4 "浙里办"S市频道低频服务情况（区县市）

序号	地区名称	服务名称	累计访问人数
1	C区	新产品研发	39
2	S市高新区	新材云创	20

注：当月累计访问人次低于100的为低频服务。

低频事件应用场景产生并存在的原因：一是各部门在自上而下的数字化转型浪潮中应用场景建设仍处于尝试阶段。Z省自上而下的数字化改革，S市在"揭榜挂帅"、抢占跑道过程中，各个部门均进行了数字场景应用的开发，这种开发处于探索阶段，既然是探索，有些低效场景应用也不可避免存在。二是各部门原有的不适应形势发展的数字化应用体系无法得到及时清理。随着部门施政流程的变化，老的数字化应用项目已经不再适应形势发展，但考虑到单位预算等一系列复杂因素，而没有及时得以清理。三是低效应用场景与低频应用场景之间的界限很难厘清。低频使用应用场景与低效使用应用场景很难进行合理分界，低频使用场景并不代表就没有存在的价值，对于其有没有

案例篇

存在的必要性很难有统一的标准认证。

（二）数据共享存在的问题与根源

在以数字化治理促进施政效率的提高中，地方政府部门间的数据共享程度仍显不足。课题组在走访各部门过程中发现，突出问题是数据回流基层存在困难。因为使用权限的设置，从基层产生申报的数据很难回流到基层被基层所用。正如基层同志谈道的："社区干部填的数据是最多的，一张表格一张表格地在填，但是当社区要用到相关数据时却是最缺数据的，数据回流不到基层，有一层层的权限设在那里。"基层数据回流困难，也造成了基层治理的一系列困境。有社区同志谈道："社区在发放超龄补贴中存在错误发放的现象。超龄补贴指的是当你年纪大了，比如 80 岁以上，政府就每个月发放一定的补贴给你，60 岁、70 岁的老年人也可以根据一定的比例拿到钱。但在实际的操作过程中，很多老年人户籍所在地和居住地是分离的，老年人一旦死亡后，社区干部就不容易掌握情况，而还在继续发放。"归根到底，之所以出现这些现象是因为数据受权限的限制没有回流到真正需要数据的基层。这种数据回流受阻，在增加基层工作压力的同时却没有提升基层工作的效率。据课题组调研，造成数据共享难的主要是以下几个因素。

1. 各部门间缺少数据共享的动力，即为"不愿"

技术方面的原因除了数据标准不一样，开发建设系统不一样会影响到数据共享，缺少数据确权，各部门间缺乏共享动力也是重要因素。在课题组调研中，就有座谈同志谈道："像 S 市中产阶级的收入情况与占比规模，是掌握在 S 市税务局的，也是最直观的一手数据，尤其是其个税的数据库，能直观地反映 S 市各社会阶层总体收入情况。这些数据对于研究 S 市消费结构，经济发展的可持续能力都具有参考价值，但税务局出于各种原因是无法提供全量数据的。这不仅涉及个人隐私、工作机密的问题，更涉及数据权的归属问题，各部门出于各种原因，分享数据动力不强。"通过访谈发现，政府部门相比其他主体，比如平台企业等，更缺乏数据资源交易的动力。

2. 数据治理中存在的诸多障碍影响数据共享，即为"不能"

一方面，基层社会治理过程产生大量数据，但各地各部门数据收集、加工、存储、利用的标准不一，缺乏统一管理，致使很多数据"深藏闺中"，制约着数据开放共享，也限制了部门和群众去检索、获取和利用数据。在调研中，有些部门同志谈道："不同的部门邀请及委托的开发建设公司，说省里边开发一个系统，我们市里面也开发了一个同样的应用系统，然后两个系统的建设单位不一样。但如果从省级层面需要融会贯通在一起，因为建设单位不一样，它就会给你设置一些专利技术那些关键要素成为系统融通的主要障碍，从而影响了系统间的数据共享。"另一方面，技术人员整体的业务能力和工作素质制约着数据共享的难度。就当前政府部门和基层工作人员而言，数字化能力有所提升，但其整体能力与现阶段数字化改革的要求还存在很大差距。再一方面，政府数据向社会流通的法律和机制尚处于空白状态，数据流通的合法合规性有待明确，导致政企数据不通的现象。共享平台建设的落后，地方职能部门缺乏统筹兼顾，也导致地方政府部门间建设高效互联互通的数据共享系统的任务仍然十分艰巨。

3. 数据开放会引发泄密、隐私等系列问题，即为"不敢"

影响因素在课题组调研中，对于数据向公众开放的问题，受调研者承认当前政府的数据向社会公众开放力度不足。有同志谈道："S市城市大脑所汇集的数据很多，但对各部门使用也有一个访问权限，你只有申请了才能使用公共数据，向社会开放的情况更是不多。"其一，数据开放会引发工作秘密泄露等情况。参加座谈的同志也认为在制度、规则没有完全建立起来的情况下，尤其数据权利归属以及数据过多隐藏着地方、国家方面的工作秘密，存在被境外敌对势力利用分析的危险。在调研中，相关部门同志也谈道："有些部门以数据安全要求高、数据敏感、数据仅供特定部门使用为由，不予共享数据，导致多元主体共享数据不分。"其二，数据标准不统一，开放成本大。由于缺乏统一有效的标准化支撑，各地区、各部门采集数据所依据的技术标准和管理规范不尽相同，也影响了数据在不同部门之间的共享。例如，水、电、通信部门的用户号和社会信用代码不对应，在数据共享时，需要对数据进行清洗比对，大大增加运营成本，影响数据质量和利用度。其三，数据全生命周期的安全管理机制不健全，与政务数据安全配套的制度没有真正建立起来。我国从21世纪第二个十年开始，在数据治理方面出台了一些重要的法律法规和指导意见，2016年颁布实施的《中华人民共和国网络安全法》，2021年颁布实施的《中华人民共和国个人信息保护法》《中华人民共和国数据安全法》《关于推动平台经济规范健康持续发展的若干意见》，填补了隐私权利保护、数据正当利用与合理流动方面的空白，但这些法律法规和指导意见的原则性很强，并且高度依赖行政部门的监管，给监管机构留有较大的自由裁量空间。

（三）解决数字鸿沟政府没有形成统一的行动方案

数字化改革过程中出现的数字鸿沟带来的社会治理参与主体局限性，使用数字技术有不可逾越的门槛。一社区工作者在座谈会中谈道："由于数字技术的运用需要一定的文化基础，乡村地区的年轻人和精英外流严重，剩下的一部分年老体弱、文化层次低的群体本身就不会使用智能手机。"

针对此问题，市社会治理中心的同志谈道："S市现在是两条腿走路，一边是推进数字化改革，加大政府服务项目的线上服务功能及其线上办理，另一边是缺少数字化应用能力的群众可以到村社区的便民服务中心，每个便民服务中心都有台式机，由社工或者村干部来帮助操作。有些行动不便的老年人，也可以联系社区网格员来帮助进行线上操作。比如说像老年人挂号，特别是有些专家号比较难抢的，他就可以跟网格员说好，网格员来帮助挂号。"政府的公共服务在开辟了线上服务模式后，也尽量保留着线下的服务模式。但政府部门对这方面的探索还停留在碎片化状态，缺乏统一规划，也没有相关的责任部门去牵头推进此项工作。造成此现状的原因与数字化发展阶段有关，社会治理数字化转型还没有完全成熟到需要政府关注此事的阶段。

（四）市场引入不足，风险意识与监管能力有待加强

在治理的数字化转型中引入市场机制，进行企业、专家与政府三者之间的通力合作。S市基层治理系统，即迭代升级的四平台就是在借助市场的力量来开发建设的，但对于市场引入的风险，政府已经有所关注。正如在座谈中，市经信局同志所言，S市基层治理系统产权就是归政府的，当初也曾经有个公司提出过免费给我们做，然后信息产权归他们无偿使用，但S市政府态度很明确，宁可付费也要明确数据产权完全归S市所有。当然，现阶段各地在引进企业过程中采取何种策略，还取决于地方财政的实力水平，有些受地方财政实力的限制，对诸如此类的问题还未引起足够的重视。与此同时，市场在履行依法使用、保护信息、遵守科技伦理方面的社会责任也没有引起足够重视，缺少相应的强制性的法律法规。

四、应对之策

（一）明确好的应用场景的核心要素，推进场景建设的标准化规范化

一个有生命力、真正在治理中发挥效用的场景应用应该具备以下几个方面的要素。一是需求导向。场景应用必须以需求为导向，这种需求除了各部门的核心业务需求外，还包括国家、地方发展战略的前瞻性需求。二是多跨集成性。应用场景不是从一个部门角度出发，而是要跨部门、跨系统、跨层级、跨业务领域进行谋划，多跨集成性越明显，其在部门协同方面的成效就越大，治理效率就会越高。三是实战实效性。应用场景设计其核心功能的开发是围绕着核心业务，而且通过该场景应用不仅要实现横向，还要实现区（县、市）、乡镇三级的纵向贯通。四是数据的价值实现。有没有真正挖掘数据价值，不仅要实现开放共享，还要发挥大数据在分析、决策中的作用。五是改革突破性。应用场景的设计要从真正意义上突破原来一直解决不了的问题，实现体制机制重塑、流程再造以及政策上的相互协同。六是建设的规范性。整个建设按照省里的一本账要求，做到逐步规范化，有序推进。

（二）以人民为中心为价值引领，迭代升级应用场景

基层治理的数字化转型，其最终目标是为人民服务。以人民为中心来重塑社会治理体系，让数据为公众服务，需要抓好以下几个方面的环节。一是场景设计应覆盖民生领域。本课题组所做的问卷调查显示，公众对于在医疗健康、教育文化、社会治安、环境保护、食药安全等领域应用大数据技术抱有更高期待。因此，场景应用还是要及时、精准、持续回应社会诉求，提高与市民诉求的匹配度，通过精准回应

以提升群众满意度和获得感。二是以开放、平等、包容的方式吸纳个体智慧，集思广益。数字化手段所带来的智慧治理更加强调人本主义，因此感知人的情感、认知人的偏好、理解人的逻辑、回应人的诉求成为智能治理的基础能力。三是业务流程的设计应注重民众的操作为逻辑起点。现阶段转型中以人为本的战略，要改变场景应用更多服务于政府治理的现状，以提高政府的治理绩效作为整体设计的逻辑起点，转向以便利民众服务为视角，在两者间找到新的平衡点。

（三）推进场景应用的平台集成，实现平台式治理

基层治理的平台化进程，即把原本基层碎片化的应用场景集成在一个统一平台上，在原有的探索实践创新的基础上，进行总体规划和谋划，做到真正意义上的迭代升级。在具体实践中则表现为，深化基层社区公共安全视频数据共享平台建设，推进综治信息动态感知、社情民意准确分析、社会矛盾排查预警体系、公共安全风险监测预警体系数据联网应用，深化公共安全视频图像、数据在基层治理、智慧社区、民生服务、生态环保等领域的应用，切实提高各类风险隐患预测、预警、预防能力，真正做到防患于未然。

（四）加大体制机制创新力度，推进数据共享共融

1. 加强动力机制建设，解决"不愿"的问题

其一，构建纵横交错的信息共享机制。打通基层治理数据交流的纵向和横向的通道，消除数据壁垒，出台信息系统资源共享的标准，明确共享范围、使用方式和权利归属。其二，开展数据权属应用试点示范，探索建立数据权属界定和保护制度。可借鉴数据价值链理论，让参与数据要素价值创造各环节的市场主体获得数据共有权益，以进一步增强参与各方的安全感、获得感。在搁置数据所有权争议的前提

下，探索建立基于城市数字化转型的"数据要素场景应用共同体"，明确使用权、处置权共同体，收益权按照合理划分归不同市场主体，以更好促进各类数据融合与价值实现。

2. 加强体制机制创新建设，解决"不能"的问题

一方面，加大数据治理力度，加强数据的标准化。以标准为支撑，制定统一的基层社会治理数据采集标准和规范。要坚持"最小够用"和"授权使用"原则，加强数据采集、数据计算、数据服务和数据应用等制度建设，增强基层数据采集、储存、管理、加工能力，破解重复采集、重复录入的困局，全面提升数据质量。比如，上海市数据标准委员会已经发布包括《公共数据共享交换工作规范　第1部分：平台建设和运行管理要求》《公共数据"三清单"管理规范》在内的10项地方标准和17项地方标准化指志性技术文件的数据要素标准汇编，指导建立公共数据安全分级和运营机制。另一方面，健全政务数据的共享协调机制，加强政务数据供需对接。建立政务数据开发利用组织架构，开展首席数据官（CDO）的责任机制和激励机制，提升CDO的统筹协调和数据治理能力。完善管理规范，将系统更新和数据治理等费用纳入财政预算支持，探索将数据资源作为重要的信息化资产纳入政府资产管理。再一方面，编制数据目录，分类分级管理。编制政务数据目录系统，全面摸清政务数据资源底线，由各地区、各部门政务数据主管部门根据政务数据目录清单对本地区、本部门政务数据开展分类定级、梳理数据源，明确数据更新周期，确定共享属性和共享条件、开放属性和开放条件，梳理汇总形成政务数据全量目录。依据政务数据目录清单，按照统一标准规范对各地区、各部门的数据资源进行归集和汇聚。

3. 加强数据安全运营管理体系建设，解决"不敢"的问题

其一，构建数据安全治理安全保障机制。完善数据安全运营监管保障机制，构建统一高效、协同联动的数据安全运行管理体系，形成数据安全管理闭环，筑牢数据安全防线。确立数据安全保护原则。按照"谁管理谁负责、谁提供谁负责、谁使用谁负责"的数据治理原则，建立健全数据质量管理机制，提高数据的准确性、完整性和一致性，确保数据切实可用，高效共享。其二，建立健全数据安全管理规范。加强数据安全常态化检测，提升平台技术防护能力，建立健全面向数据的信息安全技术保障体系。加强对个人隐私、商业秘密等重要数据的保护力度，严格管控数据访问行为。更新老旧的信息化基础设施，基于重要数据"可用不可见"的安全可信计算环境，确保数据安全。其三，建立开放数据全流程监管体系。根据政务数据开放安全管理的工作要求，进一步加强开放安全审查，建立开放数据全流程监管体系，对数据开放工作中可能出现的各类安全风险，加强研究防控和事中事后监管。

（五）解决数字鸿沟问题，提升整体的数字化水平

随着数字化进程的进一步推进，数字鸿沟可以分为信息通信技术相关硬件接入的鸿沟、第二代信息通信技术素养差异的鸿沟、信息资源建设和知识利用的鸿沟等。政府出台各种规范性措施，推进数字鸿沟的解决主要抓好以下几个环节。

1. 制定数字鸿沟治理的整体性方案

国家既要针对数字设备的可及性、特定群体数字技能提升、数字应用包容性等目标履行直接的给付义务，也需要针对数字生态结构失衡、网络空间权力失衡等深层次、隐蔽化的因素展开治理。《中华人民共和国数据安全法》《关于切实解决老年人运用智能技术困难的实施方案》等法律和政策开始关注数字鸿沟治理的行为标准及规范依据，为数字鸿沟治理提供法治化路径。

2. 开展数字弱势群体的地方立法保障

可以借鉴其他城市的经验，针对老年人这一具有代表性的数字弱势群体，展开细化的规则表述。例如，《厦门经济特区老年人权益保障规定》第 48 条明确规定，"与老年人日常生活密切相关的各类服务机构应当为老年人办理相关业务保留现场服务"；《广州市养老服务条例》第 63 条规定："电力、水务……公共企业事业单位和社会组织在老年人出行、就医、消费、文娱、办事等日常生活时，不得强制老年人使用智能手机、网络预约等智能技术，在各类老年人日常生活场景中保留老年人熟悉的传统服务方式。"

3. 在数字化形式内部往往也存在不同的应用类型

如一些行政机关为老龄群体推出了政务服务老年人应用专区，但这类专门应用的使用体验和使用效率值得审视。政府应该对如何保留传统服务形式、如何均衡配置新旧服务形式的操作方式承担起相应的责任。如，2022 年，国务院发布的《"十四五"国家老龄事业发展和养老服务体系规划》提出，要"推进智能化服务适应老年人需求"，并特别提出"持续推进互联网网站、移动互联网应用适老化改造……鼓励企业提供相关应用的'关怀模式'、'行辈模式'"。目前，数字应用的适老化改造已取得一定成效，有评测显示，76％的 App 已经符合适老化改造的基本要求。

（六）在加强对企业监管的基础上，加大多元主体的参与力度

1. 搭建协同平台

大数据驱动社会治理离不开多主体的共同参与，政府作为核心主体发挥主导作用，协调多方力量搭建合作平台。互联网企业作为主要的数据拥有者和技术供给者，应提高社会责任感，增加大数据产品的公共性。社会公众既是社会治理的最终受益者，也是参与者和建设者，

应积极为社会治理贡献数据、贡献智慧。

2. 加强对市场主体的引入与监管

提高市场主体，特别是企业的参与度，从党委政府的一员主导变成技术企业和市场运营企业的多种参与。但在鼓励企业参与的同时，也要加大对市场参与方的监管力度。

案例篇

第十三讲

"艺术振兴乡村"视角下建立乡村公共空间更新与维护长效机制研究①

——以 S 市为例

第一节　调 研 设 计

一、调研背景

党的二十大报告要求全面推进乡村振兴，提出统筹乡村基础设施和公共服务布局，建设宜居宜业和美乡村。2022 年 3 月，文化和旅游部等六部门联合印发《关于推动文化产业赋能乡村振兴的意见》，要求以文化产业赋能乡村经济社会发展。文化振兴作为乡村振兴的重要方面，承担着铸魂育人的重要作用，打造乡村公共空间是保障乡村生活质量的重要方面。乡村公共空间作为乡村居民日常交往的重要场所，应承担提高乡村公共服务供给机制效能以促进宜居宜业和美乡村建设的功能，必须链接政府与民间资源，以组织和发展的视角进行组织创新、制度创新，并且形成长效、可持续的机制，推动实现农村居民的有序参与和乡村社会的持续发展，为全面实现乡村振兴奠定坚实基础。

---

① 本报告节选自宁波市乡村振兴促进中心、宁波财经学院的研究成果。

二、调研依据

《中共中央　国务院关于实施乡村振兴战略的意见》

《关于推动文化产业赋能乡村振兴的意见》

《中共中央　国务院关于做好 2023 年全面推进乡村振兴重点工作的意见》

《Z 省委农村工作领导小组办公室　Z 省乡村振兴局关于开展乡村振兴（26 县）十大助力行动的通知》

三、调研目的

基于"艺术振兴乡村"的实践经验，分析当前乡村公共空间建设中存在的问题，重点突出长效机制构建方面存在的障碍性因素。从而研究如何加快建立完善乡村公共空间更新与维护的长效机制，创建良好的农村人居环境，满足人民群众日益增长的美好生活环境需要，形成一批体制机制创新成果，打造一批具有影响力的典型艺术乡村，形成一批可复制可推广的经验模式。

四、调研内容及方法

调研内容主要为乡村公共空间更新与维护现状及问题分析，要点包括：一是基本现状，主要从建设模式、主要做法、建设成效等角度来分析；二是面临的主要问题，主要从乡村公共空间的资金来源、设计功能、建设水平、可持续化推进等角度来总结归纳；三是建立乡村公共空间更新与维护长效机制的总体思路及对策建议，并在前面研究的基础上，提出建立乡村公共空间更新与维护长效机制的总体思路及对策建议。

方法：本次调研采用问卷调查、现场调研、座谈交流、电话调研

案例篇

等相结合的方式，以获取相关资料。

第二节　报告范文

"艺术振兴乡村"视角下建立乡村公共空间更新与维护长效机制研究

一、引言

习近平总书记强调："农业强不强、农村美不美、农民富不富，决定着亿万农民的获得感和幸福感，决定着我国全面建成小康社会的成色和社会主义现代化的质量。"① 党的二十大报告提出，全面推进乡村振兴，加快建设农业强国，扎实推动乡村产业、人才、文化、生态、组织振兴。文化振兴对乡村产业振兴、人才振兴、生态振兴和组织振兴具有引领和推动作用，是乡村振兴的灵魂。艺术是文化的重要内涵与独特组成部分，让艺术赋能乡村文化公共空间建设，即通过"艺术＋"或"＋艺术"等手段发掘利用乡土文化资源，实现乡土文化的自我创造、自我服务与自我发展，是乡村文化振兴的重要途径和有效支撑。在"艺术振兴乡村"的大背景下开展乡村公共空间更新与维护长效机制研究，具有重要的现实意义。

（一）全面实现乡村振兴战略的必然要求

乡村振兴是包括产业振兴、人才振兴、文化振兴、生态振兴、组织振兴的全面振兴，是"五位一体"总体布局、"四个全面"战略布局在"三农"工作中的具体体现。乡村文化空间是乡村文化发生发展的载体，为乡村振兴注入动能和活力，加强乡村文化空间建设是推进农

---

① 习近平：《论"三农"工作》，中央文献出版社 2022 年版，第 237 页。

村发展、乡村振兴、文明乡风的必由之路和有力保障。

（二）适应社会主要矛盾变化的客观需要

当前，我国社会主要矛盾已发生转化，即人民日益增长的美好生活需要和不平衡不充分的发展之间的矛盾。我国发展最大的不平衡是城乡发展不平衡，最大的不充分是农村发展不充分。解决主要矛盾、实现乡村振兴，必须把文化建设放在重要位置，补齐短板、清还欠账。文化公共空间是村民生产生活的重要组成部分，需要创造更多的活动场所、交流平台，不断适应满足群众多元文化需求。

（三）贯彻落实乡村建设行动的重要抓手

党的十九届五中全会通过的《中共中央关于制定国民经济和社会发展第十四个五年规划和二〇三五年远景目标的建议》在第七部分提出"实施乡村建设行动"，其中包含"完善乡村水、电、路、气、通信、广播电视、物流等基础设施"，"因地制宜推进农村改厕、生活垃圾处理和污水治理，实施河湖水系综合整治，改善农村人居环境"。这些计划安排都是乡村文化建设的组成部分，包含着乡村文化空间建设内容。

（四）传承挖掘乡村文化价值的迫切需要

乡村文化空间是乡村文化的鲜活载体，但长久以来，乡村空间一直被定位为城市发展的资源性补给站，乡村自身空间的发展被忽略，造成大量资源的流失和消逝。保留并发展建设好乡村文化空间就是要在新发展阶段安放好乡愁、乡情、乡俗，传承好乡村优秀文化，唤醒乡村的文化自信和文化自觉。

二、"艺术振兴乡村"视角下推动乡村公共空间建设的实践做法

近年来，S 市扎实推进乡村振兴，早在 2019 年就启动实施了"艺

案例篇

术振兴乡村"行动，积极推动乡村公共空间"微改造"，依托中国人民大学等10余所高校团队，形成了艺术介入乡村公共空间打造的创新做法，推动艺术设计与农村生产生活需求、乡村治理机制和产业振兴深度融合，探索出乡村振兴、共同富裕的新路径。

（一）强化多方联动，推进乡村公共空间改造升级

坚持市、县、镇、村四级联动，引导艺术家、当地居民以及文艺志愿者等多方参与，通过公共空间艺术化改造、区域特色文化资源整合、发挥村民艺术潜能等多种方式，为乡村建设提供更加多元化的艺术视角。一是就地取材，推进乡村风貌艺术改造。借助市艺术家团队，深度参与项目的策划、设计和建造，经过艺术家的巧妙构思改造，废弃空间成了乡村的别样风景。如 G 村是一个半农半渔村，经过艺术家改造后，老渔船成为村口的地标，拐角破损的大水缸、气瘪铃哑的废弃自行车变成了村落街角的别样风景。Z 村邀请了国内外 40 余位艺术家分批驻村创作，形成的艺术画廊不仅吸引了大批游客驻足观赏，更培育了村民们的审美情趣。二是挖掘资源，充分保留乡村文化记忆。借助艺术家们充分发掘村庄特有的文化资源和生态内涵，突出艺术与民风民俗传统融合，努力在空间格局和景观塑造上尊重历史记忆。如 J 村、C 村先后邀请高校艺术团队与本土艺术家协同设计美丽乡村，形成"处处有景观、村有韵味"的自然文化景观，村民们口口相传的故事被艺术家搬上 10 米高墙，成为独有的乡村记忆。三是村民赋能，积极发挥村民艺术潜力。积极调动村民积极性，部分村民实现了从思想抵触、行动干扰到主动参与的转变。有的村民发挥艺术潜能，与艺术家共同出谋划策，有的村民把自己收藏的根雕、石雕搬到室外扮靓村庄。正是广大群众的积极参与，许多乡村实现了整体提升。

（二）强化特色驱动，创新乡村公共空间建设模式

一是因地制宜，推动乡村公共空间保护开发。利用乡村自身的古建筑、古村落等独特资源，推动这些独特资源保护开发，并借助各种文化活动，打造各种文化主题品牌。如 R 村享有千年古驿的美誉，近10 万亩浩瀚竹林勾勒出了独特的山区休闲旅游风貌。该村巧用古建筑与竹林的资源优势，建立竹乡非遗饮食文化基地和非遗传习中心，结合竹笋节、"竹文化"旅游节、番薯烧酒文化节等农事节庆活动，打造"竹文化"主题艺术村，使之成为村民和外地游客争相参观旅游的场所。二是因势利导，打造乡村特色公共文化空间。通过与艺术专业院校合作，打造特色艺术创作基地，推动乡村空间持续更新与维护。如 Y 村是国家级古村落，该村先后与中国美术学院艺术设计学院、同济大学建筑设计研究院等 50 多所院校合作，打造首个乡村文化创意产业园，成为省级美术写生基地。自 2014 年以来，该村已接待艺术家和艺术院校师生 4 万多人次，成功举办"中国画写生采风系列活动""Z 省水彩画名家写生展"等多个大型活动。三是因人成事，推动乡村公共空间创新利用。如某镇是著名大提琴演奏家马友友和"云南画派之父"蒋铁峰的故乡，拥有省级非物质文化遗产"八月半渔棉会"和著名印石"大松石"，曾获"Z 省民间文化艺术之乡"等美誉。该镇聚焦团队建设，打造"海湾文艺小镇"，培育特色大提琴音乐社团，涌现了嵩江书画院、大松印社、民间音乐社等艺术团队，通过艺术团队的发展推动公共空间的创新利用。

（三）深化文旅融合，拓展乡村公共空间经济效能

注重发挥本地乡村文化资源优势，创新融合方式，帮助村庄注入文化创新基因，借力文旅融合，拓展乡村公共空间的经济效能。一是

融入乡风文明示范线建设。将艺术介入乡村公共空间打造与推进乡风文明示范线建设相融合，深入挖掘各村特色文化内涵，突出"一村一品"，将公共空间作为线上的重要节点进行精细化设计，大力推动当地经济民生发展。如某县推出栩栩如生的墙体 3D 画，将现实的银洋村装扮成了一个"童话世界"；"泗洲乡韵"的 J 村整合村口连片稻田，播种彩色稻谷，设计大地艺术造型打造的"爱情味稻"，让村民实现了从"种田地"到"卖风景"的转变，"爱情味稻"也获评 S 市十大乡村爱情旅游胜地。二是融入全域旅游示范区建设。将艺术介入公共空间打造与推进全域旅游示范区建设相融合，深入挖掘特色旅游资源。如 N 县深入推进"国家全域旅游示范区"建设，将艺术介入公共空间打造与全县 8 类文艺特色游、20 条精品线路等旅游资源相融合，集成打造一批乡村美丽示范窗口。三是融入共同富裕艺术村建设。助力全县深入实施城乡品质提升"三清三美"行动，不断激活美丽资源，将艺术乡建与打造北纬 30 度最美海岸线这一全域旅游新 IP 相融合，集成打造一批展现"山海风貌、田园风光、半岛风情"的美丽示范窗口。同时，开展"百姓大讲台、百姓大舞台、百姓大擂台、百姓大篷车"活动，让城市更文明、让农村更美好、让群众更幸福。

三、"艺术振兴乡村"视角下乡村公共空间建设存在的短板

虽然艺术介入全市乡村公共空间取得了一定的基础和成效，但总体来看，还处于探索的起步阶段，存在一些突出的问题，主要表现为以下几个方面。

（一）乡村公共空间的供给相对短缺

从整体上看，乡村公共空间的绝对数量相对不足。一方面，随着社会流动性和异质性的增强，集体性活动日渐减少，祠堂、寺庙、红

白喜事、洗衣码头等传统乡村公共空间日益萎缩；另一方面，文化广场、图书馆、学校、电影院、体育馆等现代公共空间，则供给严重不足。从地区分布上看，乡村公共空间的分布呈现出"中心—边缘"分布状态，主要表现在公共空间建设上呈现出以村委会为中心的"差序格局"，从村委会到村边缘，公共空间的发展状况和活跃度呈现出递减趋势，尤其村边缘地区，公共空间严重缺乏。从类型结构上看，政治型和经济型公共空间相对较多，生活型和娱乐型公共空间相对不足。拥有多类型公共空间可以满足不同阶层村民的多样化社会需求，然而，当前大多数乡村热衷于建设体现政府形象和政绩的文化广场、水泥路、村委会办公楼等，以及促进经济发展的商业街、超市、专业合作社等，而忽视了乡土社会中满足老人和儿童需求的养老院、图书馆、体育场等。乡村公共空间的短缺问题间接促进了农村人口向城市转移，而人口流动进一步加剧了乡村公共空间的衰落。

（二）乡村公共空间的功能弱化

功能复合和功能与形式的统一是传统乡村公共空间的重要特征，这些乡村公共空间不仅为农民社会资本的建构提供了良好的平台，也是建构乡村秩序、维持乡村稳定和促进乡村发展的重要因素。一方面，乡村公共空间的功能与形式日渐分离。传统乡村公共空间是在村民日常生活和集体行动基础上形成的，与村民的生产生活息息相关，功能与形式高度统一，而目前的公共空间更加注重形式，追求审美功能和意识形态功能，展现的是一种"形象工程"。同时，片面模仿城市公共空间，建设大广场、纪念馆、公园等。另一方面，乡村公共空间的功能单一化。与乡土社会乡村公共空间功能复合不同，当前乡村公共空间更加强调功能的专业性，如目前村委会更多承担政治职能，集镇主要承担经济功能，寺庙则承担民间信仰功能，不同类型公共空间的职能之间存在明确的界限。此外，乡村公共空间还存在社会功能弱化的趋势，如祠堂的社会教化、社会救济、社会整合、秩序建构等功能不断降低，文化广场和农家书屋也未充分发挥出应有的文化育人和道德教化功能。

（三）乡村公共空间公共性的流失

乡村公共空间公共性的流失表现为以下方面：一是村民参与的缺失，村民的广泛参与是乡村公共空间公共性的集中体现，随着大量乡村人口向城市转移，剩下的大部分村民既"无心"也"无力"参与公共活动，乡村公共空间日渐荒芜。同时，政府和市场承担了乡村公共空间的建设和管理职能，村民很少有机会参与，这也导致村民对参与乡村公共空间和公共活动的积极性普遍不高。二是公共议题的失语，由于村民对公共事务不了解、不关心，以及奉行"不得罪人"的行动逻辑，很少参与公共议题的讨论，更缺少发起公共讨论的主动性和积极性，公共议题的失语说明村民在村庄事务中的参与不足，更深刻反映了村民对村庄认同感的降低。三是公共舆论的解体，不仅表现在乡村公共空间的公共舆论生产能力日益弱化，无法形成社会共识，还表现在公共舆论秩序建构、道德教化、监督约束、社会整合等功能的弱化与无力。

（四）艺术介入乡村公共空间缺乏可持续性

公共空间缺乏可持续性主要表现为以下方面：一是资金来源压力较大，目前主要以政府财政投入为主，资金来源较为单一，乡村自身"造血"功能不足。二是乡村公共空间缺乏长远的规划设计，设计功能和形式较为单调，忽略了空间系统性、层次性，不能满足村民对公共空间现代化、多样化的需求。三是公共艺术与乡村公共空间建设尚未建立起长效的联动机制，扶持政策、艺术家及从业者收益保障等问题亟待解决。

四、构建乡村公共空间更新与维护长效机制的对策建议

（一）构建乡村公共空间更新与维护的整体推进机制

1.完善乡村公共空间建设工作机制

加大乡村公共空间建设重视程度，统筹协调好各方面积极因素，形成自上而下、上下贯通、各方联动的工作格局，不断提升乡村公共空间建设水平。把乡村公共空间建设作为各级政府的工作重点，在乡村振兴战略下统筹部署安排乡村文化振兴、文明乡风建设等工作。统筹好城市和乡村文化建设的关系，在基础设施建设中，改变重城市、轻农村的局面，加大乡村公共空间建设支持力度，增加财政投入，尽快解决乡村基础设施短板。

2.加强乡村公共空间整体规划设计

进一步明确乡村发展定位，因地制宜、因村施艺地制定乡村公共空间的整体发展规划，结合乡村自身的地理、人文等资源优势，紧紧围绕乡村发展的战略定位做好文章。加强对乡村公共空间的规划管理，强化乡村公共空间的功能性布局，明确乡村公共空间的生产、生活、生态的特征和功能，改变乡村空间松散性、随意性、散漫性的特点。做好乡村公共艺术规划、实施，充分发挥艺术在改善乡村公共空间中的作用，促进乡村发展与城市发展的有机融合。

3.构建乡村公共空间分类介入体系

根据不同层级的乡村公共空间的特征，进行有目的的介入，使各个层级的公共空间相互配合，发挥不同的作用，从整体上保证艺术介入乡村公共空间主题的一致性和对乡村形象的可识别性。对于乡村与自然环境之间的公共空间，需充分尊重原有的自然环境与空间格局，

从当地居民整体的活动习惯与行为意识出发，通过好的概念主题反映出当地的地域文化。对于乡村内部与组团之间的公共空间，一方面，要体现出公共空间的功能性，需要人性化、趣味化和释读性的文化内涵去塑造这种场所文化，营造美学空间；另一方面，需要公共空间的艺术语言，在共识与共同趣味中达成对乡村的认同感。对于乡村居住组团之间的公共空间，需加强边界、通道、节点等空间的设计，塑造具有特点的景观系统，实现景观的多样性、标识性，丰富乡村的空间景观与层次变化，有效提高居住的文化品位，增强群组居民的自豪感，形成良好、向上的集体心理状态。

（二）构建乡村公共空间更新与维护的多元协作机制

1. 大力重塑村民主体地位

关注村民的公共空间需求，加强实地调研考察，对村民的生产生活等活动形成深入的了解，在此基础上进行创意构思，广泛征询和听取村民的意见和建议找寻重要节点，建立艺术家、村民、政府等多方共同商议制度，实现"村民需求反馈—政府及时回应—艺术家等相关利益主体有效参与"的良性循环。提升村民的艺术素养能力，加强村民技能与艺术的专项培训以及职业转型，打通重要节点小型艺术创作与社会接洽的通道，强化村民工作报酬和精神奖励保障，增强村民参与信心。拓展村民的参与渠道，推动基础较好的艺术创作项目实现规模化发展，配套做好其他产业链的延伸，做好后期维护、管理、协调等相关配套工作。

2. 充分发挥艺术家关键作用

强化艺术家的功能角色，充分发挥艺术家在乡村公共空间更新与维护中的创作者、发起人和组织者的角色，协调好在地村民、政府、村民组织、企业、艺术圈人脉、其他专业人才等各方力量。拓展艺术家介入乡村公共空间建设的路径，在加强与当地村民充分互动和相互信任的基础上，加强对乡村生活、历史文化、地域文化等文化元素的介入和关联，以及加强艺术创作元素与乡村建筑设施区域、务农区域、公共区域、自然环境区域等环境区域的结合。建立艺术家激励保障机制，通过政策扶持与创新、设置专项资金、推动市场化运作等方式，保障艺术家及相关从业者的利益。

3. 积极引导社会力量参与

充分发挥乡村精英的权威性作用，通过精英的模范带头和示范引领，积极动员村民参与，同时，引导村民制定并自觉遵守合乎公共意志的公共规则，维护空间秩序。积极吸引一些具有乡创经验的知识分子和民间组织参与，为乡村公共空间更新与维护助力。加强乡村社会组织建设，推进乡村文化团体、理事会、合作社等社会组织的健康发展，激活公共空间的活力，实现村民参与的有序化和组织化，以及公共空间治理的民主化，维护并增加公共空间的公共性。

（三）构建乡村公共空间更新与维护的有机融合机制

1. 推进艺术与乡村直接融合

尊重和顺应乡村的场所自然属性，在不破坏原有的资源优势下，以场地的自然环境为依托营造乡村公共空间，打造具有地域特色的乡村公共空间。延续场地的地域文化，可以从当地的乡村建筑、风俗习惯、历史传说中挖掘出丰富的历史文化，通过景观的形式去表达，比如文化墙、景观雕塑、景观长廊等，在景观设计的形态上要延续和继承当地传统的建筑风格、空间布局等，营造出具有文化气息的地域性景观。融入场地的乡土材料，尊重场地周围材料的天然特性，注重挖掘材料的特性，争取重新利用旧材料，根据各种材料的特性及形式来表现乡土材料天然的肌理、色彩、质感，体现其自然风貌和朴拙韵味。同时，利用新技术对乡土材料进行加工或重构，在尊重材料固有特性之上，对新语境下设计手法进行创新，营造出新的有趣的形式，传承当地的传统景观风貌，实现场地中乡土元素的再现与融入。

2. 推进艺术与乡村特色产业融合

加强艺术赋能农村传统手工艺，依托地方手工艺和国家级非物质文化遗产，打造符合市场需求产品的文创产品。加强艺术赋能传统农特产品和乡村合作发展，按照"一村一品"的要求，瞄准农产品高端市场，运用本地独有的手工艺和自然材料，为当地的农产品进行包装设计。同时，通过打造农产品示范基地、村级专业合作社等形式，充分激发当地手工艺人、接受技能培训的村民等群体的深入参与。加强艺术赋能生态旅游产业品牌打造，通过对当地的民居设计、道路规划等建筑景观设计进行系统的规划，让艺术家在地创作艺术作品，扶持艺术家与手工艺人合作组建地域特色品牌等多种方式，促成乡村与游客、企业之间的来往，加快形成具有地方特色的文创产品、休闲旅游度假、户外农耕体验、乡土文化教育、健康养生居住为一体的新型乡村文化生态旅游产业体系。

3. 推进艺术与乡村组团发展融合

针对区位条件、产业特色、人文底蕴等资源相似的乡村，统筹乡村片区土地、资金、项目和人力等要素，积极探索以艺术介入为纽带，推行"片区组团"发展模式，打破村域限制，推动乡村片区统一规划和各类资源重组优化，充分发挥龙头精品村辐射带动作用，实现资源共享、环境共治、项目共建，形成辐射效应、集聚效应。积极创新"政府主导、市场主体、艺术参与、社会协同"的乡村组团发展体制机制，统筹美丽公路、美丽河湖和乡村公共空间等资源，大力培育发展乡村生态旅游等业态。

(四) 构建乡村公共空间更新与维护的要素保障机制

1. 建立常态化的运作机制

充分认识到艺术介入只是乡村公共空间建设的触发点，积极搭建符合乡村实际的产业生态系统，探索引入专业化的第三方运营机构、成熟商业运作模式和盈利模式，将部分产业收入以公共空间投资的形式反哺给乡村社区。积极培养当地民间组织或自组织机制，特别是当地村干部的观念和能力的培养，通过重点选择和培养村主任和村支书，推动乡村公共空间更新与维护实现可持续化发展。

2. 建立多元化的资金投入机制

探索建立由政府财政资金、社会资本、艺术基金、企业和个人赞助等多元化的资金投入机制。加大政府财政资金的早期投入力度，健全财政资金使用流程管控机制，创新资金投入方式，完善绩效评价管理制度，提升政府财政资金管理制度的有效性。鼓励社会资本发挥自身优势，坚持"共享共荣、互利互惠"原则，提供全方位的投入支持，建立社会资本投入"负面清单"制度，综合运用财政、土地、金融、税收等政策手段，发挥政策综合效应，创新政策落实路径，加快构建支持社会资本投入的政策体系，加强政府服务"艺术振兴乡村"项目平台建设，为社会资本投资提供项目信息、规划、融资、建设、运营等一揽子服务，提高社会资本投资效率，降低社会资本投资风险。

3. 建立专业化的人才引培机制

创新乡村艺术、乡村运营等专业人才培养机制，建立自主培养与人才引进相结合的乡村专业人才培养机制，深入实施优秀村民回引培养工程，鼓励乡村基层干部、新型职业农民以及当地乡贤、返乡农民工参加各类技能培训，打造一批技能人才。创新乡村人才激励机制，探索建立乡村人才发展基金激励机制，通过项目策划奖励、项目引进奖励、年度业绩考核奖励等形式，对乡村基层干部作出的贡献进行补贴和奖励，切实提高和保障乡村专业人才的经济收入，为"艺术振兴乡村"献智献策。

后 记

　　调查研究是我们党的传家宝，是做好各项工作的基本功。回顾党带领人民群众革命、建设和改革的历史，重视调查研究是我们党了解情况、科学决策、确保党和人民事业始终坚持正确道路前进的重要保障。进入新时代，新事物新知识层出不穷、新形势新挑战不断涌现、新问题新情况层见叠出，对党员干部调查研究能力的要求不断提高。习近平总书记在分析经济形势时指出："现实中的经济现象、经济矛盾、经济特点，远远比我们已有的分析和判断要复杂得多，何况我们这样一个大国情况是千差万别的。适应新常态、引领新常态，坐而论道是不行的，闭门造车也是不行的。"为此，必须从政治高度深刻认识在全党大兴调查研究的重要意义，在思想深处准确把握领导干部调查研究工作的根本遵循，着力提升领导干部调查研究能力。

　　本书由孙琼欢、朱金茂牵头谋篇布局、系统谋划写作、统筹协调资源，刘华安、胡楠、邱国兵、范瑞光、王子豪也参与了部分写作工作。本书的写作工作得到了宁波市哲学社会科学规划重大专项课题资助，在写作前和写作过程中多次召开写作提纲讨论会、撰稿会等，并数次与各级领导干部开展了数次结构化访谈，书稿广泛听取了党史党建专家、党员领导干部等相关领域人员的意见和建议，在此一并表示衷心感谢。

　　本书试图带领读者走进历史深处、思考现实问题，帮助领导干部提升调查研究能力，使调查研究能真正反映社会现实、推进决策科学化。本书在写作过程中力求做到逻辑严密、论证科学，但限于时间较紧，难免有所疏漏与不当之处，敬请广大读者提出宝贵意见。

编　者

2025 年 4 月

案例篇